Carlo M. Martini

Der Pilger weiß, wohin er geht

Carlo M. Martini

Der Pilger weiß, wohin er geht

Unterwegs mit Josef aus Ägypten und Ignatius von Loyola

Herder
Freiburg · Basel · Wien

Titel der Originalausgabe
Due Pellegrini per la Giustizia

Aus dem Italienischen übersetzt von
MICHAELA GERBERICH

Herstellung: Clausen & Bosse, Leck
ISBN 3-451-22966-8

Inhalt

Vorwort

„Ein Pilger weiß, wohin er geht, er vertraut ganz auf Gott, und darum nimmt er die Risiken der Reise auf sich." Dieser Satz aus der Ersten Meditation des Exerzitienkurses, den Kardinal Carlo Maria Martini im Sommer 1991 einer Gruppe amerikanischer Jesuiten gegeben hat, durchzieht wie ein Leitmotiv das Leben des Ignatius von Loyola und den Weg, der Josef, den Sohn Jakobs, schließlich zu seinen Brüdern führt.

Gleichzeitig kennzeichnet er auch das Bemühen von Christen, den je eigenen Weg zu suchen, auf dem jede und jeder den Willen Gottes im eigenen Leben entdecken kann:

„Wir wollen verstehen, wie ein Christ zu einem wirklichen Pilger für die Gerechtigkeit werden kann, ohne in die Gefahr zu geraten, nur ein Vagabund zu sein, der hierhin oder dahin geht und kein genaues Ziel vor Augen hat. Wir wollen den richtigen Weg finden, den Weg des Willens Gottes, und uns dann dafür entscheiden, ihm zu folgen, ihn zu erwählen als den einzigen Weg, auf dem wir gehen wollen. (...) In Wirklichkeit heißt das Pilgersein auf der Suche nach dem Willen Gottes jedoch, sich auf einen langen Weg zu begeben" (aus der Eingangsmeditation).

Heutzutage gibt es viele, die sich für Gerechtigkeit und Frieden unter den Völkern einsetzen, und die Christen unter ihnen tun das mehr oder weniger ausdrücklich aufgrund ihres Glaubens. Nicht immer wird jedoch die Frage gestellt, wie der Dienst des Glaubens für die Ehre Gottes mit dem Dienst an der Gerechtigkeit zusammenhängt. Von Josef, dem Sohn Jakobs, und von Ignatius von Loyola können wir dies lernen. Der eine hat geduldig in einem langen und schwierigen Prozeß seine zerstrittene Familie untereinander versöhnt; der andere hat Gott und sein Evangelium auf eine ganz eigene Art erfahren. Von dieser Erfahrung erzählt er in seinem Lebensbericht, dem *Bericht des Pilgers*, und sie hat sich auch in den *Geistlichen Übungen* des Exerzitienbuches niedergeschlagen.

Diese beiden Pilger machen uns darauf aufmerksam, daß unser erster Schritt darin bestehen soll, das Heilshandeln Gottes in der Geschichte zu begreifen, das seinen Mittelpunkt in der einzigartigen Erwählung des Volkes Israel und in der einzigartigen Erwählung Jesu Christi hat. Sich auf den Willen Gottes für uns einzulassen (und somit, dem Glauben und der Gerechtigkeit zu dienen), heißt, daß wir uns läutern lassen, um dem Sohn Gottes gleichzuwerden, und dabei die Nähe Jesu suchen und ihm nachfolgen, der uns auf unserem Weg immer vorangeht.

Das Leben im Geist gibt sich ganz der Freiheit des Menschen hin, der sich frei dafür entscheidet, den Willen Gottes für ihn anzunehmen.

Die Meditationen des Kardinals wollen dazu anregen, unsere eigenen Vorstellungen vom Glauben und davon, wie wir ihn leben und bezeugen, wie wir den Willen Gottes für uns zu erkennen suchen und wie wir uns für Gerechtigkeit und Frieden einsetzen, zu überdenken. Sie helfen uns dabei, unsere subjektive Spiritualität, die ein Kennzeichen unserer Zeit ist, zu objektivieren durch das Wort Gottes und den Glaubenssinn der Kirche, indem wir die Kirche nicht nur in ihrem Dienst lieben lernen, sondern auch als hierarchische Institution.

Auch wenn diese Exerzitien ursprünglich Jesuiten gegeben wurden, sind sie doch wegweisend für jede Christin und jeden Christen und für alle, die ernsthaft auf der Suche nach dem Gott Jesu Christi sind.

Wer die Erzählung von Josef und die Geschichte und die Lehren des Ignatius kennt, wird in diesem Buch neue Impulse und tiefgehende Meditationen finden, die dazu anregen, die Kapitel der Genesis und die Werke des Ignatius von Loyola wieder einmal zu lesen. Für diejenigen Leser, denen beide Pilger unbekannt sind, bietet das Buch die Gelegenheit, ihnen näherzukommen und den eigenen Weg, die eigenen Gefühle, Kämpfe und Prüfungen, die eigenen Erwartungen und Hoffnungen in denen der beiden Pilger wiederzuentdecken und sich mit ihrer Hilfe auf den Weg zu machen, für dessen Ziel symbolisch Rom und Jerusalem stehen.

Die Bibelzitate erfolgen nach der Jerusalemer Bibel, Freiburg–Basel–Wien [17]1983.

Die Werke des Ignatius sind wie folgt abgekürzt:

BP: Der Bericht des Pilgers. Übersetzt und erläutert von Burkhart Schneider, Freiburg–Basel–Wien [6]1988.

EB (Exerzitienbuch): Geistliche Übungen. Übertragung und Erklärung von Adolf Haas, Freiburg–Basel–Wien [8]1988.

Const.: Satzungen der Gesellschaft Jesu. Übersetzt von Peter Knauer, als Manuskript gedruckt, Frankfurt a. M. [3]1980.

Einführung

Zwei Pilger auf dem Weg zur Gerechtigkeit

Ich freue mich sehr, in einem Haus der kalifornischen Provinz des Jesuitenordens zu Gast zu sein, unter anderem auch, weil ihre Geschichte eng mit der der Provinz Turin verbunden ist, in der ich mein eigenes Noviziat verbracht habe. Ich empfinde es als ein großes Geschenk Gottes, in diesen Exerzitien zusammen mit euch ein Stück Weges zu gehen. Beginnen wir ihn, indem wir beten:

„Gott, unser Vater, wir danken wir, denn du hast uns aus vielen Teilen der Welt hier zusammenkommen lassen. Wir danken dir, daß wir hier vereint sind im Namen Jesu, deines Sohnes. Ihm haben wir unser Leben geweiht in der Gemeinschaft, die seinen Namen trägt, und in der Kraft des Heiligen Geistes, der so überreich in unsere Herzen ausgegossen ist durch die Fürsprache der seligen Jungfrau Maria, des heiligen Ignatius und der heiligen Klara, der Schutzpatronin dieses Hauses.

Vater, wir bringen dir durch deinen Sohn die Traurigkeit, die Probleme und die Sehnsüchte dar, die wir in uns tragen, und wir bitten dich, du mögest uns führen, damit wir immer wieder deinen Willen suchen für unser eigenes Leben, für das Leben der Gesellschaft Jesu und für den Pilgerweg der Kirche.

In diesem ignatianischen Jahr bitten wir besonders um Erleuchtung, damit wir besser verstehen, welcher Weg Ignatius zu dir geführt hat, auf welche Schwierigkeiten er gestoßen ist, und welche Hindernisse, Widerstände und Angriffe sich ihm in seinem Leben entgegenstellten und wie er sie als solche erkannt hat.

Vater, wir machen uns bereit, von dir Licht und Freude und Frieden zu empfangen. Bewahre uns in der Verbundenheit mit Jesus, durch die Gnade des Heiligen Geistes, und schenke uns Trost und Stärke, damit wir im langen und einsamen Gebet aushalten können. Darum bitten wir durch Christus, unseren Herrn. Amen."

1. Die Geschichte von Ignatius – die Geschichte von Josef

Ich möchte zunächst das Thema unserer Überlegungen erläutern, das sich in dem Titel „Zwei Pilger auf dem Weg der Gerechtigkeit" widerspiegelt.

Warum habe ich dieses Thema gewählt, und was bedeutet es?

a) Ich gehe von einer allgemeinen Beobachtung aus. Die geistlichen Übungen, die Exerzitien des heiligen Ignatius, sind keine Katechesen über Wahrheiten des Glaubens oder über schöne Ideen; und schon gar nicht geht es darum, biblische Texte so auszulegen, daß die Zuhörer über schwierige Bibelstellen Klarheit gewinnen.

Die Exerzitien zu geben, ist vielmehr *ein Prozeß, ein Ereignis der Verkündung.* An erster Stelle steht die Kraft des Wortes Gottes, das anfragt und in Frage stellt und das Leben verwandelt. Dieser Anspruch des Wortes will eine neue Ordnung in mein Leben bringen. Das Wort *Ordnung* ist wesentlich für die Dynamik der Exerzitien; Ignatius selbst gab den Exerzitien die Überschrift „Geistliche Übungen, um über sich selbst zu siegen und sein Leben zu ordnen, ohne sich durch irgendeine ungeordnete Neigung bestimmen zu lassen" (EB 21). „Sein Leben zu ordnen", um vollkommen klar und transparent vor Gott da zu sein. Das kann geschehen durch die Kraft des Wortes Gottes, durch seine Verheißungen und durch seine Gnade.

b) Der kerygmatische, verkündigende Anspruch der Exerzitien kann, wie jeder Anspruch des Wortes Gottes, direkt ergehen (wie zum Beispiel in der Glaubensformel: „Christus ist auferstanden"), oder er kann sich Geschichten, Symbole und Gleichnisse bedienen. Jesus benutzt beide Zugänge; manchmal den einen: „Das Reich Gottes ist nahe. Kehrt um und glaubt an das Evangelium!" (Mk 1,15), und viel öfter den anderen, denn eine Geschichte oder ein Zeichen machen es einfacher, die Botschaft von Gott in das Leben dessen einzusenken, der sie hört.

Die direkte Verkündigung steht in der Gefahr, zur Ideologie zu werden; Symbole, Bilder und Gleichnisse hingegen gehen zu Herzen, kommen uns wieder in den Sinn und werden Teil unseres Denkens.

In seinen *Exerzitien* bevorzugt Ignatius die indirekte Methode, indem er dem Exerzitanten Geschichten vorlegt: er konfrontiert ihn mit der *Geschichte* von den drei Sünden (EB 45 ff.), mit den Geheimnissen des *Lebens* Jesu (zweite, dritte und vierte Woche), mit dem *Gleichnis* vom König und mit den wichtigsten *Symbolen* aus der Bibel, mit Babylon und Jerusalem (vgl. EB 138), die für die beiden Weisen stehen, in denen der Mensch handelt.

c) Was ich im folgenden für die Besinnung vorlegen möchte, läßt sich mit Hilfe des symbolischen Verkündigungsmodells, wie es Ignatius zu eigen ist, erklären: das Ziel ist, eine neue Sicht der Wirklichkeit zu erlangen und so sein Leben zu ordnen, und das anhand der beiden Geschichten von Josef und Ignatius.

Beide Erzählungen sind so reich an Bedeutungen, daß ich es vorziehe, sie vor allem der persönlichen Betrachtung zu überlassen, wie Ignatius rät: „wenn nämlich die betrachtende Person die unverfälschte (wahre) Grundlage der Geschichte erfaßt, indem sie diese selbständig überdenkt und Schlußfolgerungen zieht und hierbei irgendeine Sache neu entdeckt, welche die Geschichte ein wenig mehr aufhellt oder verkosten läßt – sei es durch das eigene verstandesmäßige Eindringen, sei es daß das Verständnis durch göttliche Kraft erleuchtet wird –, so bietet dies mehr Geschmack und geistliche Frucht, als wenn der, der die Übungen gibt, den Sinn der Geschichte viel erklärt und ausgeweitet hätte" (EB 2).

Ich werde mich also darauf beschränken, die „wahre Grundlage" der beiden Pilger-Erzählungen herauszuarbeiten.

Der erste der beiden Pilger ist Ignatius. Seine Autobiographie trug zunächst keinen Titel; mit der Zeit setzte sich jedoch der Titel, unter dem die erste französische Ausgabe 1922 erschien „Le récit du pèlerin" durch: *Der Bericht des Pilgers.*

Ignatius selbst spricht in diesem so kostbaren Dokument, das er von 1553 an Pater Gonçalves de Câmara diktierte, von sich selbst in der dritten Person und nennt sich „der Pilger". Dieses Wort begegnet zuerst in Nr. 15: „Obgleich nun der Pilger ihm viele Gegenbeweise vorbrachte, ließ er sich doch nicht von seiner Meinung abbringen." Andere Stellen, die anzuführen sind: „Dort fühlte sich der Pilger nach der Seekrankheit und all den anderen Anstrengungen so schwach..." (BP 39); „beim Anblick der Stadt empfand der Pilger eine große Tröstung... Der Pilger entgegnete, er wolle ja überhaupt nichts vom Kloster, außer daß man seine Beichte höre, wenn er ab und zu käme, um zu beichten" (BP 45); „Mit dieser Zusicherung gab sich der Pilger zufrieden, und er machte sich daran, verschiedene Briefe nach Barcelona an seine geistlichen Freunde zu schreiben" (BP 46). Auch als seine Pilgerfahrt nach Jerusalem schon beendet ist, fährt Ignatius fort, sich als Pilger zu bezeichnen, und er wird dies auch für die Zeit beibehalten, in der er in Alcalà ist, um zu studieren: „Von dem Manne, der sie in seinem Hause aufgenommen hatte, wurde der Pilger davon verständigt, und er sagte ihm auch, man nenne ihn und seine Gefährten Grauröcke und meines Wissens auch Alumbrados" (BP 58) und auch nachdem er in Rom angelangt ist: „Nach einigen Monaten endlich kam der Papst nach Rom zurück. Der Pilger ging nach Frascati, um mit ihm zu sprechen, und er legte ihm mehrere Gründe vor" (BP 98).

Wir wollen zu verstehen suchen, warum und zu welchem Zweck Ignatius sich als „Pilger" bezeichnet. Seine Autobiographie hat er praktisch während der letzten zwei Jahre seines Lebens diktiert, als er in Rom saß und die meiste Zeit sehr bürokratisch damit verbrachte, Briefe an die ersten Väter der Gesellschaft Jesu zu schreiben, die sich über die Erde zerstreuten, den Papst und die Kardinäle zu treffen und mit ihnen zu reden. Wie kommt es also, daß er, die Schritte seines Weges in Erinnerung rufend, sich als einen Pilger betrachtet?

Vielleicht kann ich eine Antwort vorwegnehmen. Die Autobiographie ist eine lange Erzählung des Pilgerweges von Barcelona und Jerusalem und von Jerusalem nach Rom. Es kommt einem dabei gleich die *Apostelgeschichte* in den Sinn, in der es heißt, daß der

Glaube zuerst in Jerusalem Wurzeln faßte, dann in Samarien, in Kilikien und in Antiochien, daß er aber immer an die Heilige Stadt rückgebunden blieb; von Jerusalem aus gehen die Apostel nach Rom und von dort aus in die ganze Welt. Wenn Ignatius sich als „Pilger" bezeichnet, hat das also einen hohen Symbolcharakter.

Der andere Pilger ist Josef. Alle Patriarchen der Bibel sind Pilger: Abraham, Isaak und Jakob, der weite Reisen unternahm; und es gibt noch viele andere. Das biblische Beispiel Josefs, des Sohnes Jakobs, habe ich ausgewählt, weil ich es für besonders interessant und nützlich für unsere Zeit halte. Seine Geschichte ist nämlich die der Suche nach seinen Brüdern, und sie hat sein Leben lang angedauert. Ich möchte gleich auf ein Schlüsselwort der Erzählung aufmerksam machen: „Israel sprach zu Josef: Deine Brüder hüten bei Sichem. Komm, ich will dich zu ihnen schicken. Er antwortete: Ich bin bereit!" (Gen 37,13).

Hier klingen für uns zwei weitere Stellen an:

„Schlachtopfer und Speiseopfer forderst du nicht, / aufgetan aber hast du mein Ohr. / Brandopfer willst du nicht noch Opfer der Sühne; / da sprach ich: Siehe, ich komme" (Ps 40,7). Der Verfasser des Hebräerbriefs nimmt den Psalmvers auf und bezieht ihn auf die Fleischwerdung des Wortes: „Opfer und Gaben hast du nicht gewollt, einen Leib aber hast du mir bereitet. An Brandopfern und Sühneopfern hast du kein Wohlgefallen gefunden. Da sprach ich: Siehe ich komme..., deinen Willen zu tun, o Gott!" (Heb 10,5–7). Für diejenigen, die sich ganz Gott geweiht haben, besteht dieser Wille in der Hingabe des eigenen Leibes, vereint mit der Hingabe Jesu.

Diese Weise, die Bibel zu lesen, ist charakteristisch

für die Kirchenväter. Der heilige Ambrosius zum Beispiel war sehr von der Person Josefs angezogen; er zitiert ihn in fast allen seinen Werken und sieht in ihm ein Beispiel für die Tugend und ein Vor-Bild Jesu. Auch wir wollen bei der Betrachtung der beiden Pilger Jesus Christus und seine Kirche betrachten. Die Antwort Josefs geht also sehr tief: „Ich bin bereit", ich will gehen und meine Brüder suchen.

Der Text fährt fort: „Nun sagte er zu ihm: Geh und sieh nach, ob es deinen Brüdern und den Herden noch gut geht, und bringe mir Bescheid! So sandte er ihn aus dem Tale Hebron weg, und er kam nach Sichem" (Gen 37,14). Josef war gerade 17 Jahre alt und konnte sich gar nicht vorstellen, daß es so schwierig sein könnte, den Auftrag des Vaters auszuführen. „Als er auf dem Feld umherirrte, traf ihn ein Mann. Dieser fragte ihn: Was suchst du? Er sprach: Ich suche meine Brüder. Sage mir doch, wo sie hüten" (Vv. 15–16). Die Worte des Mannes gleichen denen Jesu im Johannesevangelium, als er bemerkt, daß die Jünger Johannes des Täufers ihm folgen: „Was sucht ihr?" (Joh 1,38). Der junge Josef definiert sich mit seiner Antwort selbst: ich bin einer, der seine Brüder sucht. Das ist der Pilgerweg Josefs: entlang der Straße ist er auf Feinde gestoßen, auf Schwierigkeiten und härteste Prüfungen, und er braucht beinahe fünfzehn Jahre, um die restlichen Söhne Jakobs als wirkliche Brüder wiederzufinden und mit ihnen versöhnt zu sein.

2. *Pilger für die Gerechtigkeit*

Ignatius und Josef haben etwas gemeinsam. Als Ignatius seine Pilgerreise nach Jerusalem begann, hielt er es für einfach, zur Heiligkeit zu belangen, Gottes Plan zu verstehen und die Ehre Gottes zu suchen. Erst nach vielen Widerwärtigkeiten und Hindernissen, die er überwinden muß, wird er lernen, daß Gott zu dienen anders war als er es sich vorgestellt hatte. Der Pilger Ignatius wird fünfzehn Jahre lang auf der Suche nach Gott bleiben, von 1521 bis 1536/37, bis er endlich versteht, was der Herr von ihm will.

Manchmal glauben wir, es sei so einfach, den Willen Gottes zu suchen – es genüge, sich ein paar Tage zur Besinnung zurückzuziehen oder eine Geste des Miteinander-Teilens und der Nächstenliebe zu zeigen. In Wirklichkeit heißt das Pilgersein auf der Suche nach dem Willen Gottes jedoch, sich auf einen langen Weg zu begeben. Fünfzehn Jahre hat Ignatius gebraucht und beinahe fünfzehn Josef, bis sie schließlich verstanden haben, wonach sie in Wahrheit gesucht haben. *Josef* hat es in dem Moment verstanden, als er seinen Brüdern nicht mehr als Feinden begegnete und sie umarmte, obwohl noch vieles schwierig und ungeklärt blieb, *Ignatius*, als er sich bewußt wurde, daß Jerusalem nicht der Ort war, an dem er Gott dienen sollte, sondern daß Gott etwas wichtigeres für ihn bereithielt.

In unseren Betrachtungen wollen wir uns also fragen: was haben die beiden Pilger gesucht, und welche Entwicklung nimmt ihr Suchen?

Vereinfacht können wir sagen: Ignatius hat die Ehre Gottes gesucht, einen Weg, Großtaten für Gott zu vollbringen, und Josef war auf der Suche nach seinen Brüdern.

Im ersten Fall handelt es sich um eine eher *vertikale* Ausrichtung (Gott die Ehre zu erweisen), im zweiten Fall um eine eher *horizontale* (den Brüdern beizustehen). In unsere Sprache übertragen, haben die beiden Pilger *Glaube und Gerechtigkeit* gesucht, sie versuchten zu verstehen, was es bedeutet, dem Glauben zu dienen, der größeren Ehre Gottes, und den Brüdern zu dienen, für die Gerechtigkeit zu arbeiten. Und sie werden es erst verstanden haben, als sie zulassen, daß das Pilgerdasein ihr Leben verändert.

Von daher wird das Leitwort unserer Exerzitien deutlich: *Zwei Pilger auf dem Weg zur Gerechtigkeit.*[1] In der Bibel steht „Gerechtigkeit" synonym für den Willen Gottes, für das, was recht ist und den anderen geschuldet wird. Was Gott will, ist Gerechtigkeit im Dienst für ihn, für die Kirche, für die Armen und für alle. „Gerechtigkeit" ist unlösbar mit „Glauben" verbunden.

Wenn wir die Dynamik und die einzelnen Etappen des Pilgerweges der zwei Personen betrachten, die wir uns ausgewählt haben, kommen wir zu dem Schluß, daß sie einen langen *Unterscheidungsprozeß* durchlebt haben. Das Leben des Ignatius, insbesondere in den fünfzehn Jahren, die er in seiner Autobiographie beschreibt, kann als ein Weg betrachtet werden, auf dem all die Täuschungen und Enttäuschungen und die ganzen Schwierigkeiten im Dienst der Unterscheidung stehen. Die Josefserzählung zeigt auf, welchen Versuchungen derjenige ausgesetzt ist, der erkennen will, was es heißt, ernsthaft für die anderen da zu sein, den anderen Bruder oder Schwester zu sein.

Ich weiß, wie wichtig gerade für die amerikanischen Jesuiten der Einsatz für die Gerechtigkeit ist und welche Themen Ihnen bei den Versammlungen unter den Nägeln brennen: der Dienst am Glauben, für den der Einsatz für die Gerechtigkeit unbedingt erforderlich ist; der Kampf gegen die Ungerechtigkeit, nicht nur auf der personalen Ebene, sondern auch der Kampf gegen die institutionalisierte Ungerechtigkeit; die Notwendigkeit der Unterscheidung, um die

Rechte aller zu erkennen und zu respektieren; besonders die der Armen und derer, die nicht an der Macht teilhaben; das Ringen um die Umgestaltung der Strukturen und vieles andere mehr.

Ich verstehe das alles als einen „Pilgerweg für die Gerechtigkeit". Dabei werde ich natürlich keine fertigen Antworten, seien sie gesellschaftlicher oder pastoraler Art, anbieten. Vielmehr möchte ich, daß wir zusammen die inneren Bedingungen betrachten, die diese Suche nach der Gerechtigkeit vorwärtsbringen, und die seelische Verfassung, um damit Verwirrungen und unnütze Zeitverluste zu vermeiden.

Mit anderen Worten: wir wollen verstehen, wie ein Christ zu einem wirklichen Pilger für die Gerechtigkeit werden kann, ohne in die Gefahr zu geraten, nur ein Vagabund zu sein, der hierin oder dahin geht und kein genaues Ziel vor Augen hat. Wir wollen den richtigen Weg finden, den Weg des Willens Gottes, und uns dann dafür entscheiden, ihm zu folgen, ihn zu erwählen als den einzigen Weg, auf dem wir gehen wollen.

3. Schluß

Am Ende dieser einführenden Überlegungen möchte ich Ihnen noch zwei praktische Ratschläge geben.

1. Nehmen Sie sich Zeit und Ruhe und beginnen Sie, die Josefserzählung in den Kapiteln 37–50 der Genesis durchzulesen, um sich so die wichtigsten Züge der Geschichte in Erinnerung zu rufen. Ferner könnten Sie die wichtigsten Ereignisse aus dem „Bericht des Pilgers" von Ignatius noch einmal durchlesen oder sich in Erinnerung rufen. Er ist einer der dichtesten mystischen Texte in der Geschichte der Heiligenleben.

2. Während der persönlichen Betrachtungszeit bemühen Sie sich, auf die folgenden drei einfachen Fragen Antwort zu geben:
* Wie sieht meine aktuelle Situation aus? Bin ich gelangweilt, traurig, verwirrt oder eher ruhig, fröhlich? Bin ich in meinem apostolischen Dienst zufrieden mit dem, was ich tue, oder fühle ich mich unfähig, das was von mir verlangt wird, auszuführen? Was nehme ich zu Beginn dieser Exerzitien wahr in bezug auf meinen Dienst in der Gesellschaft Jesu? Verspüre ich viele Ängste, habe ich viele Hoffnungen?
* Eine zweite Frage: Was erwarte ich mir von diesen Exerzitien? Vielleicht habe ich schon so oft Exerzitien gemacht, daß ich gar nichts mehr erwarte; dennoch kann es sein, daß es noch eine kleine Blume in meinem Garten gibt, die gesucht werden will.
* Wie will ich aus diesen Exerzitien herauskommen? Wonach verlange ich? Ich möchte bei dem Wort „Verlangen" bleiben, weil ich davon überzeugt bin, daß wir manchmal gar keine großen Wünsche verspüren, während Ignatius darauf sehr großen Wert legte. Es genügt, dazu an einen Abschnitt aus dem „Bericht des Pilgers" zu erinnern: „Er fing an, ernster über sein vergangenes Leben nachzudenken, und er erkannte, wie notwendig es für ihn wäre, Buße zu tun. Hier drängte sich ihm das *Verlangen* auf, die Heiligen nachzuahmen (...) Was er aber sofort nach seiner Genesung zu unternehmen plante, war bloß die Wallfahrt nach Jerusalem – wie schon zuvor erwähnt – mit soviel Bußübungen und Entsagungen, wie nur eine großmütige Seele, die von Gott entflammt ist, auf sich zu nehmen *wünschen* kann. Die früheren Gedankengänge gerieten jetzt in Vergessenheit bei diesen heiligen *Wünschen...*" (BP 9–10). Vielleicht sollten wir ein wenig nachsichtiger mit uns selbst sein und uns zugestehen,

daß wir große Wünsche haben, auch wenn wir nicht mehr so jung sind: Wünsche für uns selbst, für unsere Gemeinschaft, für die Kirche, für die ganze Welt. Denn wer Wünsche hat und nach etwas verlangt, lebt als Kind Gottes und übt sich in der Kindschaft, in dem Privileg, ein Kind Gottes zu sein.

Die Versuchungen des Pilgers

Homilie

1. Der Pilgerweg des Volkes Gottes

Lesen wir zunächst die Tageslesung aus dem Buch Numeri: „Da jammerten die Israeliten wieder und sprachen: Wer gibt uns Fleisch zu essen? Wir denken an die Fische zurück, die wir in Ägypten umsonst zu essen bekamen, an die Gurken und Melonen, an den Lauch, die Zwiebeln und den Knoblauch. Jetzt aber sind wir am Verschmachten, gar nichts ist da, nichts als Manna bekommen wir vor die Augen. Das Manna aber war wie Koriandersamen und sah aus wie Bdelliumharz. Die Leute streiften umher und lasen es auf, dann mahlten sie es mit der Handmühle oder sie zerstießen es im Mörser, kochten es im Topf und machten Kuchen daraus; es schmeckte wie Ölkuchen. Wenn nachts Tau auf das Lager fiel, fiel auch das Manna darauf herab. Als Mose das Volk, Geschlecht um Geschlecht, jammern hörte, einen jeden am Eingang seines Zeltes, da entbrannte gewaltig der Zorn Jahwes; etwas Schlimmes war es in den Augen des Mose, und Mose sprach zu Jahwe: Warum verfährst du so übel mit deinem Knechte, und warum finde ich so gar keine Gnade in deinen Augen, daß du die Last dieses ganzen Volkes auf mich legst? War ich es denn, der dieses Volk im Schoße trug, oder war ich es, der es gebar, daß du zu mir sagen könntest: trag es an deinem Busen, wie die Wärterin den Säugling trägt, in das Land, das du seinen Vätern zugeschworen hast? Woher soll ich Fleisch nehmen, um es diesem ganzen Volke zu geben? Sie jammern ja mir vor: Gib uns doch Fleisch zu essen! Ich allein vermag nicht, dieses Volk zu tragen; es ist zu schwer für mich. Willst du weiterhin so mit mir verfahren, dann töte mich lieber, töte mich, wenn ich Gnade in deinen Augen gefunden habe, damit ich mein Elend nicht länger ansehen muß" (Num 11,4–15).

Dieser Abschnitt aus dem Buch Numeri, der eine Parallele in Exodus 16–17 hat, ist für uns von besonderem Interesse. Wenn wir ihn im Licht unseres Themas betrachten, können wir daraus die Schlußfolgerung ziehen: Wieviel leichter ist es doch, ein Tourist zu sein als ein Pilger!

Das Volk Gottes spürt eine große Schwierigkeit. Wahrscheinlich war es zu der Reise in die Wüste mit einem Herzen voller Hoffnung aufgebrochen: Wir werden frei sein, Gott wird uns zu Hilfe kommen, schon bald werden wir in dem Land ankommen... Sie dachten nicht daran, daß sie sich auf einen Pilgerweg begaben, der ihren Glauben auf eine harte Probe stellen würde. Als die Israeliten daher entdecken, daß Pilger zu sein bedeutet, Risiken auf sich zu nehmen, verlieren sie den Mut und klagen: Warum sind wir überhaupt zu dieser Reise aufgebrochen? Wo bleibt das Fleisch, das wir in Ägypten aßen? Sicher, damals waren wir Sklaven. Aber die Sklaverei hielt doch das Risiko von uns fern. Diese Art des Protestes und der Klage taucht immer wieder in der Heilsgeschichte auf. Jesus hat sie im Gedächtnis, als er das Gleichnis vom Wein erzählt: „Niemand, der alten Wein getrunken hat, mag neuen; denn er sagt: Der alte ist gut" (Lk 5,39).

2. Die Versuchungen des Pilgers

Ein Pilger ist jemand, der etwas neues ausprobiert, der Geschmack hat an neuen Abenteuern. Aber nicht alle sind bereit, sich auf einen gefährlichen Weg einzulassen. Um das etwas auszuweiten, können wir sagen: es ist auch nicht leicht, die Exerzitien als Pilger zu machen. Sie als Tourist zu machen, ist einfach: man hört gespannt zu, was da gesagt wird, man schätzt das, was vielleicht zum eigenen Nutzen gereicht, man nutzt die Zeit, wie man will. Die Exerzitien hingegen als Pilger zu durchleben, erfordert Offenheit und die Bereitschaft, die neuen Wege anzunehmen, die der Herr einem zeigen will.

Die Stelle aus dem Buch Numeri macht deutlich, daß das Pilgersein nicht nur dem Volk schwerfällt, sondern auch Mose als dem für das Volk Verantwortlichen. Das konfrontiert uns gleich mit dem Hauptproblem der Seelsorge in der westlichen Kirche: die Seelsorger sollen die Verantwortung für eine träge Herde übernehmen, die nicht gerne weiterzieht, lieber da bleibt, wo sie ist, und über alles und jeden jammert. Es gibt viele gute Leute, die aber lediglich in dem bestätigt werden wollen, was sie schon tun und die eine Stütze suchen für eine Verwaltung des Bestehenden; sie lassen sich überhaupt nicht darauf ein, sich neuen Wegen und anderen Horizonten zu öffnen. Auch ist es sehr schwierig, ein Volk auf der Pilgerschaft zu führen, das sich hinter den eigenen Linien verschanzt, nicht zuletzt deshalb, weil der Hirte von sich aus nicht bereit ist, das Risiko auf sich zu nehmen, neue Wege einzuschlagen, unbekannte Formen zu finden, wenn er sich nicht von den Leuten dazu angespornt fühlt. Und die Klagen des Volkes über den Hirten lasten auf ihm und ermüden ihn.

Der alttestamentliche Text beschreibt, wie die Versuchungen entstehen, sei es für die Herde oder auch für den Verantwortlichen.

* Die *erste Versuchung* besteht darin, *Gott zu beschuldigen*: Du hast uns in eine Lage geführt, die wir nicht vorausgesehen haben; wenn wir das gewußt hätten, wären wir dir nicht gefolgt.

Das kann auch in einer Berufungsgeschichte passieren: man kommt irgendwo an, wo man nie gedacht hätte anzukommen, und gibt die Schuld dem Herrn: Das hätte ich nie von dir erwartet!

„Warum verfährst du so übel mit deinem Knecht?"

Bemerken wir dabei jedoch, daß die Worte des Mose von einem großen Glauben sprechen, daß sie eingebunden sind in jene Form der Klage, die charakteristisch ist für die hebräische Spiritualität. Nur wer Gott zärtlich und leidenschaftlich liebt, fühlt sich dazu gedrängt, mit ihm dermaßen zu streiten: ‚Warum behandelst du mich so?' Die Psalmen oder die Bücher der Propheten zum Beispiel sind voll von diesen Klagen. Uns hingegen passiert es in besonders schwierigen, verwirrten oder dunklen Momenten, daß wir Gott vergessen oder an seinem Dasein und seiner Liebe zweifeln.

In dieser ersten Versuchung sollen wir also aus den Psalmen und aus der ganzen Schrift lernen, uns im Glauben an Gott zu wenden, auch im Protest.

Ich meine, daß es keinen Christen gibt, keinen Verantwortlichen in dieser Kirche, keinen Bischof und keinen Papst, der sich nicht wenigstens einmal im Leben fragt: Wie bin ich an diesen Punkt gekommen?

Das ist Teil des Pilgerweges hin zu Gott.

* Die *zweite Art der Versuchung* ist feiner, subtiler und nicht immer leicht zu erkennen. Sie besteht darin, *eine Gruppierung zu gründen*, eine Elite fähiger

und engagierter Personen, die nach einer bestimmten Vorstellung ausgewählt werden und mit denen man übereinstimmt, gut zusammenarbeitet und zufrieden ist. Den Rest des Volkes überläßt man anderen. Aus den Worten des Mose scheint das hervor: „War ich es denn, der dieses ganze Volk im Schoße trug, oder war ich es, der es gebar, daß du zu mir sagen könntest: trag es an deinem Busen, wie die Wärterin den Säugling trägt? ..."

Eine eigene kleine Schar, mit der man schnell vorankommt, ohne Unsicherheiten und Klagen – das ist eine große Versuchung in der westlichen Kirche; es gibt Gruppen der Strömungen, die auf dieser Linie liegen und lieber ohne die schwere Last eines trägen Volkes und dafür alleine arbeiten. Und dennoch ist es Gottes Wille, daß wir verantwortlich sind für ein großes Volk, für die ganze Menschheit, auch für diejenigen, die nicht verstehen, die sich nicht bewegen wollen und nie die ganze Wirklichkeit des Glaubens und des christlichen Lebens verstehen werden. Wir sind für alle verantwortlich, nicht nur für einige wenige. Josef wurde zu all seinen Brüdern geschickt, nicht nur zu den guten oder zu denen, mit denen er sich leichter versöhnen konnte.

* Die *dritte Versuchung* schließlich ist die *Entmutigung*: zu glauben, es könne nicht weitergehen. Sie wird sehr treffend beschrieben: „Woher soll ich Fleisch nehmen, um es diesem ganzen Volke zu geben? ... Ich allein vermag nicht, dieses Volk zu tragen ... Willst du weiterhin so mit mir verfahren, dann töte mich lieber, töte mich ..."

Das sind die drei typischen Versuchungen des Pilgers. Auch Ignatius hat sie erfahren, und wir wissen, daß die Skrupel, die ihn quälten, ihm eine so unerträgliche Trostlosigkeit bescherten, daß es ihm sogar in den Sinn kam, sich das Leben zu nehmen. Wahrscheinlich hat auch Josef, als er im Gefängnis war, daran gedacht, daß der Tod die beste Lösung wäre. Wenn wir nicht früher oder später eine dieser Versuchungen erfahren, sind wir keine Pilger, sondern Touristen, die abgesichert sind und von jemandem beschützt werden. Der Pilger hingegen ist jemand, der sich allein und ohne irgendeine Absicherung in ein fremdes Gebiet wagt; und wenn wir Jesus wirklich nachfolgen wollen, dann sind wir versucht, Gott anzuklagen, uns einen kleinen eigenen Bereich zu schaffen oder den Mut zu verlieren und mit dem Leben Schluß machen zu wollen.

Wieviele Leute erleben das heutzutage – in der Kirche, in den Orden, in der Welt! Denn alle sind wir dazu berufen, Pilger zu sein, vorwärts zu gehen und uns selbst zu überwinden.

3. Sich zum Plan Gottes bekehren

Welche Lösung gibt uns die Schrift für die drei Versuchungen?

* Zuerst gilt es, das, was wir im Innern fühlen, nicht zu verbergen, sondern ihm Ausdruck zu verleihen, so wie das Volk Gottes und Mose es taten. Lassen wir unsere Hoffnungslosigkeit und unsere Ängstlichkeit aus uns heraus und bringen sie im Gebet vor Gott.
* Die zweite Lösung bietet uns eine Stelle im Matthäusevangelium an, die die Verteilung der vermehrten Brote beschreibt (vgl. Mt. 14,13–21). Jesus will, daß wir verstehen, daß *er der Hirt der Herde ist*, daß er der ist, der uns führt. Darum sagt er zu den Jüngern: es ist nicht nötig, daß die Scharen weggehen, um sich Brot zu kaufen, „gebt ihr ihnen zu essen. Sie aber sag-

ten zu ihm: Wir haben nichts hier als fünf Brote und zwei Fische", wir können das nicht. Da bricht Jesus die Brote und läßt sie verteilen, um zu zeigen, daß er der ist, der in Wahrheit verantwortlich ist. Von uns wird nur gefordert zu glauben, daß er bei uns ist.

Da wo wir uns als unfähig erweisen, Situationen zu bewältigen, dort ist der Ort, an dem Gott handelt. Ignatius hat das während seiner Pilgerschaft gelernt, als es schien, daß alles zu Ende wäre: nicht Ignatius hat die Reise fortgesetzt, sondern der Herr hat sich seiner angenommen.

Wer wirklich zum Pilger werden will, muß sich auf den Plan Gottes einlassen und verstehen, was es heißt, die Gerechtigkeit Gottes zu suchen. Vielleicht denken wir, Gerechtigkeit sei etwas, das von Menschen gemacht wird; doch auf dem Pilgerweg durch die Versuchungen hindurch werden wir Schritt für Schritt zur Gerechtigkeit Gottes bekehrt.

„Herr Jesus, du hast deinen Diener Mose in eine Situation gebracht, die unerträglich schien; deine Jünger hast du vor ein unlösbares Problem gestellt: Laß du uns in schwierigen Momenten deine Gegenwart spüren, damit wir verstehen, daß du es bist, der uns in der Wüste zu essen gibt mit deinem Mahl. Laß uns begreifen, daß die Eucharistie alle Probleme löst, die uns betrüben, auch die kompliziertesten und schwersten, und gib, daß wir unseren Glauben an dich vertiefen."

Erste Meditiation:

Wer ist Josef? Was bedeutet es, Pilger zu sein?

„Für den, der die Übungen macht, ist es von großem Nutzen, in sie einzutreten mit großmütigem Geist und Freiherzigkeit gegenüber seinem Schöpfer und Herrn, indem er ihm seine ganze Willenskraft und Freiheit darbringt, damit seine göttliche Majestät sich sowohl seiner Person wie alles dessen, was er besitzt, entsprechend Ihrem heiligsten Willen bediene" (EB 5).

Übersetzen wir die Anweisung des Ignatius ins Gebet: „Gott, unser Vater, wir bitten dich, verleihe uns Großmut und Großzügigkeit. In Wahrheit hast du dich uns als großzügig erwiesen, als wir uns entschieden haben, in die Gesellschaft Jesu einzutreten; in schwierigen Situationen und in bitteren Momenten hast du unsere Großherzigkeit erneuert. Wir bitten dich, du mögest uns diese Großherzigkeit noch einmal schenken. Das was du für uns in Zukunft bereithältst, ist sicher nicht weniger als das, was du uns in der Vergangenheit gegeben hast. Vor dir liegt alles immer offen, und so wollen wir dir von neuem unseren Willen und unsere Freiheit anbieten. Wir bitten darum, daß diese Freiheit für dich vollkommen werde. Trenne du uns von aller Sünde, von jeglicher Trägheit und von allem, was uns daran hindert, dir unseren inneren Willen anzubieten. Deine göttliche Majestät verfüge über mich und über alles, was ich besitze, entsprechend deinem heiligsten Willen. Danach verlange ich, und ich hoffe, daß deine Gnade es verwirklichen möge. Durch Christus unseren Herrn. Amen."

Bevor ich mit den Exerzitien beginne, halte ich es für sinnvoll, noch einmal daran zu erinnern, daß ich mit der Josefserzählung keine biblische Katechese oder gar Informationen über die neuesten exegetischen Erkenntnisse geben möchte; nein, ich möchte Ihnen helfen, in der Unterscheidung der Geister Ihr Leben neu zu ordnen, es in Einklang mit dem Willen Gottes zu bringen, so daß Ihre Freiheit in Gott befreit ist. Das gilt auch für die Geschichte von Ignatius. So kann es auch passieren, daß ein Abschnitt aus der Genesis oder aus dem Bericht des Pilgers mehrmals zitiert wird, je nach den einzelnen Schritten unseres Weges.

In der ersten Meditation möchte ich auf zwei Fragen antworten:
- Wer ist Josef?
- Was bedeutet es, Pilger zu sein?

1. Ein erstes Bild der Erlösung

Es ist von großer Wichtigkeit, daß wir den Sinn der Erzählung verstehen und die Bedeutung, die der Josefserzählung im ersten Buch der Bibel und im Gesamt der Heiligen Schrift zukommt. Man könnte sonst auf die Idee kommen, die Josefserzählung sei nichts weiter als ein schöner Roman, mit dem die Erzählungen der Patriarchen abschließen, unwesentlich im Vergleich zu den Erzählungen von Abraham und Jakob. Vielmehr muß ich feststellen, daß die Josefserzählung einer kostbaren Krone gleicht, die allen vorangegangenen Personen Glanz gibt. Wer also ist Josef?

1. Josef ist die Hauptfigur der dritten *großen Patriarchenerzählung.*

Die Genesis ist von Kapitel 12 an klar in drei Teile geteilt: den *Abrahamszyklus* (Kapitel 12 bis 25), den *Zyklus um Isaak und Jakob* (Kapitel 26 bis 36) und den *Josefszyklus* (Kapitel 37 bis 50).

Die Josefserzählung ist die größte Erzählung in der Genesis und bildet eine geschlossene Einheit, im Unterschied zu den beiden ersten Zyklen, die sich aus kleineren Geschichten zusammensetzen. Die literarische Schönheit des Josefszyklus' können wir vergleichen mit der der Zyklen um Elia, um Samuel und vor allem um David. Es ist kein Zufall, daß er von verschiedenen Gesichtspunkten aus gelesen werden kann, auch vom literarischen, vom psychologischen oder einfach vom allgemein menschlichen Standpunkt aus, denn er bietet eine Fülle von Suggestionen und Inspirationen. Denken wir nur daran, daß Thomas Mann ihm vier Bände gewidmet hat (Josef und seine Brüder: Die Geschichten Jakobs, Der junge Josef, Josef in Ägypten, Josef der Ernährer).

2. Im hebräischen Bibeltext hat die Josefserzählung, die aus 12 Episoden besteht, keine ausdrückliche Einleitung. Genesis 37 beginnt sogar mit der Nennung des Namens Jakob: „Jakob wohnte in dem Land, in dem sein Vater als Fremdling geweilt hatte, in Kanaan" (V. 1). Bald darauf wird das präzisiert: „Das ist die Familiengeschichte Jakobs: Als Josef siebzehn Jahre alt war, hütete er mit seinen Brüdern die Schafe" (V. 2). Die Geschichte Josefs ist also mit der seines Vaters verbunden, des Stammvaters einer der großen *toledot* der Abstammungsreihen, die das ganze Buch Genesis rhythmisch unterbrechen: „Das ist die Entstehungsgeschichte (toledot) des Himmels und der Erde, als sie erschaffen wurden" (Gen 2,4a); „Dies ist

das Buch der Nachkommen (toledot) Adams" (Gen 5,1); schließlich stoßen wir auf die Abstammungsreihen Kains, Noachs und Sems. Und auf diese fünf Genealogien der Urgeschichte folgen die von Terach und Abraham, von Ismael, von Esau und schließlich die Jakobs.

Die Josefserzählung gehört zur letzten der *toledot* der Genesis, deren erste Himmel und Erde umfaßt. Das ist sehr wichtig, denn wenn wir heute das Buch Genesis in drei Teile unterteilen, so galt früher wahrscheinlich eine Einteilung gemäß der fünf *toledot*. Darin liegt etwas Sonderbares und zugleich Tragisches, denn es handelt sich um Familien, die angenommen oder abgelehnt werden; die von Noach, Sem und Terach werden angenommen, die von Japhet und Cham zum Beispiel werden abgelehnt, und ihre Nachkommen finden keinen Eingang in die Genealogie Jesu.

Uns erscheint das problematisch, und wir fragen uns, ob die Auswahl einiger und die Ablehnung anderer nicht den Anfang jeglicher Einteilung der Menschheit, jeglichen Rassismus' und jeglichen Hasses bildet. Unter dem Einfluß der Aufklärung sind wir dazu geneigt, die Geschichte unter rationalistischen Gesichtspunkten zu betrachten, und darum meinen wir, alle Menschen müßten gleich sein und für alle müßte es den gleichen Weg geben.

Die Genesis hingegen will uns zeigen, daß es Familien gibt, die von Gott angenommen sind, und andere, die es nicht sind; in ihr werden einige aus der Gesamtheit ausgewählt, und diese Unterscheidung führt schließlich zum Entstehen des Volkes Israel, eines Volkes nach dem Herzen Gottes. Das ist ein Argument, auf das wir noch zurückkommen werden, und auf alle Fälle eine Lehre, die wir beachten müssen,

wenn wir die verstandesmäßige Suche und die Annahme des Planes Gottes miteinander in Verbindung bringen wollen. Und wir werden sehen, daß die Geschichte Josefs im Kleinen dieselbe ist wie die tragische Geschichte der Genesis: eine geteilte Familie, in der einige Mitglieder es nicht annehmen können, daß andere ihnen vorgezogen werden. Der Mensch will im Grunde Gott die Gleichsetzung auferlegen statt der Auswahl. Die Bibel will uns dahin bringen, die göttliche Heilsordnung anzunehmen und von Gott die Einsicht darin zu erbitten, daß die Geschichte selbst unterschieden ist und Unterschiede macht zwischen Personen, Familien und Völkern. Auch in diesem Punkt ist die Josefsgeschichte eng mit den großen Problemen der Menschheit und mit unserem Ideal einer einheitlichen Menschheit, in der es keine Rassenkonflikte gibt, verknüpft. Es ist ein Fehler, wenn man versucht, alles auf eine mittlere Ebene zu ziehen; es ist ein Fehler, keine Unterscheidungen im Inneren, im Handeln Gottes zuzulassen. Dieser Fehler hat unter anderen die Ablehnung des jüdischen Volkes bis hin zum Holocaust hervorgebracht, weil die moderne Welt unfähig war, das Geheimnis Israels zu erkennen.
3. Josef ist das Ideal des *Gerechten*, des *Heiligen* des Alten Testaments. Abraham war kein Heiliger, er hatte einen sehr gorßen Glauben, oder besser: in ihm begann die Pilgerschaft des Glaubens, aber in seinem moralischen Verhalten war er sicherlich kein Beispiel, wenn wir daran denken, was er in Ägypten mit seiner Frau gemacht hat. Jakob war ein Mann voll großer Hoffnung, aber auch ein richtiger Betrüger, und sein sexuelles Verhalten ist verwerflich.

Josef ist über jeden Tadel erhaben, er ist das Bild des Menschen, an dem Gott Gefallen hat: von Grund auf ehrlich, treu seinem Herrn gegenüber, unbestechlich, bereit, eher alles zu verlieren, als seinen Herrn zu verraten, und in der Lage zu verzeihen; er ist der weise Mann, der in Gesellschaft und Politik Gerechtigkeit übt, denn er lebt in der Furcht Gottes.

4. Die Josefsgeschichte bildet im Buch Genesis den *Höhepunkt der Wiederherstellung des göttlichen Heilsplanes.*

Nach der Beschreibung des Planes Gottes (Kapitel 1–2) werden wir Zeugen seiner schrittweisen Zerstörung, die sich in drei Ereignissen vollzieht. In Kapitel 3 lesen wir davon, wie Mann und Frau sich von Gott trennen (die Sünde Adams und Evas), in Kapitel 4 von der Trennung der Brüder (die Sünde Kains), und in Kapitel 11 erfahren wir die Trennung des Menschen von der Erde (die Sünde des Turmbaus zu Babel).

Die ursprüngliche Einheit der Schöpfung, die die dreifache Beziehung des Menschen (mit Gott, mit seinem Ebenbild und mit der Erde) veranschaulichte, wird zerbrochen. (Vielleicht kann es hier nützlich sein, die Betrachtung über die Sünde in der Ersten Woche der Exerzitien aufzunehmen und sie auf unsere Situationen zu beziehen.)

Mit Genesis 13 setzt die Geschichte der Patriarchen ein, die wie eine dauernde Antwort auf diese drei Ursünden gelesen werden will, wie eine kontinuierliche Versöhnung, die mit dem Glauben Abrahams ihren Anfang nimmt und die *vollständige Wiederherstellung des göttlichen Heilsplanes* zum Ziel hat.

Abraham ist derjenige, der durch seinen liebenden und gehorsamen Glauben die Beziehung mit Gott wiederaufnimmt; Jakob geht ein Stück weiter und versöhnt sich mit seinem Bruder Esau.

Josef der noch vollkommenere, verwirklicht alle drei Arten der Versöhnung: er lebt in der Gegenwart Gottes (obgleich er wenig davon redet), er versöhnt sich nach einem langen und mühevollen Pilgerweg mit seinen Brüdern, und seine Beziehung zur Erde und zur Kultur ist im Lot, er beweist Weisheit auf politischem und wirtschaftlichem Gebiet, er verteilt die Güter gleichmäßig und sorgt dafür, daß alle zu essen haben. Darum ist seine Geschichte so wichtig, daß wir sie nicht übergehen dürfen; in ihr sehen wir ein erstes Bild der Erlösung.

5. Schließlich kann Josef, wie schon in der Einführung erwähnt, mit den Worten des heiligen Ambrosius als ein Vor-Bild Jesu gesehen werden, der auf die Erde kam, um seine Brüder zu suchen, die Schafe, die sich verlaufen haben. Josef, dessen Leben reich an Glaube, Hoffnung und Liebe war, erfährt sich von seinen Brüdern zurückgewiesen so wie der Gottesknecht (Jesaja 53); er wird verkauft, so wie Jesus von Judas verkauft wurde, er wird zum „Stein, den die Bauleute verwerfen" und der schließlich zur Rettung für seine Brüder wird.

Die christliche Tradition hat die Figur Josefs immer im Blick auf Jesus verstanden, und so wollen wir den Herrn bitten, daß auch wir in diesen geistlichen Übungen über seinen Pilgerweg nachsinnen können, indem wir das Kreuz und die Auferstehung Christi betrachten.

2. *Wer ist ein Pilger?*

Ich möchte nun ein wenig ausführlicher erklären, was es heißt, Pilger zu sein. Abraham, Jakob, Josef, Ignatius – alle waren sie Pilger, und auch wir bilden eine Kirche, die sich als pilgernde versteht. So beten wir im dritten Hochgebet: „Beschütze deine Kirche auf ihrem Weg durch die Zeit und stärke sie im Glauben und in der Liebe."

Ich halte es für notwendig, daß wir uns an dieses Bild orientieren, denn zuweilen besteht die Gefahr, daß man Pilgerschaft mit der Freiheit verwechselt, dahin zu gehen, wohin man selbst gerne gehen möchte.

* In den siebziger Jahren zum Beispiel gebrauchte man häufig den Begriff „Experiment": die Kirche, so wurde gesagt, ist eine pilgernde, also dürfe sie keine festen Regeln haben, keine vorbestimmte Richtung, und sie könne all die Experimente machen, die ihr nützlich erschienen.

Wenn ich die schon erwähnte Stelle lese, in dem Josef einen Mann fragt: „Ich suche meine Brüder. Sage mir doch, wo sie hüten" (Gen 37,16), dann muß ich ganz spontan an einen Vers aus dem *Hohenlied* denken: „Den meine Seele liebt, du sage mir, wo du weidest, / wo du mit der Herde lagerst zur Mittagszeit. / Warum soll ich eine sein, die herumirrt / bei den Herden deiner Genossen?" (Hld 1,7).

Pilger sein, ist nicht gleichbedeutend mit dem Leben eines Vagabunden, der kein Zuhause und keinen festen Wohnsitz hat. Der Vagabund ist ohne Orientierung, der Pilger hingegen hat eine ganz klare Vorstellung von einem Zuhause, er lebt nicht von heute auf morgen und von Experimenten.

* Pilger sein heißt auch nicht, ein Flüchtling zu sein wie Kain: „Ich muß unstet und flüchtig sein, und jeder, der mich findet, wird mich töten" (Gen 4,14).

An dieser Stelle ist es ganz aufschlußreich – auch wenn es unser Thema nicht direkt betrifft – anzumerken, daß Kain, nachdem er seinen Bruder Abel umgebracht hat, geflohen ist und auf den Feldern herumirrt, „der Erbauer einer Stadt", wurde und ihr „den Namen seines Sohnes Henoch" gab (Gen 4,17). Das ist die erste Erwähnung einer „Stadt" in der Bibel, ein Detail, das Beachtung verdient. Denn was heißt „Stadt?" Für Ignatius ist das Ursymbol jeder Stadt Babylon, wo man leben kann, ohne sich um seine Brüder zu kümmern, und wo man sich mit einigen Regeln des gegenseitigen Betragens einrichtet, ohne daß man es nötig hat, seine Nächsten wirklich zu lieben. Die Tatsache, daß Kain eine Stadt erbaut, macht uns begreiflich, wie die Lebensqualität in der Stadt aussieht und wie sie umgewandelt werden muß von einem Babylon in ein Jerusalem.

* Pilger sein, heißt auch nicht, ein Fremder zu sein, ein Mensch ohne Beziehungen, der nicht weiß, wie man sich in einer Gesellschaft verhält. Abraham war ein Fremder in Ägypten und hat sich schlecht verhalten, weil er die Regeln und Gebräuche dieses Landes nicht kannte (vgl. Gen 12,10ff.). Der Fremde ist nicht in der Lage, der Realität zu begegnen, weil er fern von Zuhause ist. Er kennt die Sprache des Landes nicht, in dem er sich befindet, er ist unsicher und ungeschickt, er weiß den Weg nicht, er empfindet Einsamkeit und richtiggehende Verzweiflung. Wenn der Erste Petrusbrief die Christen „Fremde" nennt (vgl. 1 Petr 2,11), dann ist das im Sinne von Pilgern gemeint, von Menschen, die, obwohl sie nicht zuhause sind, doch eine Heimat haben, die den Weg kennen, den sie gehen müssen, um die Heimat zu erreichen, auch wenn sie nicht wissen, welchen und wievielen Gefahren sie begegnen werden.

Als Jakob sich nach Haran wendet, läuft er vor seinem Bruder davon und ist ohne Hoffnung. Aber in dieser Nacht erscheint ihm Gott, beruhigt ihn und läßt ihn spüren, daß er sich um ihn kümmert, daß es eine Verbindung zwischen Himmel und Erde gibt, zwischen seiner Bestimmung und dem Plan Gottes (vgl. Gen 28,10ff.); von diesem Moment an wird Jakob zum

Pilger, er geht und wird reich, er kommt zurück und weiß genau, was er tun muß.

* Ein Pilger *weiß, wohin er geht*, er vertraut ganz auf Gott, und darum nimmt er die Risiken der Reise auf sich. Mir scheint, der perfekte „Status" eines Pilgers ist in *Kapitel 11 des Hebräerbriefs* nachzulesen. Ich empfehle es zur eigenen Betrachtung und beschränke mich darauf, nur ein paar Verse zu zitieren: „Gläubig sind all diese gestorben, ohne die Verheißung erlangt zu haben; sie haben sie von ferne gesehen und begrüßt und haben bekannt, daß sie Fremdlinge und Pilger seien auf Erden" (Hebr 11,13).

Der Pilger sieht von ferne, er glaubt an die Verheißungen und hegt eine Liebe zu dem Ort, auf den er zugeht. „Denn die so sprechen, geben zu verstehen, daß sie eine Heimat suchen. Hätten sie aber jene im Sinn gehabt, aus der sie ausgezogen waren, so hätten sie ja Gelegenheit gehabt umzukehren" (Hebr 11,14–15). Nicht mehr Babylon, die Stadt Kains, sondern das Zuhause aller ist das letzte Ziel des Pilgers.

Josef läßt sich mit der Gnade Gottes von den Prüfungen und Leiden formen und wird so zu einem wahren Pilger; er versteht nichts von dem, was ihm widerfährt, doch erfährt er nach und nach, daß er nicht allein gelassen ist, daß er eine Zukunft hat und vom Plane Gottes geleitet wird.

3. Anregungen für die persönliche Betrachtung

Wir können unser Leben und unsere jeweilige Situation untersuchen, indem wir uns an den drei Punkten orientieren, die ich im folgenden anbiete:

* *Halte ich mich für einen Pilger* in dem Sinn, in dem sich Ignatius dafür gehalten hat? Bin ich ehrlich auf

der Suche nach dem Willen Gottes? Befinde ich mich wirklich im Zustand des Friedens und des Trostes, der dem zu eigen ist, der den Weg kennt, weil er sich von Gott geführt weiß? Besitze ich die Freiheit des Geistes und des Herzens, die einem Pilger ansteht, oder bin ich vielmehr Sklave meiner Arbeit, der Organisation und meiner Projekte? Sehne ich mich nach dem immer Größeren, oder bin ich mit dem zufrieden, was ich habe? Das heißt, sich als Pilger zu betrachten.

* *Der Jesuit als Pilger.* Wenn wir in Gedanken zurückkehren zu den Satzungen der Gesellschaft Jesu, nehmen wir einmal wahr, wie in ihnen das Bild des „Pilgers" verwirklicht wird. Tatsächlich sollte ein Jesuit an jedem Ort, in jedem Teil der Welt leben können; er sollte bereit sein, dorthin zu gehen, wohin der Papst oder die Oberen ihm zu gehen befehlen usw.

Der internationale Horizont des Jesuiten besteht nicht einfach darin, sich verschiedenen Situationen anzupassen, sondern darin, Jesus überallhin zu folgen und überall zuhause zu sein, weil sein eigentliches Zuhause jenseits liegt, im himmlischen Jerusalem.

* *Die pilgernde Kirche.* Wir sind Kirche auf dem Weg und darum ständig auf der Suche nach etwas Besserem. Die aktuelle Weisung des Papstes heißt für uns, einen neuen Modus der Evangelisierung zu suchen, die geeignete Art zu finden, in einer säkularisierten Gesellschaft von Jesus Zeugnis zu geben, und das in einer Welt, in der die Armen leiden, in der die religiöse Indifferenz sich bis zur Maßlosigkeit steigert und in der die Ortskirchen sich ihrer Verantwortung mehr und mehr bewußt werden.

Die pilgernde Kirche ist nicht unsicher oder verstört, denn sie ist offen für das Wirken des Geistes, und sie ist sich noch mehr bewußt, daß sie in die ganze Tiefe des göttlichen Heilsplanes eindringen muß.

Die pilgernde Kirche strebt nicht nach einfachen und schnellen Lösungen, denn sie ist der Ort, an dem die Freiheit herrschen soll und die wirkliche Suche nach dem Reich Gottes.

Mit Josef und Ignatius als Beispiel haben wir einen langen Weg vor uns. Ermutigen wir einander, den Herrn um seine Gnade zu bitten, daß wir verstehen, was es in der Konkretheit des persönlichen und pastoralen Alltagslebens heißt, als Pilger zu leben.

Zweite Meditation:

Prinzip und Fundament in der Geschichte Josefs

„Herr, du unser Gott und Vater, du weißt, daß wir nicht fähig sind, von dem Geheimnis deiner Liebe zu den Menschen zu sprechen und von deinem Heilsplan, und daß wir auch nicht fähig sind zu beten. Und doch hast du uns gerade dazu berufen, in dein Geheimnis einzutreten, es zu verstehen und es zu verkünden. Öffne unseren Geist und unser Herz, damit wir die Gaben des Geistes annehmen, der uns mit Jesus, deinem Sohn verbindet. Hilf uns, daß wir die Liebe verstehen, die du zu allen Menschen hast, und daß wir unser Leben in den Dienst an unseren Brüdern und Schwestern stellen, zur Ehre deines Namens. Darum bitten wir durch Christus unseren Herrn."

Die Betrachtung über Prinzip und Fundament der Josefserzählung entspricht zum Teil der klassischen in den *Geistlichen Übungen*. Ignatius legt als Voraussetzung für den Weg, der zu gehen ist, dem Exerzitanten einige Wahrheiten vor, von denen alles abgeleitet wird und auf denen alles weitere ruht, um so ahnen zu lassen, wo man ankommen möchte, und das Gewicht auf die „Wahl" zu legen, die die Mitte aller Exerzitien ausmacht: „Der Mensch ist geschaffen dazu hin, Gott unseren Herrn zu loben, ihm Ehrfurcht zu erweisen und zu dienen, und damit seine Seele zu retten. Die andern Dinge auf der Oberfläche der Erde sind zum Menschen hin geschaffen, und zwar damit sie ihm bei der Verfolgung des Zieles helfen, zu dem hin er geschaffen ist. Hieraus folgt, daß der Mensch dieselben so weit zu gebrauchen hat, als sie ihm auf sein Ziel hin helfen, und sie so weit lassen muß, als sie ihn daran hindern. Darum ist es notwendig, uns allen geschaffenen Dingen gegenüber gleichmütig (indifferent) zu verhalten in allem, was der Freiheit unseres freien Willens überlassen und nicht verboten ist. Auf diese Weise sollen wir von unserer Seite Gesundheit nicht mehr verlangen als Krankheit, Reichtum nicht mehr als Armut, Ehre nicht mehr als Schmach, langes Leben nicht mehr als kurzes, und folgerichtig so in allen Dingen. Einzig das sollen wir ersehnen und erwählen, was uns mehr zum Ziele hinführt, auf das hin wir geschaffen sind" (EB 23).

Wir wollen uns fragen, was Prinzip und Fundament des Lebens Josefs ist, so wie es uns in der Heiligen Schrift erzählt wird, um in der nächsten Meditation „Prinzip und Fundament" des Lebens Ignatius' zu betrachten.

Zunächst wollen wir uns die Frage stellen, ob es sich bei der Josefserzählung um eine ‚weltliche' Geschichte handelt. Dann wollen wir Gottes Gegenwart in dieser Geschichte betrachten, den göttlichen Heilsplan in der Geschichte der Menschheit und schließlich in *meinem* Leben.

1. Eine weltliche Geschichte?

Zeitgenössische Autoren beschreiben die Josefserzählung gerne als profane Erzählung. Einer der großen Exegeten des Alten Testaments, Gerhard von Rad, schreibt zum Beispiel: „Die Josefserzählung zeichnet sich aus durch ihre revolutionäre Weltlichkeit, eine

Weltlichkeit, die das ganze Umfeld des menschlichen Lebens, seine Höhen und Tiefen mit einem Realismus beschreibt, der fern jedes Moralismus' steht." Wir können den Anspruch eines solchen Urteils noch genauer beleuchten.

Zunächst und vor allem gilt: die in dieser Erzählung vorkommenden Personen sind keine legendären Helden oder gar mythische Wesen. Es sind Menschen aus Fleisch und Blut, und sie leben so, wie alle Leute damals lebten, mit ihren großen menschlichen Leidenschaften, mit Haßgefühlen und dem Unvermögen, miteinander zu reden und einander zuzuhören und zu verstehen – Menschen also, die an der Not aller teilhaben. In der Josefsgeschichte gibt es auch keine göttlichen Visionen, Worte oder Verheißungen, wie wir sie in den Erzählungen von Abraham und Jakob finden. Josef erhält keine Verheißungen und keinen Zuspruch von Gott; kein Engel erscheint ihm. Selbst die typischen Heiligtümer aus der Abrahams- und der Jakobsgeschichte werden nicht erwähnt. Bemerken wir auch, daß Josef niemals im Gebet mit Gott ringt. Noch nicht einmal in seinen schlimmsten Momenten, in der Tiefe des Brunnens oder des Gefängnisses schickt er Gebete zum Allerhöchsten. In dieser Geschichte gibt es keine liturgischen Handlungen, keine Erwähnung des Kultes, keine Priester, keinen Tempel. Und zum größten Teil spielt sie nicht nur in einem weltlichen, sondern sogar in einem heidnischen Umfeld, wie der Hof des Pharaos in Ägypten es ist.

Verglichen mit den anderen Erzählungen der Genesis, erscheint die Josefserzählung also besonders profan, sie ist an die Konsequenzen gebunden, die sich aus der Abfolge der einzelnen Ereignisse ergeben, die ihrerseits wiederum gebunden sind an den Charakter der handelnden Personen, an deren Gefühle und Leidenschaften, an Bevorzugung und Ablehnung. Darum gleicht sie einem Roman, einer Erzählung, die reich ist an tiefen seelischen Erfahrungen.

2. *„Prinzip und Fundament" in der Geschichte Josefs*

1. Dennoch: Wenn wir sie aufmerksam lesen, bemerken wir, daß Gott, auch wenn er selten, ja fast nie bei seinem Namen *Jahwe* genannt wird, sondern allgemeiner als *Elohim* begegnet (was bedeutet, daß der Bundesgedanke keine Große Rolle spielt), in dieser Geschichte *überall gegenwärtig* und immanent ist. In den Erzählungen der anderen Patriarchen erscheint er aus der Höhe und kommt von oben herab, um sie zu erleuchten – in der Josefserzählung ist Gott mittendrin, und darum wird er so selten ausdrücklich erwähnt.

Das erinnert mich an eine wunderschöne Umschreibung, die Ignatius in seiner Autobiographie gebraucht, als er von seinen letzten Jahren in Rom erzählt: „Vielmehr habe seine Andacht immer mehr zugenommen, das heißt: die Leichtigkeit, mit Gott in Verbindung zu treten, und diese sei jetzt größer als je sonst in seinem ganzen Leben. Immer und zu jeder Stunde, wann er Gott finden wolle, könne er Ihn finden" (BP 99). Vielleicht können wir die ersten Abschnitte im Leben des Ignatius mit der Geschichte Abrahams und Jakobs vergleichen, in der Gott zuweilen erschien, und seine letzten Jahre mit der Josefsgeschichte, wo Gott in allen menschlichen Handlungen gegenwärtig ist, auch wenn sie schlecht sind. Es handelt sich um eine Gegenwart, die der Glaube im Alltäglichen wahrnimmt, und das gibt uns Trost, weil auch uns keine Engel erscheinen und unsere Tage nicht geprägt sind von Visionen, Wundern und inneren Stimmen. Dennoch wissen wir, daß Gott mit uns ist, und unser Glaube wird gestärkt durch seine göttliche Gegenwart, die sich in den Falten des menschlichen Handelns verbirgt und selbst aus den negativen und verdrehten Situationen noch wirkt. Das ist etwas sehr wichtiges: daß Gott auch im Dunkel gegenwärtig ist. Ohne dieses Bewußtsein ist es schwierig, sich für die Gerechtigkeit einzusetzen, in Situationen der Ungerechtigkeit zu bestehen und den inneren Frieden und die Heiterkeit zu bewahren, in der Gewißheit, daß Gott auf alle Fälle bei mir ist.

2. Schauen wir uns einmal einige der wenigen expliziten Erwähnungen Gottes in den Kapiteln 37 bis 50 der Genesis an, um das *Prinzip und Fundament* des Lebens Josefs zu erfassen. Dabei werden wir auch andere Texte aus dem Alten und Neuen Testament hinzuziehen.

* Als Josef zusammen mit dem Mundschenk und dem Bäcker des Pharaos im Gefängnis sitzt, hat jeder von den beiden einen Traum, und sie sind traurig, weil niemand da ist, der ihn deuten könnte. Da sagt Josef zu ihnen: „Ist die Traumdeutung nicht Sache Gottes?"

* Ein Schlüsseltext befindet sich in Kapitel 45, als Josef sich seinen Brüdern zu erkennen gibt: „Ich bin Josef! Lebt mein Vater noch? Seine Brüder aber vermochten ihm nicht zu antworten, so bestürzt waren sie, ihn zu sehen. Da sprach Josef zu seinen Brüdern: Tretet doch zu mir heran! Als sie näher gekommen waren, sagte er: Ich bin Josef, euer Bruder, den ihr nach Ägypten verkauft habt. Beunruhigt euch jetzt aber nicht und macht euch keine Vorwürfe darüber, daß ihr

mich hierher verkauft habt. Denn um euch das Leben zu erhalten, *hat Gott mich vorausgesandt.* Schon zwei Jahre herrscht die Hungersnot im Lande, und es werden noch fünf Jahre sein, in denen es kein Pflügen und kein Ernten gibt. doch *Gott hat mich euch vorausgesandt,* um euer Geschlecht auf Erden zu erhalten und viele von euch zu retten und am Leben zu bewahren. So habt nicht ihr mich hierher gebracht, sondern Gott. Er hat mich zum Vater für den Pharao gemacht und zum Herrn über sein ganzes Haus und zum Gebieter über das ganze Land Ägypten“ (Gen 45,3–8).

Allem Anschein nach stehen im Vordergrund der Erzählung der Streit unter den Brüdern, der gegenseitige Haß, die Grausamkeit angesichts des Leidens Josefs und die Verlogenheit der Brüder vor ihrem Vater: all das begegnet in den Worten: „Ich bin Josef, euer Bruder, den ihr nach Ägypten verkauft habt.“

In Wirklichkeit jedoch steht Gott im Vordergrund, ist er es, der die Geschichte gelenkt hat („Gott hat mich euch vorausgesandt“), und das Erkennen dieser Tatsache ist das *Prinzip und Fundament* der Geschichte Josefs.

Thomas Mann beschreibt sehr gut das Bild der Brüder, die sich vor dem Großwesir und obersten Minister des mächtigen Pharao auf die Erde geworfen haben und voller Angst sind, weil man ihre Säcke geöffnet hat und in dem des Jüngsten den Becher gefunden hat. Er läßt Josef sagen: „Ich hätte nicht gedacht, daß ihr an mir tun könntet, wie ihr getan, ihr, die ich aufgenommen wie Herren. So froh ich bin, meinen Becher wiederzuhaben, aus dem ich trinke und mit dem ich weissage, so betrübt und in der Seele betroffen seht ihr mich durch euer krasses Benehmen. Es ist mir unfaßlich. Wie konntet ihr euch unterwinden, Gutes zu vergelten mit Bösem auf so krasse Weise und einen

Mann, wie ich es bin, in seinen Gewohnheiten zu kränken, daß ihr ihn um seinen Becher bringt, an dem er hängt, und macht euch damit aus dem Staube? (...) mußtet ihr euch nicht sagen, daß ein Mann wie ich das teure Stück sofort vermissen und alles erraten würde? (...) Euerem Kleinsten hab' ich vertraulich bei Tische, als wir lustig waren zusammen, die Tugenden meines lieben Bechers preisgegeben (...) Mag sein, daß er euch davon schwatzte; mag sein, daß ihr alle zusammen den Plan des Undanks schmiedetet, den Schatz zu beseitigen – nicht um des Silberwertes willen, so nehme ich an. Zauberkraft wolltet ihr an euch bringen – möglicherweise um zu erkunden, was aus euerem Bruder geworden, der nicht mehr vorhanden, der euch von der Hand gekommen (...) Bei dem Däumling wurde gefunden das Diebesgut. Er ist mir verfallen."*

Die Brüder erwarten ihre Strafe, die Diener Josefs stehen um sie herum, die Lanzen griffbereit in den Händen, als die Spannung sich plötzlich löst. Josef schickt seine Diener hinaus und ruft in Tränen aus: „Ich bin Josef, euer Bruder... um euch das Leben zu erhalten, hat Gott mich vorausgesandt." Das Schlüsselwort „Elohim hat mich gesandt" deutet den Plan Gottes mit der Familie Josefs und mit seinem ganzen Volk: Der Plan Gottes war ein Plan der Liebe. Diese Geschichte, in der Gott nur wenig spricht und in der alles von menschlichen Gefühlen und vom Zufall abzuhängen schien, ist in Wahrheit von Gott bestimmt, der zum Besten seines Volkes gehandelt hat.

* Die gleiche Sicht der Geschichte begegnet uns in

---

* Thomas Mann, Josef und seine Brüder. Josef der Ernährer (Gesammelte Werke in dreizehn Bänden V), Copyright S. Fischer Verlag, Berlin, 1933, hier zitiert nach der Jubiläumsausgabe (Fischer Taschenbuch), Frankfurt am Main 1990, 1674–1676.

Psalm 105, der die Person Josefs kurz aufgreift: „Und er rief den Hunger über das Land, / er zerbrach ihren Stab, das Brot. / *Er sandte ihnen voraus einen Mann:* / Josef, der verkauft ward als Sklave. / Sie legten seine Füße in Fesseln, / sie zwängten seinen Hals in eiserne Haft; / bis erfüllt ward, was er vorausgesagt, bis das Wort Jahwes ihn bezeugte. / Der König sandte, ihm zu lösen die Fesseln, / der Fürst der Völker, er machte ihn frei. / Zum Herren setzte ihn dieser über sein Haus, zum Höchsten über all seine Güter, / er leite nach seinem Willen die Edlen, / und seine Ältesten lehre er Weisheit“ (Verse 16–22).

Der Schlüssel zum Verständnis der Geschichte liegt in der Liebe Gottes zu seinem Volk. Nun dürfen wir aber nicht zu voreilig daraus schließen, daß Gott uns liebt, denn es handelt sich ja um das Volk Israel, das Volk, das er selbst sich geschaffen hat. Wir müssen uns den Heilsplan Gottes stets vor Augen halten, damit wir, die wir als Heiden erlöst sind, unseren Platz in der Heilsgeschichte richtig sehen, die ja eigentlich ein Angebot Gottes an Israel ist.

* Das *Prinzip und Fundament* der Josefsgeschichte zieht sich durch die gesamte Schrift hindurch bis hin zum Neuen Testament. So können wir den Lobgesang des Zacharias (Lk 1,68–79) lesen und dabei an die Brüder Josefs denken, wie sie Gott für seine Taten preisen: „Gepriesen sei der Herr, der Gott Israels“ (also unseres Vaters Jakob); „denn er hat sein Volk besucht und ihm Erlösung geschaffen“ (er hat uns aus der Hungersnot errettet, an der wir zugrunde gegangen wären und die die Verheißung, die an Abraham ergangen war, zunichte gemacht hätte). „Er hat uns einen starken Retter erweckt“ (Josef); „er hat das Erbarmen mit den Väters an uns vollendet“ (Abraham, Isaak, Jakob) „und an seinen heiligen Bund gedacht, an den Eid, den er

unserem Vater Abraham geschworen hat; er hat uns geschenkt, daß wir, aus Feindeshand befreit, ihm furchtlos dienen in Heiligkeit und Gerechtigkeit vor seinem Angesicht all unsre Tage. Und du, Kind, wirst Prophet des Höchsten heißen, *denn du wirst dem Herrn vorangehen und ihm den Weg bereiten"* (ihm ein Volk bereiten).

Der Schlüssel der Josefsgeschichte ist also ein biblischer. Durch menschliche Geschichten, die oft dunkel, unergründlich und scheinbar absurd sind, erwählt und schafft sich Gott ein Volk, um es zu lieben und Sorge für es tragen; es ist *die Berufung einiger zum Heile aller.*

3. Der Plan Gottes in der Menschheitsgeschichte

Wenn wir unseren Blick weiten, können wir sagen: das *Prinzip und Fundament* der Josefsgeschichte gilt nicht nur für das Volk Israel, sondern es ist auch Prinzip und Fundament der Kirche. Paulus faßt das in einer Glaubensformel zusammen, die das Schema von Gen 45,7 („Gott hat mich vorausgesandt") wieder aufnimmt: „Als aber die Fülle der Zeit kam, entsandte Gott seinen Sohn, geboren aus einer Frau, dem Gesetz unterstellt: er sollte die dem Gesetz Unterworfenen loskaufen, damit wir an Kindes Statt angenommen würden" (Galater 4,4–5).

Darin besteht der Plan Gottes: er sendet Jesus zunächst für die *Seinen*, um sie loszukaufen. Die *Seinen* sind das Volk Israel, diejenigen, die unter dem Gesetz leben. Jesus ist unter diesem Gesetz geboren und gehört damit zum Volk Israel; wir können an Kindes Statt angenommen werden durch Israel und diesen Sohn.

Im Kolosserbrief wird das wieder aufgegriffen und in einen weiteren Zusammenhang gestellt: Gott unser Vater „hat uns aus der Gewalt der Finsternis gerettet und in das Reich des Sohnes seiner Liebe versetzt. In ihm besitzen wir die Erlösung, die Vergebung der Sünden. Er ist das Bild des unsichtbaren Gottes, der Erstgeborene vor aller Schöpfung. Denn in ihm ward alles erschaffen, im Himmel und auf Erden, das Sichtbare und das Unsichtbare" (Kol 1,13–16).

Die Sichtweise Israels wird nicht vernachlässigt, sie ist sogar Voraussetzung dafür, um den Heilsplan Gottes ganz zu verstehen; aber der Blick behält Israel im Zentrum und weitet sich aus auf das ganze Universum und betrachtet Christus Jesus, wie er von Gott erwählt wird. Gott will Christus, er schafft die ganze Welt durch ihn und auf ihn hin: er ist der Auserwählte, der Einziggeliebte. Durch ihn und in ihm wird alles geordnet und einander zugeordnet und erhält seinen Sinn. Für Christus erschafft Gott das Volk Israel, damit er aus ihm geboren werde und es repräsentiere. Im Hinblick auf Jesus werden die Völker gerufen, zusammen mit Israel ein Volk zu bilden, denn Jesus ist der Erstgeborene unter vielen Brüdern. Christus ist der vollständige und vollkommene Ausdruck des Planes Gottes.

Wir sind es nicht gewohnt, die Geschichten so zu betrachten. Die Würde des Menschen liegt darin begründet, daß jeder Mensch, jede Person Sohn oder Tochter ist, und als solcher hat er die Rechte, die wir Menschenrechte nennen. Die Einzigartigkeit Jesu ist es, deretwegen wir für die Rechte aller kämpfen müssen; durch ihn und durch das Volk Israel sind auch wir ein Volk.

Für die Aufklärung gibt es keinen göttlichen Heilsplan, und die gleichen Rechte werden auf horizontaler

Ebene begründet als Rechte, an denen alle Geschöpfe teilhaben, die einen Verstand und ein Bewußtsein besitzen. Die Rechte aller werden hier nicht von Christus hergeleitet und auf ihn ausgerichtet. Das erklärt, warum die Kirche es während der letzten Jahrhunderte mit der Verkündigung ihrer Botschaft schwer hat und versucht hat, sich mit der Position der Aufklärung und des Rationalismus zu versöhnen. Und es erklärt auch ihre Schwierigkeit, das Geheimnis Israels zu verstehen, das Geheimnis der Einmaligkeit und Einzigartigkeit, von dem her und in dem das Gesamt der menschlichen Geschichte zusammenfließt. Wir selbst stehen in unserem theologischen Nachsinnen noch stammelnd vor dieser Wirklichkeit, die doch die Heilige Schrift auch des Neuen Testamentes so klar bezeugt. Das hebräische Volk besteht nicht nur aus Abraham, Jakob oder Josef; Jesus, Maria und die Apostel gehören dazu, und alles was wir haben, haben wir von ihnen. Ich bin Bischof durch die Apostel. Ich bin Priester durch die Apostel, die Vertreter des Volkes Israel.

Um es noch einmal zu betonen: Gottes Heilsplan ist nicht für alle Menschen derselbe; er erwählt einen Menschen, Jesus, und in ihm ein Volk, und in diesem Volk erwählt er auch einige von uns. In Jesus liegt unser Leben, unsere Zukunft, unsere Chancen, frei und erlöst zu werden.

Das ist das *Prinzip und Fundament* unserer Geschichte.

An der Schwelle zum dritten Jahrtausend sind wir eingeladen, die Errungenschaften unserer Zeit zu überdenken und sie glaubhaft im Lichte des Heilsplanes Gottes und Christi zu betrachten; nicht in frontaler Gegenüberstellung, auch nicht in eklektischer Gleichmacherei, sondern im Lichte der Einzigartigkeit Christi, in der Einmaligkeit Israels, in der Berufung aller Nationen zu einem einzigen Volk, und in der Achtung der Würde jedes und jeder einzelnen, die ihren Ursprung und ihr Ziel in der Würde Christi hat, der an und für sich gewollt ist, als wesentliche Vollendung des ewigen Schöpfungsplanes Gottes.

Daran werden wir nicht vorbeikommen, wenn wir das Geheimnis der Geschichte, das Geheimnis unseres Lebens und das Geheimnis der Kirche begreifen wollen.

4. Gottes Plan in meinem Leben

Der vierte Punkt unserer Betrachtungen führt uns zurück auf uns selbst: wie sieht der Plan Gottes in meinem Leben aus? Gott hat mich erwählt im Hinblick auf Christus, um mich zu einem Teil des auserwählten Volkes zu machen; er hat mich erwählt, um mich teilhaben zu lassen an dem Auftrag, den er den Zwölfen gab, um mich aufzunehmen unter die Heiligen Israels, daß ich in diese heilige Versammlung eintrete. Wie Josef hat er mich erwählt, damit ich ein anderer werde in Christus: „Gott hat mich euch vorausgesandt", damit ihr gerettet werdet.

Es gibt eine Stelle in der Apostelgeschichte, die wir als *Prinzip und Fundament* der Geschichte des Paulus bezeichnen können; sie kann uns hilfreich sein, um unseren Auftrag als Christen und insbesondere als Jesuiten verstehen, das Evangelium zu verkünden:

Paulus muß sich vor dem König Agrippa vor den Anschuldigungen der Hohepriester verteidigen und erzählt die Geschichte seiner Bekehrung auf der Straße nach Damaskus: „Ich vernahm eine Stimme, die auf hebräisch mir zurief: Saulus, Saulus, warum verfolgst du mich? Es ist schwer für dich, gegen den Stachel auszuschlagen. Wer bist du, Herr? fragte ich. Der Herr antwortete: Ich bin Jesus, den du verfolgst" (Apg 26,14–15). Selbst in dieser dunklen Stelle in der Geschichte des Saulus ist Gott gegenwärtig. Jeder Mensch, auch der böse und niederträchtige, definiert sich in Beziehung zu Christus, auch wenn er nicht an ihn glaubt. „Ich bin Jesus, den du verfolgst", an den du nicht glaubst; du stehst in Beziehung zu mir, durch den alles geschaffen ist, durch den auch du geschaffen bist. „Doch stehe auf und stelle dich auf deine Füße. Denn dazu bin ich dir erschienen, um dich zum Diener und zum Zeugen dessen zu bestellen, was du gesehen hast und was ich dir noch offenbaren werde. Ich werde dich retten vor dem Volk und vor den Heiden, zu denen ich dich sende. Du sollst ihnen die Augen öffnen, daß sie sich aus der Finsternis zum Lichte, aus der Gewalt Satans zu Gott bekehren. So sollen sie durch den Glauben an mich Verzeihung der Sünden und das Erbe mit den Heiligen erlangen" (Apg 26,16–18).

Welche Botschaft ist für mich in dieser Stelle enthalten?

Auch ich bin mit Jesus verbunden, wenn ich es auch manchmal vergesse; und wie Paulus und wie Josef bin ich *gesandt*, damit denen, die nicht glauben, die Augen aufgehen, daß sie aus der Finsternis zum Licht herübertreten und die Verzeihung der Sünden und das Erbe mit den Heiligen erlangen durch den Glauben an Christus.

Wer sind nun die *Heiligen?* Es ist das gläubige jüdische Volk, Israel als Erben des Herrn. Die ersten Christen waren ja Juden. Mein Auftrag ist es, zu den Heiden zu sprechen und sie in die Gesamtheit des Gottesvolkes zurückzuholen, dessen Mitte Jesus

Christus ist; ich muß ihnen zeigen, was es heißt, mit Jesus eng verbunden zu sein.

Weil Jesus zu ihm gesprochen hat, wird Paulus nie mehr Angst haben, denn wenn jemand die Sendung verstanden hat, mit der er betraut worden ist, wird er sich vor nichts mehr fürchten, und er kann den Plan Gottes auch in den Dunkelheiten seines Lebens erkennen.

Meine, unsere Versuchung besteht vor allem darin, daß uns unser Auftrag nicht klar ist. Wir müssen viel beten und vom Herrn erbitten, daß wir uns unseres Auftrages bewußt werden und dadurch all die Widerwärtigkeiten überwinden, die das Leben für uns bereithält. Ohne dieses Bewußtsein werden selbst die kleinsten Schwierigkeiten uns straucheln und fallen lassen.

Im Glauben das Leben des Sohnes leben

Homilie am Fest der Verklärung des Herrn

1. Das Mysterium der Verklärung

Ich überlasse es jedem einzelnen, die erste Lesung des heutigen Festes (Daniel 7,9–10.13–14) selbst zu lesen. Die beiden übrigen Lesungen wollen wir gemeinsam betrachten.

„Wir sind ja keinen ausgeklügelten Fabeln gefolgt, als wir euch die Macht und die Ankunft unseres Herrn Jesus Christus kundtaten, sondern wir sind Augenzeugen seiner Majestät gewesen. Denn er empfing von Gott dem Vater Ehre und Herrlichkeit, da von der hocherhabenen Herrlichkeit die Stimme an ihn erging: Dieser ist mein geliebter Sohn, an dem ich Wohlgefallen habe. Und diese Stimme hörten wir, als wir mit ihm auf dem heiligen Berge waren, vom Himmel kommen. Und so besitzen wir das prophetische Wort um so fester, und ihr tut gut, darauf zu achten wie auf eine Leuchte, die am finsteren Ort scheint, bis der Tag anbricht und der Morgenstern aufgeht in euren Herzen" (2 Petr 1,16–19).

„Und nach sechs Tagen nahm Jesus den Petrus und den Jakobus und den Johannes und führte sie auf einen hohen Berg, abseits allein. Da wurde er vor ihnen verwandelt, und seine Gewänder wurden ganz leuchtend weiß, wie sie kein Walker auf Erden so weiß machen kann. Und es erschien ihnen Elija mit Mose im Gespräch mit Jesus. Da nahm Petrus das Wort und sprach zu Jesus: Meister, es ist gut, daß wir hier sind. Wir wollen drei Hütten bauen, dir eine, Mose eine und Elija eine. Er wußte nämlich nicht, was er sagte, denn sie waren von Schrecken ergriffen. Dann kam eine Wolke und überschattete sie, und eine Stimme erscholl aus der Wolke: Dieser ist mein geliebter Sohn, ihn sollt ihr hören, und als sie sich umblickten, sahen sie auf einmal niemand mehr bei sich, außer Jesus allein. Und während sie vom Berge herabstiegen, gebot er ihnen, niemandem zu erzählen, was sie gesehen hatten, bis der Menschensohn von den Toten auferstanden sei. Dieses Wort hielten sie fest und besprachen miteinander, was das bedeute, von den Toten auferstehen" (Mk 9,2–10).

2. *Der Sohn des Vaters*

Wir haben die Einzigartigkeit Jesu betrachtet, die ihn zu einem Stein des Anstoßes macht für den, der einen allgemeinen religiösen Ansatz sucht: es reicht nicht aus zu sagen, Gott habe die Menschen erlöst, sondern wir müssen dazusagen, daß Gott sie in diesem hebräischen Menschen erlöst hat, der Jesus heißt.

Dieses Mysterium wird gerade in den beiden Lesungen hervorgehoben, und zwar nicht nur von Markus, sondern auch von Petrus, der selbst ein Augenzeuge der Verklärung Jesu war. Es ist das Geheimnis, das in den Worten steckt: „Dieser ist mein geliebter Sohn, ihn sollt ihr hören." Gott der Vater verkündet Jesus nicht als den Retter, den König, einen großen Propheten oder als einen religiösen Führer. Er sagt einfach: „Dieser ist mein Sohn."

Ich nehme vier Anregungen daraus, die jeder einzelne in der persönlichen Betrachtung vertiefen kann.

* Die Einzigartigkeit Jesu, die Einmaligkeit des Sohnes ist der Schlüssel zum Geheimnis der Dreieinigkeit. Ohne diese Einzigartigkeit kann man an das Geheimnis des Vaters, des Sohnes und des Heiligen Geistes nicht heranreichen. Wir können diese Dreieinigkeit nur dann verstehen, wenn wir Jesus als den *Einzigartigen* verstehen und annehmen.

* Die Einmaligkeit Jesu dient nicht dazu, die Überlegenheit einer Religion anderen gegenüber zu bestätigen; sie zeigt uns vielmehr *den Weg, wie wir das Gefallen Gottes finden.* Es scheint manchmal, als ob die Christen sich des Evangeliums schämen, daß sie die Worte des Paulus nicht unterschreiben können, der schreibt: „Ich schäme mich des Evangeliums nicht; es ist ja eine Gotteskraft" (Röm 1,16). Wahrscheinlich befürchten sie, daß sie, wenn sie stolz auf das Evangelium sind, damit die anderen Religionen abwerten, und sie ziehen es vor, daß jeder bei seiner eigenen Religion bleibt.

Das eigentliche Problem aber liegt anderswo. Jesus ist kein religiöses Oberhaupt, das alle anerkennen müssen, er ist der *Sohn*. Und wozu wir berufen sind, damit der eine Gott an uns Gefallen findet, ist, zu leben wie der Sohn, als Söhne und Töchter zu leben; also nicht, Großtaten zu vollbringen für den Herrn, sondern anzunehmen, daß er uns als seine Kinder liebhat und auch, daß wir von Gott verlassen sind wie Jesus es war, und das in Jesus anzunehmen, denn er und der Vater sind eins.

* Die Einmaligkeit Jesu ist auch an Mose und Elija gebunden, mit der Gewißheit, daß *Gott in der düsteren Geschichte Israels präsent ist:* sie ist gebunden an ebendiese einzigartige und bevorzugte Geschichte, die auf den Sohn hin zuläuft.

* Schließlich ist die Einmaligkeit Jesu auch eng mit

dem Wort verknüpft, das wir im Markusevangelium lesen: „Dieser ist mein geliebter Sohn, *ihn sollt ihr hören*", tut, was er euch sagt, und seid so wie er. Maria wiederholt das bei der Hochzeit zu Kana: „Alles, was er euch sagt, das tut" (Joh 2,5), und es erinnert an die Anweisung, die der Pharao dem ägyptischen Volk gibt: „Geht zu Josef! Was er euch sagen wird, das tut!" (Gen 41,55).

Jedesmal, wenn wir Eucharistie feiern, verkünden wir unsere Beziehung zu Jesus, die für uns so nötig ist und ohne die wir nicht auskommen; wir verkünden seine Einzigartigkeit, zu unserem Heil und zum Heil der Welt. Bitten wir also den Vater, er möge in uns diese große Sehnsucht danach wachrufen, am Leben seines Sohnes Jesus festzuhalten über die Feier der Eucharistie hinaus, damit wir wahrnehmen, wer Gott ist und welchen Heilsplan er für alle Menschen bereit hält.

Dritte Meditation:

Prinzip und Fundament in der Geschichte des Ignatius

„Herr, hilf uns, deinen Willen zu verstehen. Öffne unsere Herzen, damit wir erkennen, was du in uns wirkst, und wandle unser Leben, so wie du dem heiligen Ignatius das Herz geöffnet und sein Leben gewandelt hast, für den du zum Meister seines Lebens geworden bist. Darum bitten wir dich durch Jesus Christus, deinen Sohn, unseren Bruder. Amen."

1. Die Eingangsfrage

Nachdem wir die Geschichte Josefs betrachtet haben, um ihren entscheidenden Schlüssel zu finden, wollen wir danach fragen, ob es ein *Prinzip und Fundament* im Leben des heiligen Ignatius gibt, das sich von dem unterscheidet, welches uns in den *Exerzitien* vorgelegt wird.

Ich persönlich glaube, daß es einen gewissen Unterschied gibt, denn die Exerzitien, also auch ihre Nr. 23, sind im Hinblick auf eine *Wahl* entstanden, während die Autobiographie des Ignatius, der *Bericht des Pilgers*, von dem berichtet, was im Leben des Ignatius wirklich geschehen ist.

Wir wollen nun zusammen einige Passagen aus dem *Bericht des Pilgers* lesen, um so den Schlüssel dieser Erzählung aufzuspüren, das Prinzip und Fundament der ganzen Geschichte. Ich möchte daran erinnern, daß die Autobiographie des Ignatius auch das „Prinzip und Fundament" der Gesellschaft Jesu ausmacht, wie Pater Gonçalves da Câmara es in seinem Vorwort beschreibt: als Pater Nadal in Rom angekommen war, habe er sich sehr gefreut, daß Ignatius damit begonnen hatte, seine Erinnerungen zu diktieren, und er habe gesagt, Ignatius könne nichts wichtigeres tun als das; sein Leben zu erzählen, „das erst hieße im ganz wahren Sinn die Gesellschaft gründen" (Vorwort des Pater Gonçalves Nr. 4).

2. *Das Prinzip des Lehrers*

* Nach seiner Verletzung im Pamplona 1521 wurde Ignatius in einer Sänfte zum Schloß von Loyola gebracht, wo sich sein Zustand verschlimmerte: „So kam der Tag des heiligen Johannes. Die Ärzte hatten kaum mehr Hoffnung auf eine Besserung, und so gab man ihm den Rat zu beichten. Er empfing die Sakramente, und am Vorabend des Festes Peter und Paul sagten die Ärzte: wenn er bis Mitternacht keine Besserung fühle, müsse er sicher mit dem Tode rechnen. Der genannte Kranke hatte nun immer eine besondere Andacht zum heiligen Petrus gehabt; und deshalb *war es der Wille unseres Herrn,* daß er eben damals um Mitternacht sich besser zu fühlen begann. So rasche Fortschritte machte seine Genesung, daß man wenige Tage später der Ansicht war, er sei nun außer Todesgefahr" (BP 3).

Hier hat Ignatius zum ersten Mal erfahren, daß der Herr in seinem Leben handelt.

* Eine ähnliche Beschreibung begegnet uns in Nr. 7 des Pilgerberichtes, nachdem Ignatius erzählt hat, wie sein Geist von fruchtlosen Gedanken verwirrt worden

war: „Jedoch *kam ihm unser Herr zu Hilfe,* indem Er derartigen Gedanken andere folgen ließ, die ihren Ausgangspunkt in dem hatten, was er eben las. Bei der Lektüre des Lebens unseres Herrn und der Heiligen machte er sich nämlich Gedanken und überlegte bei sich: Wie wäre es, wenn ich all das täte, was der heilige Franziskus getan hat, oder das, was der heilige Dominikus tat?"

Ignatius nimmt das Handeln Gottes auch da wahr, wo sich seine Vorstellungen verändern, in der Eingebung eines Gedankens oder in einer Haltung, die er einnimmt. Er hat verstanden, daß der Herr bei ihm und für ihn da ist und ihm durch kleine Begebenheiten helfen will.

* „Als er einmal während der Nacht wach dalag, sah er klar ein Bild Unserer Lieben Frau mit dem heiligen Jesuskind; bei diesem Anblick empfand er für geraume Zeit ganz außerordentlichen Trost. Und ein solcher Abscheu vor seinem ganzen vergangenen Leben und besonders vor den Sünden des Fleisches erfüllte ihn, daß er vermeinte, aus seiner Seele seien alle Vorstellungen verschwunden, die er früher in sie eingeprägt hatte. Von jener Stunde an bis zum August 1553, da diese Zeilen geschrieben werden, gab er daher niemals mehr, auch nicht im geringsten, seine Zustimmung bei sinnlichen Versuchungen. Wegen dieser *Wirkung* läßt sich sagen, daß *jene Vision von Gott gekommen ist,* obgleich er selbst es nicht mit Bestimmtheit zu behaupten wagte und nur das eben Gesagte zur Bestätigung wiederholte. Aber sein Bruder wie auch alle übrigen Bewohner des Hauses konnten schon am äußeren Gehabe die Wandlung erkennen, die innerlich in seiner Seele vor sich gegangen war" (BP 10). Ignatius war ein Mann großer Vorsicht, und so wagte er nicht zu behaupten, die Vision sei von Gott

gekommen; konnte es sich doch tatsächlich um eine einfache Einbildung handeln. Aber, und das ist wichtig zu beobachten, ihm lag die geistliche Wirkung, die das Eingreifen Gottes in ihm hervorgerufen hatte, mehr am Herzen als die Art und Weise, in der es sich geäußert hatte.

* Betrachten wir nun die bekannte Begegnung mit dem Mauren: „Auf dieser Wegstrecke (nach dem Montserrat) hatte er ein Erlebnis, das berichtenswert sein dürfte, um besser zu verstehen, wie unser Herr mit dieser Seele verfuhr, die noch ganz blind war trotz des großen Verlangens, Ihm zu dienen auf alle Weise, so gut er es nur verstand. Er hatte sich ja dazu entschlossen, schwere Bußwerke auf sich zu nehmen; und zwar schaute er nicht mehr so sehr darauf, für seine Sünden Genugtuung zu leisten, sondern vielmehr darauf, Gott einen Gefallen zu tun und Ihm Freude zu machen. Der Abscheu vor den Sünden seiner Vergangenheit war so groß, und das Verlangen, aus Liebe zu Gott Großtaten zu verrichten, war so lebendig, daß er bei seinen Bußwerken, die zu verrichten er sich vorgenommen hatte, gar nicht besonders an seine Sünden dachte. Und dabei machte er sich nicht ausdrücklich klar, daß diese ihm ja schon vergeben waren. Wenn er also daran dachte, sich einer Bußübung zu unterziehen, die die Heiligen auf sich genommen hatten, nahm er sich vor, wenigstens dasselbe, wenn nicht noch mehr fertigzubringen. Solche Gedanken waren der einzige Trost seiner Seele; er hatte noch keinen Blick für innere Werte und verstand nicht, was Demut, Liebe, Geduld eigentlich seien. Und er kannte jenes Gespür für Gottes Willen noch nicht, das diese Tugenden zu lenken und ins rechte Maß zu bringen hat. Vielmehr ging seine ganze Absicht nur darauf, diese äußerlich sichtbaren Großtaten einzig deswe-

gen zu verrichten, weil solches auch die Heiligen zur Verherrlichung Gottes getan hatten; und dabei achtete er gar nicht auf irgendwelche besonderen Voraussetzungen.

Wie er nun seines Weges dahinzog, holte ihn ein Maure ein, der auf einem Maultier ritt. Im Dahinreiten redeten die beiden miteinander, und dabei kamen sie auch auf Unsere Liebe Frau zu sprechen. Der Maure meinte, er wolle zwar noch glauben, daß die Jungfrau empfangen habe, ohne einen Mann zu erkennen; aber daß sie nach der Geburt noch Jungfrau geblieben sei, das könne er nicht mehr glauben. Und er führte für seine Ansicht all die bloß natürlichen Gründe an, die er nur finden konnte. Obgleich nun der Pilger ihm viele Gegenbeweise vorbrachte, ließ er sich doch nicht von seiner Meinung abbringen. Der Maure war dann so eilig zugeritten, daß er ihn aus den Augen verlor, während er noch ganz in Gedanken über das Gespräch mit dem Mauren versunken war. Dabei überkam ihn eine innere Erregung, die seine Seele mit sich selbst sehr unzufrieden sein ließ. Denn er glaubte, seine Pflicht nicht genügend getan zu haben, und zugleich regte sich in ihm ein großer Unwille gegen den Mauren, da es ihm schien, er habe schlecht gehandelt, daß er einen Mauren derartige Dinge über Unsere Liebe Frau aussprechen ließ. Er hielt es für seine Pflicht, für ihre Ehre einzutreten. So überkam ihn das Verlangen, dem Mauren nachzuspüren und ihm dafür einige Dolchstiche zu versetzen, daß er solche Worte gesagt habe. Durch geraume Zeit dauerte der Widerstreit der verschiedenen Meinungen in seiner Seele an, und zu guter Letzt blieb er immer noch unschlüssig, ohne zu wissen, was er eigentlich nun zu tun hätte. Bevor der Maure noch vorausgeritten war, hatte er ihm gesagt, sein Reiseziel sei ein Ort, der ein

Stück weiter in der Richtung seines eigenen Weges liege, und zwar ganz in der Nähe der Hauptstraße, die aber selbst nicht durch jenen Ort hindurchführte.

So hatte er bei sich lange hin und her überlegt, was hier eigentlich zu tun wäre. Aber er wurde sich nicht klar darüber, wozu er sich entschließen sollte. Da beschloß er nun folgendes: sein Maultier ohne Benützung der Zügel bis zu dem Punkt gehen zu lassen, wo der Weg von der Hauptstraße abzweigt; wenn dann das Maultier den Weg zu dem Dorf einschlüge, dann würde er den Mauren aufspüren und ihm einige Dolchstiche versetzen; zöge es aber nicht in Richtung zum Dorf, sondern auf der Hauptstraße weiter, dann wolle er ihn in Ruhe lassen. Da er nun seinen Plan durchführte, *fügte es unser Herr, daß das Maultier auf der Heerstraße weiterging und nicht den Weg zum Dorf nahm,* obwohl die Ansiedlung kaum mehr als dreißig oder vierzig Schritt abseits lag und der Weg, der zu ihr hinaufführte, ziemlich breit und bequem war" (BP 14–16). Der Herr hat ihn also aus einer Gefahr befreit, indem er sich eines Maultiers bediente. Ignatius erzählt diese Begebenheit, um zu zeigen, wie fürsorglich die göttliche Vorsehung in seinem Leben gehandelt hat.

* Sehr interessant ist, was Ignatius in Nr. 25 berichtet, als er in Manresa anfing, von Skrupeln gequält zu werden: „Indes fing es am dritten Tag – es war ein Dienstag –" (der Bericht bezieht sich auf das Jahr 1522; nach wie vielen Jahren hat Ignatius sich sogar noch an den Wochentag erinnert!) „während des Betens wieder damit an, daß er an seine Sünden denken mußte. Wie man etwas an einem Faden aufreiht, so überdachte er Sünde um Sünde seines vergangenen Lebens, und er glaubte, er müsse sie sofort noch einmal beichten. Als Beschluß all dieser Gedanken über-

kam ihn ein Gefühl des Abscheus vor dem Leben, das er jetzt führte, und zugleich ein starker Drang, es ganz aufzugeben. *Das war das Mittel, mit dem der Herr ihn gleichsam wie aus einem tiefen Schlaf aufwecken wollte.* Da er bereits einige Erfahrung über die Verschiedenheit der Geister aus den Unterweisungen gezogen hatte, die Gott ihm bisher gegeben hatte, begann er genauer zu überlegen, auf welche Weise jener böse Geist sich eingeschlichen hatte. Mit großer innerer Sicherheit war er nun entschlossen, nichts mehr aus dem vergangenen Leben zu beichten. So blieb er von jenem Tag an frei von Skrupeln, und *er war davon überzeugt, daß unser Herr ihn aus Gnade und Barmherzigkeit davon befreit hatte.*"

* Ein letztes Beispiel sei genannt, in dem das Wort „Lehrer" ausdrücklich vorkommt: „In dieser Zeit" (wir befinden uns immer noch in Manresa) *„behandelt ihn Gott auf die gleiche Weise, wie ein Schullehrer* beim Unterricht ein Kind behandelt. Mag nun der Grund dafür seine Unerfahrenheit und sein unausgebildetes Verständnis gewesen sein oder die Tatsache, daß er keinen anderen Lehrmeister hatte, oder sein fester Willensentschluß, ganz Gott zu dienen, den Er ihm selber eingegeben hatte: auf jeden Fall hielt er es für klar erwiesen – und dies blieb seither immer seine Ansicht –, daß Gott mit ihm auf solche Weise verfuhr. Und falls er daran Zweifel hätte, würde er eher vermeinen, Gottes Majestät zu beleidigen" (BP 27).

Wenn wir das zuletzt Gesagte zusammenfassen, müssen wir sagen: Ignatius hat wahrgenommen, welchen Plan Gott mit seinem Leben hat, und er hat es verstanden, aus allen alltäglichen Ereignissen und Einzelheiten (Gedanken, Versuchungen, Erfahrungen von Freude) die liebende Aufmerksamkeit herauszulesen, die Gott ihm geschenkt hat, und dieses Wahrnehmen ist ein Schlüsselprinzip seines Lebens und des *Berichtes des Pilgers* als solchem.

3. Das Prinzip des Verlangens

Ein zweites Schlüsselprinzip der Lebensgeschichte des Ignatius liegt in dem Wort *Verlangen* oder *Sehnsucht*, das wir schon erwähnt haben.

* „Bis zum Alter von sechsundzwanzig Jahren war er den Eitelkeiten der Welt ergeben, und hauptsächlich fand er aus einem *unbändigen und eiteln Verlangen*, sich Ruhm zu gewinnen, sein Gefallen in Waffenübungen" (BP 1).

* Ignatius hatte viele Wünsche, die vom Herrn nach und nach geläutert und gewandelt werden: „Da er bei dieser Lektüre" (des Lebens Christi und der Heiligen) „nicht wenig Erleuchtung erhielt, fing er an, ernster über sein vergangenes Leben nachzudenken, und er erkannte, wie notwendig es für ihn wäre, Buße dafür zu tun. Hier drängte sich ihm das *Verlangen* auf, die Heiligen nachzuahmen (...). Was er aber sofort nach seiner Genesung zu unternehmen *wünschte*, war bloß die Wallfahrt nach Jerusalem (...) Die früheren Gedankengänge gerieten jetzt in Vergessenheit bei diesen *heiligen Wünschen*" (BP 9–10).

* Wenn ich das Leben des Ignatius verfolge, fällt mir ein, daß die *Satzungen der Gesellschaft Jesu* betonen, wie wichtig das „Verlangen" auch für die Jesuiten und die ignatianische Spiritualität ist.

Im *Examen generale*, das jedem vorgelegt wird, der in die Gesellschaft Jesu aufgenommen zu werden wünscht, heißt es: „Ferner muß man, die examiniert werden, sehr darauf hinweisen, indem man es ihnen ans Herz legt und vor Gott unserem Schöpfer und Herrn wägt, wie in hohem Maße im geistlichen Leben hilfreich und förderlich ist, gänzlich und nicht nur teilweise das zu verabscheuen, was die Welt liebt und umarmt, und das zuzulassen und mit allen nur möglichen Kräften danach zu *verlangen*, was Christus unser Herr geliebt und umarmt hat" (Ex. IV, 101). Gleich darauf wird denjenigen, die den Kandidaten zu prüfen haben, die Art und Weise nahegelegt, wie sie sich versichern können, ob in den Kandidaten wenigstens ein Funke dieses Verlangens vorhanden sei, Jesus in nächster Nähe nachzufolgen: „Deshalb frage man ihn, ob er sich in diesem für die Vollkommenheit seiner Seele so sehr heilsamen und fruchtbringenden *Verlangen* finde. Wo er sich wegen unserer menschlichen Schwachheit und der eigenen Armseligkeit nicht in diesem solcherart in unserem Herrn *brennenden Verlangen* findet, frage man ihn, ob er irgendein *Verlangen danach habe*, sich in einem solchen Verlangen zu finden. Antwortet er affirmativ [bejahend] und verlangt er danach, sich in einem solchen *und so heiligen Verlangen* zu finden, so frage man ihn danach, ob er *entschlossen* und darauf vorbereitet sei, es mit Hilfe der göttlichen Gnade in Geduld zuzulassen und zu ertragen, wann immer ihm solcherlei Schmähungen, Spott und Schimpf, wie sie in dieser Diensttracht Christi unseres Herrn eingeschlossen sind, und was immer sonst angetan werde" (Ex. IV, 101–102).

* Ferner besteht die Aufgabe des Rektors eines Kollegs vor allem darin, daß er „durch sein Gebet und *heiliges Verlangen* das ganze Kolleg tragen soll" (Const. IV, 424). Das gilt selbstverständlich für jeden Jesuiten in der Entfaltung seines apostolischen Dienstes. Jeder hilft also dem Nächsten „mit dem *Verlangen* vor Gott

unserem Herrn und den Gebeten für die ganze Kirche" (Const. VII, 638). Die vornehmliche Art dieses Dienstes besteht also darin zu beten und heiliges Verlangen zu haben.

* Auch der Generalobere der Gesellschaft Jesu wird sein Amt vor allem durch „das Beispiel seines Lebens und durch die Liebe und Güte zur Gesellschaft in Christus unserem Herrn und durch das beharrliche und von *Verlangen* erfüllte Gebet" besser entfalten können (Const. IX, 790).

Ich habe diese Zitate aus den Satzungen deswegen ausgewählt, weil wir zuweilen das Verlangen mit unseren Erwartungen oder unserem Streben verwechseln, also mit dem, was wir wollen. Für Ignatius ist das Verlangen die entschiedene Entscheidung, nach dem Reich Gottes zu streben, und dieses Verlangen ist das Herz und die Seele des Gebetes. „Dein Reich komme", so bitten wir im Vaterunser, und wir bringen damit die brennende Sehnsucht vor dem Herrn zum Ausdruck, daß wir es nötig haben, als Kinder Gottes zu leben. Ohne diese Sehnsucht bleiben wir leer und träge, wir geben uns mit den kleinen Freuden des irdischen Daseins zufrieden und wachsen nicht in der Hoffnung des Evangeliums.

4. Das Prinzip der größeren Ehre Gottes

Das dritte Schlüsselprinzip des Pilgerberichtes begegnet uns wiederum gleich zu Anfang: „Bis zum Alter von sechsundzwanzig Jahren war er den Eitelkeiten der Welt ergeben (...) aus einem unbändigen und eiteln Verlangen, sich *Ruhm* zu gewinnen" (BP 1), also weltliche Ehre.

* Das Motiv der Ehre kehrt, wenn auch in anderer Be-

grifflichkeit, in Nr. 4 wieder: Daß die Knochen seines verletzten Beines falsch und zwar übereinander zusammengewachsen waren und so ein Knochenstück hervorstand, „*konnte er nicht anstehen lassen*, da er entschlossen war, seine weltliche Karriere fortzusetzen. Da er nun meinte, daß jenes hervorstehende Knochenstück ihn entstellte, erkundigte er sich bei den Chirurgen, ob man es nicht entfernen könne."

* Und wieder die Notwendigkeit, sich Ehre zu verschaffen, die ihn dazu bringt zu denken: „Wie wäre es, wenn ich all das täte, was der heilige Franziskus getan hat, oder das, was der heilige Dominikus tat? Solche Überlegungen stellte er über vielerlei an, was ihm gerade erschien. Dabei nahm er sich immer *schwierige und mühsame Aufgaben* vor" (BP 7).

Wie schon das Prinzip des Verlangens, so bleibt auch das Prinzip der Ehre bestehen, wird jedoch allmählich geläutert und gewandelt, unter dem Anspruch, seine Kräfte für die größere Ehre Gottes einzusetzen.

* Und so lesen wir: „Den größten Trost empfing er, wenn er den Himmel und die Sterne betrachtete, was er sehr häufig und jeweils lange Zeit hindurch tat. Denn dabei fühlte er in sich *eine ganz große Begeisterung*, unserem Herrn zu dienen" (BP 11).

* Ein letztes: „Er setzte seinen Weg zum Montserrat fort. Und wie bisher immer, war er in Gedanken mit den Großtaten beschäftigt, *die er aus Liebe zu Gott verrichten wollte*" (BP 17).

Das Prinzip der größeren Ehre Gottes, wie es im Prinzip und Fundament der Exerzitien ausgedrückt ist, ist also ein Schlüsselprinzip für Ignatius' eigenes Leben, den wir auch einen „Pilger für die Ehre Gottes" nennen können. Er begnügte sich nie mit dem, was er erreicht hatte, sondern strebte immer danach, vorwärts, weiter zu gehen. Schritt für Schritt hat er verstanden, daß die wahre Ehre Gottes nicht in den Großtaten besteht, die für ihn vollbracht werden, sondern in der Armut und in der Erniedrigung unser selbst, die uns dahin führt, an der Seite Jesu und wie Jesus als Söhne und Töchter zu leben. Der Herr hat sich seiner natürlichen Zuneigung zur Ehre bedient und hat ihn dazu geführt, die Ehre des Gekreuzigten zu erspüren und zu leben.

5. Das Prinzip der Unterscheidung der Geister

Ich möchte nur kurz auf das Prinzip der Unterscheidung der Geister eingehen, weil es sehr bekannt ist.

In Nr. 8 seiner Autobiographie, nachdem er beschrieben hat, wie sich in seinem Geist verschiedene Gedanken abgewechselt haben, die einander gegenüberstanden, erzählt Ignatius: „Indessen gab es dabei diesen einen Unterschied: wenn er sich mit weltlichen Gedanken beschäftigte, hatte er zwar großen Gefallen daran; wenn er aber dann, müde geworden, davon abließ, fand er sich wie ausgetrocknet und mißgestimmt. Wenn er jedoch daran dachte, barfuß nach Jerusalem zu gehen und nur noch wilde Kräuter zu essen und alle andern Kasteiungen auf sich zu nehmen, die, wie er las, die Heiligen auf sich genommen hatten, da erfüllte ihn nicht bloß Trost, solange er sich in solchen Gedanken erging, sondern er blieb zufrieden und froh, auch nachdem er von ihnen abgelassen hatte.

Allerdings gab er darauf nicht acht, und er hielt nicht inne, um diesen Unterschied richtig einzuschätzen, bis ihm schließlich eines Tages die Augen darüber ein wenig aufgingen. So fing er endlich an, diese Verschiedenheit als merkwürdig zu empfinden und darüber nachzugrübeln. Aus seiner Erfahrung ergab sich ihm, daß er nach den einen Gedanken trübsinnig und nach den andern froh gestimmt blieb; und allmählich kam er dazu, darin die Verschiedenheit der Geister zu erkennen, die dabei tätig waren, nämlich einmal der Geist des Teufels und das andere Mal der Geist Gottes." Das war, wie wir wissen, eine grundlegende Erfahrung für ihn, wie es auch die Nr. 99 bezeugt.

Pater Gonçalves schreibt: „Nachdem er diese Begebenheiten erzählt hatte, stellte ich am 20. Oktober dem Pilger noch einige Fragen bezüglich der *Geistlichen Übungen* und der *Konstitutionen* [= Satzungen], da ich erfahren wollte, wie er sie verfaßt habe. Er sagte mir: er habe die *Geistlichen Übungen* nicht in einem Zug niedergeschrieben, sondern zunächst nur einige Punkte, die er in seinem Inneren beobachtete und die er nutzbringend fand. Er habe geglaubt, sie könnten auch für andere Menschen von Nutzen sein, und daher habe er sie zu Papier gebracht, so zum Beispiel die Gewissenserforschung mit jenem Linienschema und anderes mehr. Besonders die Abschnitte über die Wahl, so sagte er mir, habe er jener Verschiedenheit der Geister und Gedanken entnommen, die er in Loyola in sich erfuhr, als er noch infolge der Beinverwundung daniederlag."

6. Schlußfolgerungen für uns

Wir haben gesehen, daß das „Prinzip und Fundament" der Lebensgeschichte des Ignatius darin besteht, jenen göttlichen Heilsplan, jenen Willen Gottes in seinem

Leben wahrzunehmen, der ihn in allen Situationen und Ereignissen geleitet hat, auch in denen, die ihm recht bedeutungslos erschienen. Gleichzeitig mit dieser so wichtigen Erkenntnis ist das Herz des Ignatius voller Sehnsucht und Verlangen. Er sucht die Ehre und fühlt sich nie zufrieden auf seinem Weg, sondern strebt immer nach Besserem, nach dem *Mehr*. Und mehr noch, er lebt in einer einzigartigen Aufmerksamkeit auf die geistlichen Bewegungen, die sich in seinem Inneren abspielen. An dieser Stelle erscheint es mir angemessen, daß jeder und jede von uns sich fragen:

* Was ist das „Prinzip und Fundament" meines Lebens? Habe ich Vertrauen in Gott, der mich leitet? Kann ich in den verschiedenen Situationen meines Lebens seinen Plan mit mir, seinen Willen für mich erkennen?
* Gehe ich geizig mit meinem Verlangen nach Gott um, mit meiner Sehnsucht, Jesus nachzufolgen und ihm zu dienen, der mich doch liebt und sich für mich hingegeben hat? Glaube ich vielleicht, daß meine konkrete Situation oder sogar mein Gesundheitszustand meinem Verlangen entgegenstehen? Es ist doch so, daß der Herr durch meine Begrenztheit hindurch ein immer größeres Verlangen nach seiner Ehre in mich hineinlegen will, damit ich Jesus nahe sein kann. Es kann uns dabei helfen, einen *Brief* durchzulesen, den Ignatius am 10. November 1532 an *Isabella Roser* geschrieben hat: diese spanische Adlige hatte ihm die Leiden und Probleme mitgeteilt, die sie quälten, und Ignatius erläuterte ihr in seiner Antwort, was körperliche Schwächen und andere irdische Mängel für die bedeuten, die ihr Leben auf die Ehre Gottes und den Dienst für ihn ausrichten und ordnen wollen.

* Denke ich über das nach, was sich in meiner Seele, also in dem Gesamt von Haltungen, Gefühlen, Emotionen, Leidenschaften und Phantasien, die in mir sind, ereignet, um mir der Gnade und der Gegenwart des Geistes gewahr zu werden?

Vierte Meditation:

Josef der Träumer

„Herr unser Gott, leite du uns, ob wir wachen oder schlafen, ob wir denken oder träumen. Gib uns Einsicht in das, was in uns vorgeht, und läutere unser Herz und unseren Verstand von allen leeren Träumen und Phantasien. Mach unser Herz rein, damit wir dir mit freiem Herzen folgen. Maria, Mutter der Heiligkeit, steh uns bei auf dem Weg der Läuterung und laß uns durchlässig werden wie du. Darum bitten wir dich, Vater, im Namen Jesu und in der Gnade des Heiligen Geistes. Amen."

1. Apostelgeschichte 7,9 und 10,38

Wenn wir das, was wir über das „Prinzip und Fundament" in der Lebensgeschichte Josefs gesagt haben, zusammenfassen wollen, kommt uns ein Vers aus der Apostelgeschichte zu Hilfe, wo Stefanus in seiner langen Rede in Erinnerung ruft, wie Josef aus Eifersucht als Sklave nach Ägypten verkauft wurde und dann bezeugt: „aber Gott war mit ihm" (Apg 7,9). *Gott war mit ihm*, und wir haben gesehen, daß Gott auch mit Ignatius war, der gelernt hat, ihn wie einen Lehrer zu betrachten und seine Lehren zu verstehen.

Auch für das Leben Jesu gilt dieses Wort. Das „Prinzip und Fundament" Jesu wird mit verschiedenen Formeln umschrieben, aber mir gefällt die der Apostelgeschichte besonders: „wie Gott Jesus von Nazaret, angefangen von Galiläa, mit dem Heiligen Geist und mit Wunderkraft gesalbt hat, wie dieser umherzog, Wohltaten spendete und alle heilte, die vom Teufel besessen waren; *denn Gott war mit ihm*" (Apg 10,38).

So fragen wir uns im Lichte der Ersten Woche der Exerzitien, die der Läuterung gewidmet ist: War Josef, der so viel gelitten hat und durch so viele Prüfungen gegangen ist, nur demütig, geduldig und gehorsam, oder war auch er ein Sünder und hat der Läuterung bedurft?

Ich meine, wir können seine ganze Lebensgeschichte als eine einzige lange Läuterung von einem etwas naiven und selbstgefälligen Zauber ansehen, der unterbewußt und unbewußt in ihm steckte, oder besser noch: geradezu als eine *Überprüfung seiner Träume auf ihren Wahrheitsgehalt hin*, die die in ihnen enthaltenen Illusionen und falschen Deutungen zerstört, damit sie sich in dem, was sie an Wahrem enthalten, erfüllen können. Josef geht den mühsamen Weg der Unterscheidung und der Läuterung der Zweideutigkeit seiner Träume und, da ja die Träume die eigene Persönlichkeit offenlegen, auch einen Weg der Läuterung seines Seins hin zur Wahrheit.

Das hilft auch uns, unsere Träume anzuschauen und zu analysieren und sie vom Herrn läutern zu lassen, damit wir lernen, die falschen Hoffnungen und die subjektiven und trügerischen Wünsche von der Wahrheit zu unterscheiden, die auch darin auch gegenwärtig ist.

Ignatius selbst war auf diese Läuterung angewiesen, und es ist kein Zufall, daß er sich so lange damit aufhält zu erzählen, was von seiner ersten Bekehrung in Loyola bis zu seinem Weg nach Jerusalem und schließlich nach Rom geschehen ist. Durch die Bekehrung hat er die Richtung gewechselt, aber sein ganzer Weg bestand in der Verwandlung seines Unterbewußtseins, das voll von kindlichen Phantasien war, und diese konnte sich nur im Prozeß der Läuterung vollziehen.

Die folgenden Überlegungen sollen uns helfen, auf diesem Weg weiterzukommen.

– Wie sahen die Träume Josefs aus, und wann sind sie ihm gekommen?
– War Josef naiv?
– Welches waren die Phantasien Josefs?
– Warum werden die Brüder durch diese Träume und Phantasien erregt?
– Wer sind eigentlich diese Brüder?
– Welche Wahrheit liegt in den Träumen Josefs?
– Wie sehen unsere Träume aus?

2. *Die Träume Josefs*

Die Kapitel 37–50 der Genesis stellen uns insgesamt sechs Träume vor: zwei von Josef, zwei von seinen Mitgefangenen, dem Mundschenk und dem Bäcker, und zwei Träume des Pharao. Alle sechs jedoch drehen sich um Josef, denn er ist es, der auch die der anderen deutet.

Von da her ist seine Person mit den Träumen verbunden, so wie die Josefs von Nazaret, von dem uns vier Träume berichtet werden. In der sehr lesenswerten Enzyklika unseres Papstes *Redemptoris custor* über den heiligen Josef werden diese Träume zwar erwähnt, aber nicht vertieft. Dennoch scheint mir eine solche Vertiefung notwendig, denn in den Träumen kommt die menschliche Psyche auf – die Bibel hat uns das schon lange vor Freud vor Augen gestellt. Seit Sigmund Freud sind die Träume dann zu einem Verständnisschlüssel der Persönlichkeit geworden.

Bedenken wir nun die beiden Träume Josefs.
⋆ Der eine ist aus dem *Bereich des Ackerbaus:* „Einmal hatte Josef einen Traum, und er erzählte ihn seinen Brüdern. Er sprach zu ihnen: Hört doch, was für einen Traum ich gehabt habe! Seht, wir waren beim Garbenbinden auf dem Felde. Und siehe da, meine Garbe richtete sich auf und blieb stehen; eure Garben aber stellten sich ringsum und verneigten sich vor meiner Garbe" (Gen 37,5–7).

Uns wird sofort klar, daß es einer der ersten Fehler Josefs war, diesen Traum seinen Brüdern zu erzählen!
⋆ Der zweite Traum betrifft den *Bereich der Sterndeutung* und spekuliert über den Himmel und was sich dort abspielt. Er ist gefährlicher als der erste, denn die Sterndeutung hatte für die Menschen der damaligen Zeit eine große Bedeutung, sie glaubten an den Einfluß von Sternen und Geistern. „Ein andermal hatte er wieder einen andern Traum, und er erzählte ihn seinen Brüdern. Er sagte: Seht, ich hatte wieder einen Traum. Die Sonne, der Mond und elf Sterne verneigten sich vor mir" (Gen 37,9).

Die elf Sterne beziehen sich nicht nur auf die elf Brüder Josefs, sie erinnern an die Tierkreiszeichen: das ganze Jahr, die ganze Geschichte konzentriert sich also auf ihn! „Als er ihn seinem Vater und seinen Brüder erzählt hatte, schalt ihn sein Vater und sprach zu ihm: Was soll dieser Traum bedeuten, den du geträumt hast? Sollen wir, ich und deine Mutter und deine Brüder uns vor dir bis zur Erde neigen? Seine Brüder wurden eifersüchtig auf ihn; sein Vater aber merkte sich die Sache" (Gen 37,9–11).

Wann hatte Josef diese Träume?

Wir würden sagen, er hatte sie bei Nacht. *Thomas Mann* aber, der das alles ausschmückt, stellt sich vor, daß sie ihm am Nachmittag kamen, zu der Zeit, als sie alle auf den Feldern arbeiteten: „Die Feldarbeit ermüdete ihn sehr, und des öfteren schlief er zwischenein. Er schlief auch in jener Mittagsstunde, die alle Jaakobssöhne, Benjamin ausgenommen, dort draußen zur Ruhe und Mahlzeit unter einem braunen Schattentuch, das über krummen Ständen aufgehängt war, versammelt sah (...) Josef also, auch er nur im Arbeitsschurz und mit geflammter Haut, schlief im gemeinsamen Schatten und seinem Arm in Hockerstellung (...) Niemand kümmerte sich um ihn. Nur Ruben ging zuweilen mit dem Blick über ihn. Des Schlafenden Gesicht war ihm zugewandt. Es war nicht ruhig. Seine Stirn, seine Lieder zuckten, und der gelöste Mund rührte sich wie zum Sprechen. Währenddem erörterten die Brüder die Vorteile und Nachteile eines Geräts, dessen man sich neuerdings vielfach zum Dreschen bediente, der Dreschtafel, die, von Ochsen gezogen, mit den an ihrer Unterseite befestigten spitzen Steinen die Ähren zerriß (...) Darüber erwachte Josef und setzte sich auf. ‚Ich habe geträumt', sagte er und blickte verwundert lächelnd unter den Brüdern umher. Sie drehten die Köpfe, wandten sie wieder weg und redeten weiter. ‚Geträumt habe ich', wiederholte er und strich mit der Hand über die Stirn, indem er, immer noch verwirrt und glücklich lächelnd, ins Leere sah, ‚so wirklich und wunderbar!' ‚Das ist deine Sache', erwiderte Dan und richtete kurz die stechenden Augen auf ihn. ‚Besser hättest du getan, ohne Traum zu schlafen, wenn du schon schlafen mußt, denn Traumschlaf erquickt nicht.' ‚Wollt ihr meinen Traum nicht hören?' fragte Josef. Hierauf antwortete niemand. Dagegen setzte einer von ihnen, es war Jehuda, das landwirtschaftliche Gespräch in einem Ton fort, der die gebührende Antwort auf eine solche Frage gewissermaßen enthielt" *.

Schließlich erzählt Josef seinen Traum, doch wundert er sich über die Verstimmtheit, die seine Worte hervorgerufen haben und schämt sich fast darüber. Das alles wird mit vielen Einzelheiten beschrieben. Ich finde die Interpretation Thomas Manns interessant, weil er den Traum direkt in dem bäuerlichen Umfeld ansiedelt, in dem die Söhne Jakobs gelebt haben.

3. *Die Naivität Josefs*

War Josef naiv oder einfältig? Ganz sicher.

* Zunächst deshalb, weil er die Eifersucht, die es oft in großen Familien gibt, nicht ernst nahm. Kann sein, er war zu jung, unerfahren im Leben, unfähig, die Reaktionen zu spüren, die in den Herzen vorgingen.
* Desweiteren war er sich aber auch darüber im klaren, daß er mit dem Erzählen seiner Träume seine Brüder belästigte. Er hat schon wieder vergessen, daß seine Brüder ihm das übelnehmen, wie es am Anfang des Kapitels 37 heißt: „Als Josef siebzehn Jahre alt war, hütete er mit seinen Brüdern die Schafe. Er war, weil noch zu jung, den Söhnen der Bilha und Silpa, der Frauen seines Vaters, beigegeben. Und Josef hinterbrachte seinem Vater, was man jenen Übles nach-

* Thomas Mann, Josef und seine Brüder. Der junge Josef (Gesammelte Werke in dreizehn Bänden IV). Copyright S. Fischer Verlag, Berlin, 1933, hier zitiert nach der Jubiläumsausgabe (Fischer Taschenbuch), Frankfurt am Main 1990, 504f.).

sagte" (Gen 37,2). Er sieht nicht ein, daß sein Benehmen Probleme in der Familie schafft und fährt fort, die Rolle des kleinen Jungen zu spielen, indem er seine Worte nicht abwägt.

* Er ist auch deswegen naiv, weil er nicht einmal die Reaktion seines Vaters voraussieht. „Was soll dieser Traum bedeuten, den du geträumt hast?" (Gen 37,9). Vielleicht fand Josef die Vorstellung amüsant, daß sein Vater und seine Brüder sich vor ihm verbeugen sollten.

Ich möchte jedenfalls darauf aufmerksam machen, daß der Vater, wenn er auch überrascht war und es nicht verstand, „sich die Sache doch merkte", was von einer großen Weisheit zeugt. Er hat die Haltung Marias, die „alle diese Worte in ihrem Herzen" bewahrte (Lk 2,19.51) – die Worte der Hirten, die ihren Sohn nach seiner Geburt anbeteten, wie die Worte des zwölfjährigen Jesus, den sie im Tempel gefunden hatte.

Wie Maria in Jerusalem, so fällt es Jakob schwer, die Worte seines Sohnes anzunehmen. Aber als ein Mann, der auf den Plan Gottes merkte, wenn er auch den Sinn der Dinge nicht zu begreifen vermochte, urteilt er nicht vorschnell und wartet lieber ab.

4. Die Phantasien Josefs

Jeder von uns hat seine Phantastereien. Ignatius berichtet zum Beispiel: „Unter den vielen eitlen Gedanken, die sich ihm aufdrängten, hatte besonders einer ein Herz in Beschlag genommen, so daß er sofort, ohne es zu merken, durch zwei und drei und vier Stunden hindurch wie versunken in diesen Gedanken war. Er stellte sich nämlich vor, was er im Dienst einer Dame zu tun habe, wie er es anstellen könne, um an ihren Aufenthaltsort zu gelangen, was für schöne Verse und welche Worte er zu ihr sagen werde und was für Waffentaten er in ihrem Dienst vollbringen wollte" (BP 6).

Wir wollen versuchen, die Phantasiebilder Josefs zu untersuchen, die ihm kamen, als er träumte. Was ging in diesem Siebzehnjährigen vor, den die Familien ein bißchen verwöhnte? Was bildete er sich, angeregt durch seine Träume, ein?

* Wahrscheinlich dachte er an eine *Karriere als Ehrenmann*, einen leichten *Aufstieg zu hohen Ehren*. Die Karriere ist der Schmelztiegel aller Träume, auch der kirchlichen: Domherr in einer Kathedrale zu werden oder gar Bischof, den Kardinalshut zu empfangen. Josef ist in diese Falle der Phantasien gelaufen.

* Ferner träumte er davon, den *Vorrang vor dem ältesten Bruder* und allen anderen zu haben, was in der patriarchalen Gesellschaft wie in jeder Hierarchie streng verboten ist, denn gerade die patriarchale Gesellschaft gründet auf dem Recht des Erstgeborenen und der Älteren.

Auch in der Kirche kann Neid gegen diese Bevorzugten aufkommen: Wie kann für diesen Auftrag nur einer vorgeschlagen werden; der jünger ist als ich? Gebührt das wichtigste Amt nicht mir?...

Vielleicht hat Josef geglaubt, das Kriterium seines Nachgeborenseins könne dadurch überwunden sein, daß Isaak Ismael verdrängt hatte und Jakob Esau, obwohl sie beide die Jüngeren waren.

* In seinen Phantasiebildern liegt aber auch etwas Gutes. Er träumte von einem *großen Auftrag für sein Volk*, betrachtete sich selbst als Heilbringer, gleichsam als Messias. Seine Position im Zentrum des Tierkreises bedeutet, daß er die Zeit, seine Zeit, erlösen werde. Aber Josefs großer Fehler besteht darin zu den-

ken, er könne Großes vollbringen *ohne den Preis dafür zu zahlen.* Es ist typisch für junge Leute, daß sie von Aufträgen träumen, die ihnen leicht fallen, von dem Beifall, der ihnen entgegengebracht werden wird, von großen Erfolgen, die ihnen in den Schoß fallen, ohne daß sie dabei jemandem weh tun. Es ist ein bißchen wie beim jungen Mose, der in der ganzen ägyptischen Weisheit unterrichtet worden war und doch mit 40 Jahren noch ein Träumer war; die Zeit der Träume vergeht nicht von allein, wenn wir nicht dazu bereit sind, uns läutern zu lassen. Mose wuchs im Luxus auf, er war verwöhnt mit Privilegien, und er bildete sich ein, er könne seinem Volk helfen, ohne Leiden durchzumachen, sondern indem er von einem Erfolg zum nächsten voranschreiten würde. In der Apostelgeschichte lesen wir: „Als Mose vierzig Jahre alt war, kam ihm in den Sinn, nach seinen Brüdern, den Kindern Israels, zu sehen", in seinen Phantasien sah er sich schon als ihr Messias. „Da sah er, wie einem Unrecht angetan wurde, er verteidigte ihn und verschaffte dem Bedrängten sein Recht, indem er den Ägypter erschlug. Er glaubte, seine Brüder würden merken, daß Gott sie retten wolle durch seine Hand" und daß sie ihm dann Beifall spenden würden; „doch sie merkten es nicht." Im Gegenteil, als er am nächsten Tag zwei, die sich stritten, trennen will, wird er nicht nur als Vermittler abgelehnt, sondern auch noch zurechtgewiesen: „Wer hat dich über uns zum Führer und Richter bestellt? Willst du auch mich töten, wie du gestern den Ägypter getötet hast?" (Apg 7,23–29) So muß Mose lernen, daß es keine einfache Aufgabe ist, dem Volk zu helfen.

Auch Josef träumt von einem sofortigen Erfolg – Ergebnis einer unguten Erziehung, die er genossen hat. Er ist verhätschelt und von seinem Vater übermäßig beschützt worden, und wir dürfen ihm nicht die ganze Schuld an seinem Verhalten geben.

* Zusammenfassend läßt sich sagen: Josef hatte infantile Träume, die geläutert werden mußten. Seine Träume gehen in Erfüllung, aber nicht so, wie er es sich vorgestellt hatte. Ich glaube nicht, daß seine Anmaßungen eine moralische Schuld beinhalten. Solche Anmaßungen gibt es mit Sicherheit in jedem von uns. Wenn wir jeden Tag aufmerksam unsere Gedanken überprüfen, kommen wir nicht umhin zu bemerken, daß unsere Enttäuschungen und Bitterkeiten oft von dem her kommen, was wir uns erträumt haben, von den Erfolgen im kirchlichen Dienst, von der Verwirklichung von Projekten, bei denen wir nicht nach dem Willen Gottes gefragt haben. Vielleicht waren unter unseren Träumen auch solche, die gut und richtig sind, aber die Art und Weise, in der wir sie verwirklichen wollten, hat nicht gestimmt. Auch Jesus selbst hatte Träume, er strebte danach, die Welt zu erlösen; der Teufel hat das ausgenutzt und ihm einen irrigen Weg vorgeschlagen, sie zu verwirklichen, aber Jesus hat ihn abgewiesen (vgl. Mt 4,1–11).

5. Warum reizen Josefs Träume die anderen Brüder?

Wie kommt es, daß die Brüder sich über die Träume und Phantasiebilder Josefs so sehr ärgern, daß sie ihn schließlich umbringen wollen? Ihre Reaktion auf das Verhalten des Jungen erscheint uns ganz unverhältnismäßig; sie hätten sich genausogut im stillen über ihn lustig machen und über ihn spötteln können.

* Was die Brüder vor allem nicht ertragen, ist das unterschiedliche Maß, mit dem der Vater seine Söhne

behandelt; sie können es nicht annehmen, daß Jakob Josef mehr liebt als sie. Ein Zeichen für diesen Unterschied, den Jakob macht, ist das berühmte Gewand, das er für Josef machen läßt und das uns an das nahtlose Gewand eines anderen Sohnes erinnert, Jesu, des einziggeliebten Sohnes (vgl. Joh 19,23–24).

„Israel aber liebte Josef mehr als alle seine Söhne, weil er der Sohn seines Alters war. Darum ließ er ihm ein Ärmelkleid machen" (Gen 37,3). Thomas Mann beschreibt im zweiten Buch seines Vierteilers lang und breit die Verwirrung, die die Nachricht von diesem Kleid bei der ganzen Familie auslöst und wie sich diese Nachricht in der ganzen Gegend und von Herde zu Herde verbreitet, um das sonderbare Tun Jakobs zu zeigen. Wahrscheinlich hat dieses Kleid seine eigene Bedeutung: es zeigt nicht nur die Vorliebe des Vaters für Josef, sondern auch und gerade, daß er ihn wie einen kleinen Prinzen ansieht, der keine Arbeitskleider nötig hat (mit einem Kleid, das lange Ärmel hat, kann man gar nicht arbeiten). So gibt Jakob unbewußt den Phantasien der Brüder Gestalt: hieß das, daß er Josef das Erstgeburtsrecht verleiht, daß er ihn zum Erben bestellt?

Zwietracht und Haß zwischen Familienmitgliedern entsteht oft um eine Erbschaft, um die Verteilung der Güter; wir befinden uns hier auf der Ebene von Familienfehden. „Als seine Brüder sahen, daß ihn der Vater mehr als alle seine anderen Söhne liebte, haßten sie ihn und konnten kein freundliches Wort mit ihm reden" (Gen 37,4). Der Text spricht eindeutig von „Haß", und man fragt sich, wieso er ihnen, wenn sie doch nicht mit ihm reden wollten, seine Träume erzählt. Hier haben wir die Berichte zweier unterschiedlicher Traditionen, der jahwistischen und der elohistischen; zusammen geben sie uns ein hilfreiches Bild des Ganzen und machen uns die Haßgefühle der Brüder dem Jüngeren gegenüber verstehen.

* Die Brüder sind ihrem Vater gegenüber nicht offen, sie haben etwas zu verbergen, und Josef entlarvt sie. „Er war, weil noch zu jung, den Söhnen der Bilha und Silpa, der Frauen seines Vaters beigegeben. Und Josef hinterbrachte ihrem Vater, was man jenen Übles nachsagte" (Gen 37,2). Das bedeutet, daß die Brüder sich schlecht aufführten und die Leute darüber redeten. Offensichtlich sind sie wütend auf Joesf, aber in ihrem Bemühen, ihr unmoralisches Leben zu verbergen, steckt das Gefühl, vom Vater nicht angenommen zu sein und die Angst, daß er sie bestraft, weil er sie nicht liebhat.

* Die Brüder sehen in Josefs Träumen den Willen des Jüngeren, über sie zu herrschen und haben Angst davor, daß er ihnen ihr Vorgeburtsrecht streitig macht; denn die Träume sind zweideutig und schlecht wiedergegeben. Aber in Wahrheit richtet sich ihr Neid und ihr Haß gegen den Vater. Wir können hier das Gleichnis von den bösen Winzern heranziehen: Als der Vater sieht, daß seine Knechte abgewiesen und getötet werden, schickt er seinen Sohn, im Glauben, daß sie vor ihm Achtung haben. „Als aber die Winzer den Sohn sahen, sagten sie zueinander: Das ist der Erbe. Kommt, wir wollen ihn töten und uns sein Erbe aneignen!" (Mt 21,38) Die Brüder Josefs meinen, daß der Vater, wenn sie Josef nur töten, alles ihnen geben wird.

Sie wissen, daß der Junge naiv ist, daß er wahrscheinlich nicht denkt, was er durch die Träume sagt; ihr Drama endet mit der Trennung vom Vater, dem sie vorschreiben wollen, was er zu tun hat.

6. *Wer sind die Brüder?*

* Die Brüder Josefs sind wir, die wir Eifersucht und Neid dem gegenüber verspüren, der mehr hat als wir, der mehr zu zählen scheint als wir, der mächtiger ist als wir. Diese Eifersucht hat große Auswirkungen in der Gesellschaft und in der Kultur, vor allem dort, wo eine hierarchische Struktur vorhanden ist und der Verdacht auf Begünstigungen naheliegt. Es gibt durchaus auch den „klerikalen Neid" – da wo es Hierarchie gibt, gibt es normalerweise auch Neid. *Wir* sind also die Brüder.

* Die Brüder sind *die Menschheit, die sich vor dem Heilsplan Gottes fürchtet* und Angst hat vor seinen Bevorzugungen. Die Menschheit befürchtet, daß Gott Vorlieben hat und Ausnahmen macht: darum ist Kain gegen Abel und Esau gegen Jakob. Es ist der Neid Satans, der im Herzen der Menschen Wurzeln getrieben hat; Satan hat Angst, daß Gott den Menschen mehr liebt als die Engel.

Die Brüder verkörpern also die Menschheit, die *nicht auf Gott vertraut*, so wie das Volk Israel Mose nicht vertraute, wie die Rede des Stephanus zeigt: „Er glaubte, seine Brüder würden merken, daß Gott sie retten wolle durch seine Hand; doch sie merkten es nicht" (Apg 7,25). Von Adam angefangen glaubt die Menschheit nicht an Gottes Liebesplan, denn die Sünde Adams entspringt aus dem großen Argwohn, daß Gott sein Verbot darum gesetzt hat, weil er eifersüchtig auf den Menschen ist. Dieser Argwohn, der in Gott eine Konkurrenz sieht, einen Rivalen des Menschen, bildet die Wurzel, aus der viele Formen des Atheismus entspringen: damit der Mensch leben kann, muß Gott zuerst sterben!

* Um das noch geschichtsbezogener auszudrücken,

möchte ich behaupten: die Brüder verkörpern die *Menschheit, die Angst hat vor Israel*, vor den Privilegien des jüdischen Volkes, die neidisch und eifersüchtig auf dieses Volk schielt. Wenn es nun wirklich von Gott berufen und erwählt wäre? Dieser Neid ist die Ursache für Verfolgungen schrecklichster Art durch die Jahrhunderte hindurch. Wenn wir nach dem tiefsten Grund für die Vernichtung von Millionen von Juden fragen, so stoßen wir an ihrer Wurzel auf den Neid: es darf nicht sein, daß sie ein Volk sind, das etwas Besonderes ist, und es stört uns, daß es sie überhaupt gibt.

⋆ Schließlich stehen die Brüder auch für die *rationalistische Gesellschaft, die Angst hat vor der Kirche*, weil sie Angst hat vor einem sogenannten klerikalen Einfluß oder Privileg. Es ist die Angst, die Kirche wolle die Politiker infiltrieren und sie beherrschen und so zum Staat im Staate werden. Der Antiklerikalismus schürt diesen Verdacht, und bisweilen geben wir Christen Gelegenheit dazu, so wie Josef Gelegenheit zum Verdacht gab, indem er seine Privilegien nutzte und weniger arbeitete.

Auch diese Angst kommt der Ablehnung des Planes Gottes und der Erwählung Christi gleich. Wir haben gesagt, daß der Kernpunkt aller christlichen Theologie darin besteht, daß Gott Christus erwählt hat als den Angelpunkt, auf den hin sich alles ausrichtet. Der rationalistische Antiklerikalismus, der im Herzen des Menschen wohnt, kann das nicht annehmen: warum müssen wir uns Christus unterordnen? Haben wir vielleicht keine eigene Tradition und Kultur von unseren Vorfahren ererbt, kein Anrecht auf eigenen Adel? Da wird nicht verstanden, daß die Erwählung Christi ein Akt der Barmherzigkeit ist, der dem Menschen Gutes will.

Die Träume Josefs offenbaren mithin die Ambivalenz des menschlichen Herzens. Sie werden doppeldeutig erzählt und von Josef wahrscheinlich gar nicht in ihrer Zweideutigkeit erkannt; darum wird er verfolgt, darum wird die Kirche verfolgt. Ihre Zweideutigkeit wird freilich in den zweideutigen und argwöhnischen Herzen der Brüder vervielfältigt, und so entsteht eine diabolische Spirale, die schließlich in den Haß und die physische Beseitigung des Träumenden mündet.

7. Die Wahrheit der Träume

Es gibt eine Wahrheit in den Träumen Josefs, die die Bibel sich hervorzuheben bemüht; denn es handelt sich vor allem um eine geschichtliche Wahrheit.

In Kapitel 42 werfen sich die Brüder vor Josef nieder, ohne daß einer von ihnen weiß, wen er vor sich hat: „Als die Brüder Josef kamen, verneigten sie sich vor ihm bis zur Erde" (42,6). Und im darauffolgenden Kapitel wiederholt sich die Szene: „Als Josef in das Haus kam, überreichten sie ihm das Geschenk, das sie mitgebracht hatten, und verneigten sich vor ihm bis zur Erde" (43,26). Auch in der letzten Begegnung, die von großer Angst bestimmt ist, da der Becher im Sack Benjamins gefunden worden ist, heißt es: „Als nun Juda und seine Brüder in das Haus Josefs gekommen waren – dieser war dort noch anwesend –, warfen sie sich vor ihm auf die Erde nieder" (44,14).

Der Fortgang der Geschichte zeigt jedoch jenseits einer geschichtlichen Verwirklichung der Träume eine Verwirklichung ihrer tiefer liegenden Wahrheit. Der Sinn liegt nicht dort, wo die Zweideutigkeit der Erzählungen Josefs ihn vermuten ließ und wovor die

Brüder sich fürchteten; Josef beansprucht nicht das Erstgeburtsrecht für sich, und er wird auch nicht unter die Vorfahren Jesu gezählt werden. Die Träume offenbaren einen Akt der Erlösung: „Gott", so spricht Josef, „hat mich euch vorausgesandt, um (...) viele von euch zu retten und am Leben zu bewahren" (Gen 45,7). Hier wird das Erlösungswerk Christi vorweggenommen; wenn die Menschen seinen Vorrang nicht anerkennen, so geschieht das deswegen, weil sie nicht wissen, daß diese Vorrangstellung seinen Tod miteinbegreift, der geschieht, damit alle das Leben haben.

In den Träumen Josefs zeigt sich also ein göttlicher Plan. Aber die Träume bedürfen der Läuterung im Herzen dessen, der sie lebt; die Geschichte Josefs mit all ihren Abhängen und Stürzen bis hin zum Grund des Brunnens unter Schlagen und Würmer (wie Thomas Mann es beschreibt) und in den Schlamm, der aufschreit und nicht erhört wird, ist die Geschichte der Läuterung seiner Träume und Phantasien.

8. Wie sehen unsere Träume aus?

Die Antwort auf diese Frage liegt bei jedem einzelnen. Jeder von uns hat seine eigenen Träume. Vielleicht beziehen sie sich auf den Erfolg unserer Taten, unseres apostolischen Wirkens. Oder wir träumen vielleicht von einer Welt, wie wir sie uns vorstellen, von einer Gemeinschaft, wie sie unseren Wunschbildern entspricht. Es ist wichtig, daß wir diese Träume erkennen und die Wahrheit, die sie enthalten, von unserer Selbstgefälligkeit unterscheiden, damit wir uns vom Herrn läutern lassen und so den Wunsch nach Heiligkeit in uns verspüren.

Bitten wir darum, daß wir unsere Geschichte und auch die dunklen Windungen, die sie birgt, als einen Weg sehen können, der zum himmlischen Jerusalem führt, zum kommenden Reich, damit wir uns und die anderen darauf vorbereiten können, es anzunehmen.

Glaube und Unglaube

Homilie

Lesung und Evangelium des Mittwochs der 18. Woche im Jahreskreis ergeben zusammen eine Art Diptychon, bei dem auf der einen Seite der Glaube, auf der anderen der Unglaube zu sehen ist.

1. Die Dynamik des Glaubens

Betrachten wir zunächst das Evangelium: „Jesus ging von dort weg und zog sich in die Gegend von Tyrus und Sidon zurück. Und siehe, eine kanaanäische Frau, die aus jener Gegend gekommen war, schrie: Erbarme dich meiner, Herr, Sohn Davids! Meine Tochter wird von einem Dämon furchtbar geplagt. Er aber antwortet ihr kein Wort. Da traten seine Jünger hinzu und baten ihn: Willfahre ihr, denn sie schreit hinter uns her. Doch er antwortete und sprach: Ich bin nur zu den verlorenen Schafen des Hauses Israel gesandt. Da kam sie, warf sich vor ihm nieder und sprach: Herr, hilf mir! Er aber antwortete: Es ist nicht recht, das Brot der Kinder zu nehmen und es den Hündlein hinzuwerfen. Sie aber sprach: Aber ja, Herr; auch die Hündlein essen von den Brocken, die vom Tische ihrer Herren fallen. Da antwortete Jesus und sprach zu ihr: Frau, dein Glaube ist groß. Dir geschehe nach deinem Verlangen. Und von jener Stunde an war ihre Tochter geheilt" (Mt 15,21–28).

Hier begegnet uns die ganze Dynamik, die den Glauben ausmacht. Die Frau glaubt an die Macht Jesu, aber ihr Glaube muß eine harte Prüfung durchlaufen – Nichtbeachtung, Schweigen, Ablehnung –, um geläutert zu werden.

„Dir geschehe nach deinem Verlangen", denn dein Verlangen, deine Sehnsucht hat das Ringen und die Erniedrigung angenommen und ist zu einem großen Glauben geworden. Die Parallele bei Markus verdient besondere Beachtung, denn nachdem die Frau von den Hündchen gesprochen hat, die von den Brokken der Kinder essen, sagt Jesus ihr zu: *„Um dieses Wortes Willen* geh hin, der Dämon ist aus deiner Tochter ausgefahren" (Mk 7,28). Diese Aussage läßt uns sofort an die Verkündigungsgeschichte denken, wo Maria spricht: „Mir geschehe nach deinem Wort" (Lk 1,38).

Wenn unser Verlangen bereit ist, sich durch Prüfungen läutern zu lassen, läßt es uns im Glauben und in der Liebe wachsen. Die gleiche Entwicklung haben wir in der Erzählung von der Hochzeit zu Kana, die uns im Johannesevangelium überliefert ist. Maria möchte, daß Jesus eingreift, aber auch sie muß zunächst eine Prüfung akzeptieren: „Was willst du von mir, Frau? Meine Stunde ist noch nicht gekommen" (Joh 2,4). Auf diese Weise festigt sich ihr Glaube, wächst, und schließlich erhält sie, wonach sie verlangt hat.

Fragen wir uns jetzt: Warum muß der Glaube auf seinem Weg diesen Prozeß durchmachen? Weil der Herr zuerst möchte, daß wir „Kinder" werden und uns ihm hingeben und uns in den Plan des Vaters fügen. Dann ist all unser Bitten schon erhört. So besteht der tiefe Sinn des immerwährenden Gebetes, das vor allem in der Ostkirche praktiziert wird, gerade darin, daß wir uns darin üben, Kinder zu sein und als Kinder Gottes zu leben.

2. *Der Unglaube*

Demgegenüber zeigt uns die Lesung aus dem Buch Numeri, was Unglaube bedeutet. Der Herr befiehlt Mose, Männer auszuschicken, die das Land Kanaan auskundschaften. Die Männer gehen, und als sie zurückkommen, berichten sie, daß das Land ganz sicher wunderbar ist und wirklich ein Land, „in dem Milch und Honig fließen", daß aber seine Bewohner mächtig und sehr stark sind und daß die Israeliten sie nicht besiegen werden können. Das Volk, das den Kundschaftern zugehört hat, fängt daraufhin an zu schreien und murrt gegen Jahwe, dem das Gejammere verhaßt ist und der befiehlt, es zu bestrafen (vgl. Num 13,2–3; 26–14,1; 26–30; 34–35).

Glauben haben bedeutet, darauf zu vertrauen, daß Gott immer um uns besorgt ist, in jedem Augenblick, auch wenn es uns manchmal nicht so erscheint. Ungläubig zu sein, heißt zu denken, daß der Herr uns in schwierigen Situationen nicht begegnet, uns nicht hilft. Und hier beginnt das Murren: nein, diese Sache können wir nicht tun, diese Initiative nicht unternehmen.

Man beachte, daß die Israeliten vernünftig argumentieren: sie sind nicht gut im Kämpfen, und sie werden bald von den anderen Völkern geschlagen werden. Aber Gott will, daß sie den Sieg anders als in menschlichen Vorstellungen verstehen, daß sie sich ihm blind überlassen und ihm vertrauen. Glauben heißt im Grunde: sich wie ein Kind Gott anheimgeben, der im Kreuz Christi schon gesiegt hat.

Nur so können unsere Wünsche gereinigt werden, und nur so kann unser Herz frei werden von Angst. Denn die Angst, die uns erfüllt, entspringt unserer Ungläubigkeit: wir haben Angst vor der Unverhältnismäßigkeit von Kirche und Staat, von unseren Mitteln und den Mitteln, über die die Gesellschaft verfügt, wir fürchten uns vor dem Reichtum einiger Staaten, vor dem Einfluß der Wirtschaft, vor militärischer Stärke. Wenn wir jedoch gläubig auf das Wirken Gottes vertrauen könnten, auf seinen göttlichen Heilsplan und auf die Wege des Herrn, dann würden wir erfüllt werden von der göttlichen Macht.

In der vorangegangenen Meditation haben wir die Läuterung der Träume betrachtet. Auch die Hebräer in der Episode, die das Buch Numeri beschreibt, haben ihre Träume, aber sie sind falsch, und darum rufen sie Erschrecken hervor. Manchmal suchen wir die Läuterung unserer Träume auf rationalem Wege, indem wir ihre Symbole erklären oder die Psychologie zu Hilfe nehmen. Das alles kann vielleicht dazu beitragen, sie zu klären, aber nicht dazu, sie zu läutern.

3. Die ignatianische Methode

Ignatius kommt zu einer Läuterung seiner Träume über aufrichtige Wünsche, neue Sehnsüchte, heilige Verlangen. Dahinter steht das Verlangen, *bei Christus zu sein und ihm gleich zu werden*; er kann unsere Träume läutern, denn er gibt uns die Vision einer Welt, die ganz anders und viel wahrer ist.

Dabei kann es uns helfen, das *Vaterunser* zu beten: im ersten Teil drücken wir unsere großen Sehnsüchte aus, die unser Herz und unser Leben erfüllen müssen („Dein Reich komme, dein Wille geschehe, dein

Name werde geheiligt"); im zweiten Teil erbitten wir Brot, Vergebung, Gerechtigkeit und Frieden, und diese Bitten werden wirkvoll, weil sie in den Sehnsüchten des ersten Teils verwurzelt sind.

Dieser Prozeß der Läuterung vollzieht sich in jeder Eucharistiefeier, wenn wir im Hochgebet dem Vater unser Verlangen anheimstellen, *mit Christus und in Christus* zu sein.

Fünfte Meditation:

Die Dynamik der Sünde: Die Beseitigung des Bruders

„Herr Jesus, du hast an deinem eigenen Leib die Dynamik der Sünde gespürt, denn unsere Sünde hat dich getötet. Lehre uns, diese Dynamik in unserem Leben wahrzunehmen; lehre uns, unser Leben anzubieten, damit die Barmherzigkeit Gottes die Gerechtigkeit auf die Erde zurückbringe. Maria, Mutter Jesu, du hast den unermeßlichen Schmerz gekannt, den die Sünde deinem Sohn bereitet hat, gewähre uns, daß wir in das Geheimnis dieser Finsternis eintreten und die barmherzige Liebe des Vaters betrachten, die über dem Kreuz erstrahlt. Amen."

Nachdem wir in der letzten Meditation die Dynamik des Bösen in bezug auf die Zweideutigkeit und Eitelkeit der Träume betrachtet haben, wollen wir nun die Dynamik der Ungerechtigkeit erwägen, der Sünde, die sich in der Beseitigung des Bruders Ausdruck verschafft.

Davon berichtet das 37. Kapitel der Genesis (in den Versen 12–36); unsere Überlegung wird fünf Momente in Betracht ziehen:

- die Verschwörung gegen Josef;
- die Beseitigung Josefs;
- die Bedeutung dieser Beseitigung;
- die Folgen;
- die Dynamik, die die Sünde im Leben eines Jesuiten annimmt.

1. *Die Verschwörung*

Erinnern wir uns an die Verse, die wir schon betrachtet haben: „Als seine Brüder einmal weggegangen waren, um die Schafe ihres Vaters in Sichem zu weiden, sprach Israel zu Josef: Deine Brüder hüten bei Sichem. Komm, ich will dich zu ihnen schicken. Er antwortete: Ich bin bereit! Nun sagte er zu ihm: Geh und sieh nach, ob es deinen Brüdern und ihren Herden noch gut geht und bringe mir Bescheid! So sandte er ihn aus dem Tale Hebron weg, und er kam nach Sichem.

Als er auf dem Feld umherirrte, traf ihn ein Mann. Dieser fragte ihn: Was suchst du? Er sprach: Ich suche meine Brüder. Sage mir doch, wo sie hüten. Da antwortete der Mann: Sie sind von hier fortgezogen. Denn ich habe sie sagen hören: Wir wollen nach Dotan gehen! So ging Josef seinen Brüdern nach und fand sie in Dotan.

Als sie ihn von ferne sahen, und bevor er noch in ihre Nähe kam, machten sie einen Anschlag, um ihn zu töten. Sie sprachen zueinander: Seht, da kommt der Träumer! Und nun: Auf, wir wollen ihn töten und ihn in eine der Zisternen werfen und sagen: Ein wildes Tier hat ihn gefressen. Dann werden wir ja sehen, was aus seinen Träumen wird.

Als Ruben dies hörte, suchte er ihn aus ihrer Hand zu retten, und er sagte: Wir wollen ihn nicht ums Leben bringen! Und Ruben sprach zu ihnen: Vergießt kein Blut! Werft ihn in die Zisterne dort in der Steppe; aber legt nicht Hand an ihn! (Dies sagte er), weil er ihn aus ihrer Hand retten und zu seinem Vater zurückschicken wollte. Sobald Josef bei seinen Brüdern angekommen war, zogen sie Josef den Rock aus, das Ärmelkleid, das er anhatte, packten ihn und warfen ihn in die Zisterne. Die Zisterne war leer, es war kein Wasser darin. Dann setzten sie sich nieder, um zu essen.

Als sie ihre Augen erhoben und ausschauten, sahen sie eine Karawane von Ismaelitern aus Gilead daherkommen. Ihre Kamele waren mit Gummi, Balsam und Ladanum beladen. Sie waren damit auf dem Wege, es nach Ägypten zu bringen. Da sprach Juda zu seinen Brüdern: Welchen Vorteil haben wir davon, wenn wir unsern Bruder töten und sein Blut zudekken? Kommt, wir wollen ihn an die Ismaeliter verkaufen und nicht Hand an ihn legen. Er ist doch unser Bruder, unser eigenes Fleisch. Und seine Brüder hörten auf ihn.

Als nun die midianitischen Kaufleute vorbeikamen, zogen sie Josef aus der Zisterne, und sie verkauften Josef an die Ismaeliter um zwanzig Silberstücke. Diese brachten Josef nach Ägypten. Als Ruben wieder an die Zisterne kam, war Josef nicht mehr in der Zisterne. Da zerriß er seine Kleider, kehrte zu seinen Brüdern zurück und sprach: Der Junge ist nicht mehr da! Wohin soll ich nun gehen?

Sie aber nahmen den Rock Josefs, schlachteten einen Ziegenbock und tauchten den Rock in das Blut. Dann schickten sie das Ärmelkleid weg und ließen es ihrem Vater bringen und ihm sagen: Das haben wir gefunden. Sieh, ob es der Rock deines Sohnes ist oder nicht. Als er ihn sah, rief er aus: Das ist der Rock meines Sohnes! Ein wildes Tier hat ihn gefressen! Zerfleischt, zerfleischt ist Josef! Und er zerriß seine Kleider, legte einen Sack um seine Hüften und trauerte um seinen Sohn lange Zeit. Da erhoben sich alle seine Söhne und alle seine Töchter, ihn zu trösten. Doch er wollte sich nicht trösten lassen, sondern sprach: In Trauer werde ich zu meinem Sohn hinabsteigen in die Scheol. So beweinte ihn sein Vater. Die Midianiter aber verkauften ihn nach Ägypten an Potifar, den Obersten der Leibwache" (Gen 37,12–36).

Josef wurde also von seinem Vater ausgeschickt, seine Brüder zu suchen; und er tat es gerne und mit einem bereiten Herzen. Er wollte ihnen helfen und ihnen Geschenke bringen. Aber seine Absicht wird nicht verstanden, und die Brüder beginnen, kaum daß sie ihn von weitem erblickt haben, einen Plan gegen ihn zu schmieden.

Wenn wir an diesen Jungen denken, der sich freudig auf den Weg macht, die Arme schwenkend, und an die Ablehnung, die ihm entgegenschlägt, fällt uns sofort eine Begebenheit aus dem Leben Jesu, noch zu Beginn seines öffentlichen Wirkens, ein: er heilt am Sabbat in einer Synagoge einen Mann mit einer verdorrten Hand, aber „da gingen die Pharisäer hinaus und hielten sogleich mit den Herodianern Rat gegen ihn, um ihn zu verderben" (Mk 3,6). Es ist die gleiche Geschichte: Jesus ist gekommen, seine Brüder zu suchen und ihnen die Gerechtigkeit zu verkünden, aber er erweckt Neid und Angst bei den Pharisäern, die beschließen, ihn loszuwerden. Vom Evangelisten Johannes erfahren wir, daß auch der Hohe Rat und die Hohenpriester allmählich von dem Wunsch angesteckt werden, ihn zu beseitigen und die Verschwörung mit vorbereiten (vgl. Joh 11,53). Das ist der Preis, den diejenigen bezahlen müssen, die sich auf den Pilgerweg für die Gerechtigkeit machen, und diesen Preis haben auch einige unserer Mitbrüder bezahlen müssen, die in Nicaragua ermordet worden sind.

2. Die Beseitigung des Bruders

1. Die Art der Vorbereitung des Planes, den Bruder zu beseitigen, ist kompliziert beschrieben und wirft als solche ein literarkritisches Problem auf wie auch ein anderes, das die Quellen berücksichtigen muß, die dieser Erzählung zugrunde liegen.

Da gibt es zunächst den konkreten Plan, wie er in den Versen 19–20 beschrieben ist: „Sie sprachen zueinander: Seht, da kommt der Träumer! Und nun: Auf, wir wollen ihn töten und ihn in eine der Zisternen werfen und sagen: Ein wildes Tier hat ihn gefressen. Dann werden wir ja sehen, was aus seinen Träumen wird."

Dieses Vorhaben verkompliziert sich durch das Eingreifen Rubens, des wahren Erstgeborenen, des ersten Sohnes der Lea, der sich als Ältester schuldig fühlt am eventuellen Tod des jüngeren Bruders und die List entwickelt und vorschlägt, ihn in eine der Zisternen zu werfen, „weil er ihn aus ihrer Hand retten und zu seinem Vater zurückschicken wollte" (Verse 21–22). Gleich darauf spricht der Text jedoch vom Ankommen einer Karawane von Ismaelitern, während die Brüder sich beim Essen befinden, und Juda, der vierte der Brüder, der später seinem Vater in der Erbfolge nachfolgen wird, weil Ruben ausgeschlossen werden wird, ergreift die Initiative, Josef an die Leute der Karawane zu verkaufen (vgl. Verse 25–27). Doch da kommen midianitische Kaufleute vorbei, die den Jungen aus der Zisterne ziehen und für zwanzig Silberstücke an die Ismaeliter verkaufen (Vers 28).

Höchstwahrscheinlich stehen wir vor zwei Quellen oder Traditionen: der jahwistischen und der elohistischen. Für den Jahwisten kommen die Midianiter per Zufall an die Zisterne, nehmen Josef ohne Wissen der

Brüder mit und bringen ihn nach Ägypten. Diese Linie folgt Ruben, der Josef versteckt und sich dann zu den anderen Brüdern begeben hat. Die elohistische Tradition indessen stellt Juda in den Mittelpunkt, der es erreicht, daß Josef an die Karawane der Ismaeliter verkauft wird, die auf dem Weg nach Ägypten ist.

Diese beiden verschiedenen Erzählstränge, die miteinander verschmolzen wurden ohne einen Anspruch auf ein organisches Ganzes, machen uns deutlich, daß wir eine große Intrige der Leidenschaften vor uns haben; die Brüder sind auch untereinander uneins, leben vom gegenseitigen Mißtrauen, und obwohl sie in einer bösartigen Aktion vereint sind, wollen sie sich doch gegenseitig ein Bein stellen. Darüber hinaus genügt es, daran zu denken, daß sie von vier verschiedenen Müttern stammen – zwei Freien und zwei Sklavinnen. Es ist nicht schwer, sich die Rivalitäten und Haßgefühle vorzustellen, die sich in ihren Herzen breitmachen. Das Ausmaß dieser Familientragödie, die ganze Verwirrung, die darin steckt, reicht dann sogar bis in die Unordnung der Quellen selbst: Ruben will seinen Bruder retten, aber er ist damit einverstanden, ihn in die Zisterne zu werfen und ihn damit wegzuschaffen; Juda macht den Vorschlag, ihn loszuwerden, indem man ihn verkauft. Wer das liest, weiß überhaupt nicht, wie die Geschichte sich in Wirklichkeit zugetragen hat.

2. Auf jeden Fall können wir uns fragen, wie Josef diese Tragödie erlebt hat. Die Bibel überliefert uns keine Rede oder Reaktion seinerseits. Er erscheint vielmehr als Schweigender, als das schweigende Lamm vor seinem Scherer. Im folgenden Verlauf finden wir jedoch einen Hinweis darauf; genauer gesagt in Kapitel 42, als die Brüder vor Josef stehen, der danach verlangt, Benjamin zu sehen: „Wahrlich, das

haben wir an unserm Bruder verschuldet. Wir haben seine Seelenangst gesehen, als er uns anflehte, und nicht auf ihn gehört" (Gen 42,21).

Thomas Mann schreibt viele Seiten lang über Josef in der Zisterne, und es kann hilfreich sein, einige Stellen daraus zu zitieren, um unser Bild zu vervollständigen: „Brüder! Erbarmen! Was tut ihr! Macht halt! Ach, ach, wie geschieht mir!" Dann schleppten sie ihn eilig durch Kräuter und Büsche bis zu einem bemoosten Abhang. Josef wehrte sich verzweifelt, „denn ihm grauste vor dem Brunnen, der da gebaut war, und vor dem Loch des Brunnens, besonders aber noch vor dem Brunnenstein, der nebenbei auf den Fliesen lag, bemoost und schadhaft, bestimmt, das Loch zu verschließen. Doch wie sehr Josef sich auch sträubte und weinte, sein unverschlossenes Auge entsetzensvoll in des Rundes Schwärze gerichtet – sie hißten ihn auf den Rand mit Hoihupp und Hoihe und stießen ihn gar ins Übergewicht, daß er fallen mußte, wer wußte, wie tief."

Nun wird beschrieben, wie Josef mit großer Vorsicht hinunterstürzt, Stellen suchend, an denen er sich abstützen und festhalten konnte, und schließlich, ohne größeren Schaden zu nehmen, auf dem Schutt am Boden des Brunnens ankommt, zwischen Schaben, Tausendfüßlern und allen Arten von Gewürm; und während er darüber nachdachte, wie das alles weitergehen sollte, „taten die Brüder oben das übrige mit Mannesarmen und bedeckten sein Haus mit Stein in rufender Arbeit. Denn er war wuchtig, und nicht eines Mannes Werk war es, ihn auf die Grube zu wälzen" (so wie der Stein vor dem Grabe Jesu). Nachdem sie mit der Arbeit fertig waren, setzten sich die Brüder, um etwas zu essen. Inzwischen fing Josef an zu flehen: Brüder, wo seid ihr? Ach, geht

nicht fort, laßt mich nicht allein im Grabe (...) Brüder, erbarmt euch und rettet mich einmal noch aus der Nacht der Grube, darin ich verderbe! Ich bin euer Bruder Josef! Brüder, verbergt nicht eure Ohren vor meinem Seufzen und Schreien, denn ihr tut fälschlich an mir! Ruben, wo bist du? Ruben, ich rufe deinen Namen an, unten aus der Grube! Sie haben's mißverstanden! Ihr habt's mißverstanden, liebe Brüder, so helft mir doch und erlöst mein Leben! Ich kam zu euch von Vaters wegen fünf Tagereisen weit auf Hulda, der weißen Eselin, euch Geschenke zu bringen, Sangen und Obstkuchen, ach, wie ist's fehlgeschlagen! Der Mann ist schuld, daß es fehlschlug, der Mann, der mich führte! Brüder in Jaakob, hört und versteht mich, ich kam nicht zu euch, nach dem Rechten zu sehen, dazu braucht ihr das Kind nicht! Ich kam, mich zu neigen vor euch mit Ziem und Umgangsform und nach eurem Befinden zu fragen, daß ihr heimkehret zum Vater! Brüder, die Träume... War ich so ungezogen, euch Träume zu erzählen? (...) Ach, nicht das wollt' ich sagen! Ach, ach, meine Knochen und Sehnen rechts und links und alle meine Glieder! Mich dürstet! Brüder, es dürstet das Kind, denn es hat viel Bluts verloren um eines Irrtums willen! Seid ihr noch da? Bin ich schon ganz verlassen? Ruben, laß mich deine Stimme hören! (...) Beim Gotte Abrahams, Jizchaks und Jaakobs, bei eurer Mütter Häuptern und bei Rahels Haupt, meines Mütterchens, schwöre ich euch, daß ich's nicht ansagen werde, nie und nimmer nicht, wenn ihr mich einmal noch aus der Grube rettet, nur noch dies eine Mal!"
Aber Juda dringt auf seine Brüder ein, daß Josef, sobald sie ihn befreiten, früher oder später alles verraten würde. Auch wenn er ihr Mitleid erweckt, so muß er doch sterben, sie sind an einen Punkt gelangt, an

dem es notwendig ist, daß er stirbt. Alle teilen die Meinung Judas, auch Ruben, selbst wenn das den Hoffnungen und Plänen seines Herzens zuwiderläuft. Er formt nun seine Hände als Trichter vor seinen Mund und ruft hinunter: „Wenn du nicht still bist, so werfen wir Steine auf dich, daß du gar dahin bist. Wir wollen nichts mehr hören von dir, denn du bist abgetan!" *

Dieses lange Zitat soll uns helfen, das zu verstehen, was die Bibel nur andeutet.

3. Die Bedeutung dieser Beseitigung

⋆ Wenn wir das Vokabular der Psychoanalyse zu Hilfe nehmen, können wir sagen, daß die Brüder Josef beseitigen wollen, weil sie *den Tod des Vaters wollen*. Josef ist ihr Feind, er ist der, der die Liebe des Vaters auf sich zieht und sie damit den anderen Brüdern wegnimmt. Darum ist es unbedingft notwendig, ihn beiseite zu schaffen. Die ungeordneten Neigungen und Wünsche einer „Gerechtigkeit", die gleiche Liebe des Vaters für alle will, helfen der Dynamik der Sünde, nicht nur den Sohn zu treffen, sondern auch den Vater selbst: „Das ist der Rock meines Sohnes! Ein wildes Tier hat ihn gefressen! (...) Und er zerriß seine Kleider, legte einen Sack um seine Hüften und trauerte um seinen Sohn lange Zeit. Da erhoben sich alle seine Söhne und alle seine Töchter, ihn zu trösten. Doch er wollte sich nicht trösten lassen, sondern sprach: In Trauer *werde ich zu meinem Sohn hinabsteigen in die Scheol.* So beweinte ihm sein Vater." Jakob wird geistig umgebracht. Das ist das Ergebnis des Verhaltens

* Thomas Mann, a. a. O., 565–569.

der Brüder, die einem blinden Instinkt folgten und sich fragten: Liebt der Vater uns denn wirklich? Liebt er uns, wie er Josef liebt, oder hat er uns weniger lieb?

Wir stehen hier vor dem gemeinschaftlichen Prozeß, in dessen Verlauf die Söhne bzw. eine bestimmte Gruppe versucht, den Vater bzw. den verantwortlichen Leiter zu reizen, um seine Liebe auf die Probe zu stellen. Sie handeln nicht in böser Absicht, aber sie können zu einem Punkt gelangen, der ein Weiterleben des Vaters oder des Verantwortlichen unmöglich macht, was zur Verweigerung und schließlich zur Beseitigung führt.

Die Tötung des Vaters (im übertragenen Sinn, nur selten im physischen) gehört zum *Bildungsprozeß einer Gemeinschaft*. So kann auch eine Schulklasse sich gegen ihren Lehrer auflehnen, um zu sehen, bis wohin seine Liebe reicht. Selbst in religiösen Gemeinschaften gibt es Momente, in denen die Person, mit der man sich rechtlich oder beziehungsmäßig identifiziert, zurückgewiesen wird.

Wer also seine Brüder sucht (als Vater, Verantwortlicher, Seelsorger), muß sich darauf gefaßt machen, daß er abgewiesen werden wird – früher oder später, auf die eine oder andere Art wird es geschehen.

* Es gibt noch mehr Beweggründe, die hinter der Beseitigung eines Menschen stehen: *den Vater nicht so anzunehmen, wie er ist*, den Bruder nicht so, wie er ist, nicht in der Weise geliebt werden zu wollen, wie wir es sind.

Vielleicht steckt dahinter auch die Angst, dem, der uns Gutes getan hat, *etwas schuldig zu bleiben*, und diese Angst ist es, die allmählich eine Ablehnung hervorruft. Denken wir nur an die großen Wohltäter der Menschheit, Gandhi zum Beispiel! Die Dynamik der Sünde hat auch einen gesellschaftlichen Aspekt.

* Schließlich möchte ich auf einen tiefer liegenden Aspekt hinweisen, den wir uns fürchten auszusprechen: es ist der Haß auf das Gute, der Haß auf das Licht, *der Haß auf Gott*. Der Prolog des Johannesevangeliums spricht vom Kampf der Finsternis gegen das Licht; in Kapitel 7 wird das noch klarer ausgedrückt: „Euch kann die Welt nicht hassen; mich aber haßt sie, weil ich über sie Zeugnis ablege, daß ihre Werke böse sind" (Joh. 7,7). Josef hatte tatsächlich darüber Zeugnis abgelegt, daß die Werke seiner Brüder böse waren, und auch dafür haßten sie ihn.

Im fünfzehnten Kapitel des Johannesevangeliums greift der Haß auf Jesus auch auf seine Jünger über: „Wenn die Welt euch haßt, so bedenkt, daß sie mich vor euch gehaßt hat. Wenn ihr von der Welt wäret, würde die Welt das Ihre lieben. Weil ihr aber nicht von der Welt seid, sondern ich euch aus der Welt heraus erwählt habe, deshalb haßt euch die Welt. (...) Wer mich haßt, haßt auch meinen Vater. Hätte ich nicht die Werke in ihrer Mitte getan, die kein anderer getan hat, so hätten sie keine Sünde. Jetzt aber haben sie gesehen und haben doch mich und auch meinen Vater gehaßt. Aber das Wort mußte erfüllt werden, das in ihrem Gesetze geschrieben ist: Sie haben mich grundlos gehaßt" (Joh 15,18–19; 23–25).

Die Dynamik der Sünde sucht danach, einen Menschen oder eine Familie in ihre Falle zu bekommen, bis hin zu dem grundlosen Haß zwischen Schwestern und Brüdern. Das ist ein Widerschein des Hasses auf Gott, der so abgrundtief teuflisch ist und der dem zu eigen ist, der in seinem wahnsinnigen Beharren bei sich selbst keinem zu Dank verpflichtet sein will. Die Verpflichtung zum Dank scheint einer Entäußerung unser selbst und einem Sichkleinmachen gleichzukommen. Es fängt an mit dem Neid auf den, der mehr geliebt ist als wir, der größer ist als wir und der intelligenter und stärker ist als wir, und hört damit auf, daß wir glauben, er wird uns Schaden zufügen, weshalb es nötig ist, daß wir ihn beiseite schaffen. Aus der Geschichte der Menschheit lernen wir, daß diese Eigendynamik der Sünde Konfliktsituationen zwischen Völkern, Rassen und Nationen hervorbringen kann, die gefährlich und nicht mehr aus der Welt zu schaffen sind.

4. Die Folgen

Wenden wir uns wieder der Familie Josefs zu, seinen Brüdern, die, indem sie sich gegen ihren Bruder versündigt haben, sich von Gott und von ihrem Vater getrennt haben. Sie wollten das Herz ihres Vaters für sich gewinnen, aber in Wirklichkeit haben sie es verloren; durch die Beseitigung des Bruders ist weder Frieden noch Freiheit gekommen. Wahrscheinlich befürchten sie auch, daß Josef noch am Leben sein könnte, daß sie sich nie mehr mit ihm versöhnen könnten und daß er sie für immer hassen würde. Auf allen Brüdern lastet dieses große Unglück (vielleicht wird Ruben oder Juda oder einer von den anderen früher oder später Jakob die Wahrheit erzählen), und darum leben sie von da an ständig im Schrecken, im wechselseitigen Verdacht und in der Lüge. So vergehen die Jahre, und während äußerlich Feste gefeiert werden, auf Hochzeiten getanzt und bei Geburten Festessen veranstaltet werden, sind sie alle innerlich in der begangenen Schuld und ihren Folgen gefangen.

* Die Geschichte, wie sie in der Bibel erzählt wird, ist reich an Symbolen und Bildern, die Hinweise darauf

sind, was sich in der Geschichte der Menschheit ereignet.

Auf das Kapitel 37, das das Drama um die Beseitigung des Bruders und das seelische Sterben Jakobs zum Inhalt hat, folgt *Kapitel 38*, in dem *Juda* die Hauptrolle spielt. Er hatte sich als den Weisen hingestellt, der den Bruder *in extremis* retten wollte, indem er ihn an die Ismaeliter verkaufte. Juda zieht von zu Hause aus und läßt sich bei einem Mann aus Adullam nieder; er heiratet, bekommt drei Söhne und gibt seinem Erstgeborenen eine Frau namens Tamar zur Frau. Schließlich wird Juda Witwer. Auch Tamar wird Witwe, und Juda schickt sie zurück in das Haus ihres Vaters. Nachdem nicht nur sein erster Sohn, sondern auch der zweite, der mit Tamar verheiratet war, gestorben ist, hat er Angst um seinen dritten Sohn, weil er denkt: er soll nicht sterben wie seine Brüder!

Als aber eines Tages Tamar gemeldet wurde: „Siehe, es kommt dein Schwiegervater nach Timna, um seine Schafe zu scheren, legte sie ihre Witwenkleider ab, bedeckte sich mit einem Schleier, verhüllte sich und setzte sich an den Eingang von Enajim, das am Wege nach Timna liegt (...) Als Juda sie bemerkte, hielt er sie für eine Dirne; denn sie hatte ihr Gesicht verhüllt. Er bog zu ihr an den Wegrand ab und sprach: Komm, ich will dir beiwohnen! Er wußte nämlich nicht, daß es seine Schwiegertochter war. Sie antwortete: Was gibst du mir, wenn du mir beiwohnen darfst? Er sagte: Ich schicke dir ein Ziegenböcklein von der Herde. Sie erwiderte: Wenn du mir ein Pfand gibst, bis du es schickst. Er sagte: Welches Pfand soll ich dir geben? Sie sprach: Deinen Siegelring, deine Schnur und deinen Stab, den du in der Hand trägst. Er gab es ihr, wohnte ihr bei, und sie wurde schwanger" (Gen 38,23–18).

Die Geschichte entbehrt nicht einer gewissen Komik, denn der weise Juda läßt sich von dieser Frau hinters Licht führen, die sich als schlauer erweist als er. Später, als man ihm berichtet, daß seine Schwiegertochter Tamar mit einem Mann geschlafen habe und schwanger sei, wird er wütend und befiehlt, daß man sie verbrennen soll. Da läßt sie ihm Siegelring, Schnur und Stab zukommen. Juda erinnert sich und sagt: „Sie ist im Recht gegen mich. Warum habe ich sie nicht meinem Sohne Schela zur Frau gegeben!" (Verse 24–26).

Tamar ist also „im Recht" gegenüber Juda, weil sie darum besorgt ist, ihm Nachkommen zu sichern. So ist Juda nach der Beseitigung Josefs zu einem unausgeglichenen Menschen geworden, der noch dazu den Dummen spielt, weil er gezwungen wird, vor allen Leuten sein Verhältnis mit der Dirne zuzugeben.

Weitere Folgen der Sünde gegen Josef lesen wir in Gen 42,36–38 (dem Konflikt zwischen dem Vater und Ruben) und in Gen 43,3–14 (der Auseinandersetzung zwischen dem Vater und Juda, deren Anlaß Benjamin ist).

Der Bruch der Beziehung zwischen den Brüdern hat sodann *die Zerstörung ihres richtigen Verhältnisses zur Erde* zur Folge: die einst so reich waren, werden nun arm, können sich nicht mehr selbst ernähren und gehen nach Ägypten, um dort Getreide zu kaufen: „So kamen unter denen, die (nach Ägypten) zogen, auch die Söhne Israels, um Getreide zu kaufen, denn auch in Kanaan herrschte Hungersnot. Josef aber war der Gebieter über das Land; er war es, der allem Volk im Land Getreide verkaufte" (Gen 42,5–6).

Im Unterschied zu den Brüdern, die sich bei dem Vergehen gegen ihn die Hände schmutzig gemacht und das Land schlecht regiert hatten, hat der unschuldige Josef sich eine gute Beziehung zur Schöpfung bewahrt, hat die Zeit der mageren Kühe vorhergesehen und es verstanden, das Getreide soweit anzusammeln, so daß er jetzt auch anderen Völkern davon geben kann.

5. Die Dynamik der Sünde im Leben eines Jesuiten

Zunächst möchte ich dazu einladen, eine Gewissenserforschung zu machen, um die Dynamik der Sünde im eigenen Leben wahrzunehmen. Dabei kann es hilfreich sein, sich daran zu erinnern, daß diese Dynamik eng mit der Nr. 334 der Geistlichen Übungen verknüpft ist, in der die sechste Regel für die zweite Woche der Exerzitien gegeben wird: „Ist der Feind der menschlichen Natur an seinem schlangenartigen Schwanz und an dem schlechten Ziel, zu dem er hinführt, aufgespürt und erkannt worden, so ist es der Person, die von ihm versucht wurde, nützlich, sofort den Verlauf der guten Gedanken, die er eingab, zu betrachten, und zwar deren Anfang, und wie er dann Schritt für Schritt dafür sorgte, daß sie aus der geistlichen Anmut und Freude, darin sie sich befand, sich herabziehen ließ, bis er sie schließlich zu seiner verderblichen Absicht verführte."

Wenn ich meine eigenen Erfahrungen bedenke, glaube ich sagen zu können, daß die Dynamik der Sünde bei einem Jesuiten oft ihren Verlauf von Anfängen und kleinen, ja sogar guten Dingen aus nimmt.

* Wenn man zum Beispiel die eigene Berufung gut entfalten möchte, *arbeitet man zu viel*, wünscht sich zu sehr den Erfolg und glaubt, man mache das so richtig; daraufhin fühlt man sich müde und verschiebt das

Gebet auf einen späteren Zeitpunkt, der aber in Wirklichkeit nie kommt, da man nie den Mut hat, die Arbeit beiseite zu legen und sich Zeit zur Erholung zu nehmen. Schließlich gibt man dem Orden die Schuld und beneidet die Mönche, die sich dem kontemplativen Leben und dem Gebet widmen können, und will wie diese sein, und doch tut man nichts, sich zu ändern, man gesteht sich selbst nicht ein, daß es einfach nötig ist anzuhalten, die Grenzen anzunehmen, die einem physisch gesetzt sind, und sich noch keine Sorgen über das zu machen, was dabei herauskommt.

* Eine andere Sünde des Jesuiten ist der Individualismus: am besten arbeite ich, wenn ich alles selbst und allein mache, dann geht es besser und schneller; ich brauche kein Team, keine Mitarbeiter.

* Ein drittes ist eine Art von *Neid*, der dieser Name aber nicht zugestanden wird; sie wird eher mit Traurigkeit bezeichnet: Ich bin traurig, weil es um die Kirche schlecht bestellt ist, weil es dem Orden schlecht geht. Und dieses „es geht schlecht" bedeutet zunächst, daß andere mir vorgezogen werden, daß sie für eine Aufgabe ausgewählt wurden, die ich für mich erwartet hatte und die ich auf die beste Art hätte erfüllen können. Um die Dynamik dieser Schuld aufzuhalten, ist es wichtig zu bemerken, daß meine Traurigkeit in Wirklichkeit Eifersucht ist.

* Zuweilen *üben wir Kritik ohne Liebe, ohne Barmherzigkeit*, und wir rechtfertigen uns, indem wir sagen, daß es unsere Pflicht ist zu urteilen, daß ich mit meinem Wissen, meiner Kultur und in meiner Position wenigstens sehen und beobachten muß. Das ist richtig, aber in Wirklichkeit wollen wir uns selbst nicht eingestehen, daß es uns an Liebe und Barmherzigkeit fehlt.

* Des weiteren denke ich an *ein übertriebenes Maß an Rationalismus und Logik.*

* Ich denke an eine *naive Empfindsamkeit* oder an das *Spielen mit Gefühlen*. Wir fühlen uns sexuell attraktiv und geben kleinen Verwirrungen nach, denn wir sind ja erwachsene Männer und laufen nicht Gefahr, sondern sind selbstverständlich in der Lage, uns im rechten Moment zu bremsen.

* Interessant ist der Prozeß, der sich auf dem Gebiet des *Gehorsams* offenbaren kann: In der Gesellschaft Jesu kommt dem Gehorsam eine grundlegende Bedeutung zu, und jeder Jesuit erklärt, daß er gehorchen will. Wenn aber ein Oberer nicht merkt, wie unentbehrlich ich für dieses Haus oder jenes Kolleg bin und mich anderswohin schicken will, dann ist er es, der einen Fehler macht! Das hat mit dem Gehorsam nichts zu tun; es ist die Ehre Gottes selbst, die es erfordert, daß der Obere seine Meinung ändert und mich da läßt, wo ich bin! – Kleinigkeiten, Bagatellen, in denen jedoch die Dynamik der Sünde sich leicht einschleicht.

Bitten wir den Herrn darum, daß er uns die Freiheit des Geistes und des Herzens verleihe, durch die wir zu Frieden, Demut und Freude gelangen. Daß er uns auch etwas Humor schenke, um über den Prozeß nachzusinnen, der sich in unserer Seele abspielt und nach und nach bei den verschiedenen Gelegenheiten unser ganzes alltägliches Leben durchdringt. Das möge uns dazu führen, die begangenen Sünden zu beweinen und uns gänzlich vor dem strahlenden Antlitz Gottes und Christi zu läutern.

Sechste Meditation:

Der Prozeß der Läuterung im Pilger Josef

„Maria, hilf uns zu widerstehen, wenn wir von Müdigkeit und Trägheit versucht werden. Hilf uns, zur Freude am immerwährenden Gebet zu finden. Bewirke in uns, daß wir es vermögen, unsere Augen fest auf Jesus, deinen Sohn, zu richten und ihn zu lieben, wie er dich geliebt hat – aus ganzem Herzen, mit unserem ganzen Denken und Sein. Hilf, daß unsere Gefühle und Gedanken sich zu ihm leiten lassen, damit wir eins werden mit ihm und durch ihn mit dem Vater durch die Gnade des Heiligen Geistes. Amen."

Wir haben in der vorausgehenden Meditation die Dynamik der Ungerechtigkeit und der Sünde betrachtet, die auseinanderreißt und Spaltung hervorbringt, die die Verbindung zu Gott unterbricht, die Bindungen innerhalb der Familie auflöst und auch die Bezogenheit des Menschen zur Erde zerstört. Im nächsten Schritt wollen wir uns der Dynamik der Läuterung zuwenden.

Der Weg der Läuterung ist ein langer und schwieriger Prozeß, der lange Nächte und Dunkelheiten mit sich bringt und Demütigungen, die uns an dem Punkt treffen und in Frage stellen, wo wir es nicht gerne haben.

Wir haben die große Prüfung betrachtet, die Josef durchgemacht hat, als er von seinen Brüdern verworfen wurde. Und doch ist dies nur der Anfang, denn er muß diese Erfahrung noch in seinem alltäglichen Leben Wirklichkeit werden lassen. Das ereignet sich über verschiedene Phasen der Ernüchterung hindurch.

Josef hatte einen festen Glauben, er vertraute auf das Gute und Ehrliche im Menschen, auf die Freundschaft der Menschen untereinander. Aber Gott wollte ihn lehren, weiter und darüber hinaus zu gehen und ihn den wahren Wert der Tugenden und Verhaltensweisen erfahren lassen.

Die Abschnitte aus den Kapiteln 39 und 40 der Genesis, die wir uns hier in Erinnerung rufen wollen, enthalten viel an Weisheit, so daß wir das Geschehen verstehen lernen wollen, das die Worte der Erzählung sichtbar macht. Wir wollen uns zunächst auf die Enttäuschungen konzentrieren, die Josef im Hinblick auf die Ehrlichkeit der Menschen erfährt, um dann seine Enttäuschungen zu betrachten, was die Freundschaft betrifft, und schließlich unsere eigenen Enttäuschungen in den Blick nehmen.

1. Aufrichtigkeit wird nicht belohnt

Potifar, der Kämmerer des Pharao, hatte Josef von den Ismaelitern gekauft. In seinem Hause gelangt Josef zu Ansehen, und was er tut, gelingt ihm vortrefflich. Hier beginnt ein neuer Abschnitt in seinem Leben. „Da sein Herr sah, daß Jahwe mit ihm sei und Jahwe alles, was er unternahm, durch seine Hand gelingen ließ, fand Josef Gnade in seinen Augen; er durfte ihn bedienen. Dann bestellte er ihn zum Verwalter über sein Haus und vertraute ihm sein ganzes Besitztum an. Von der Zeit an, da er ihn zum Verwalter seines ganzen Besitztums bestellt hatte, segnete Jahwe das Haus des Ägypters um Josefs willen, und der Segen

Jahwes ruhte auf allem, was ihm gehörte, im Hause und auf dem Feld. So überließ er Josef sein ganzes Besitztum und kümmerte sich neben ihm um nichts als um die Speise, die er aß. Josef aber war schön von Gestalt und schön von Ansehen." Wir könnten der Frage nachgehen, was das zu bedeuten hat, daß Potifar sich „um nichts" kümmerte „als um die Speise, die er aß". Vielleicht war er jemand, der dem Essen besondere Aufmerksamkeit widmete, oder er befürchtete, daß jemand ihn vergiften wollte. Uns interessiert jedoch vor allem das, was im folgenden erzählt wird: „Nach diesen Ereignissen warf die Frau seines Herrn ihr Auge auf Josef und sprach: Schlafe bei mir!" Diese sehr direkte Annäherung läßt uns Raum für mehrere Interpretationen. Vielleicht hat die Frau darunter gelitten, daß ihr Mann sich von ihr nicht besonders angezogen fühlte; vielleicht fühlte sie sich auch in ihrer weiblichen Eitelkeit gekränkt. Andererseits ist es auch etwas verdächtig, daß Potifar Josef soviel Freiheit läßt, was seine Frau angeht. Jedenfalls versucht sie, ihn zu verführen, und zwar nicht so sehr, weil sie ihn lieben würde, sondern eher, um Potifar eifersüchtig zu machen.

Josef gibt jedoch der *Versuchung* nicht nach, denn er ist seinem Herrn treu: „Siehe, mein Herr kümmert sich neben mir um nichts im Hause, und sein ganzes Besitztum hat er mir anvertraut. Er hat in diesem Hause keine größere Macht als ich; er hat mir nichts vorbehalten als dich allein, weil du seine Frau bist. Wie sollte ich nun ein so schweres Unrecht tun und mich gegen Gott versündigen?" Josef ist das Ideal des biblischen Menschen, des Weisen, der in *Aufrichtigkeit* seinen Weg geht vor Gott.

Ich möchte noch hinzufügen, daß er auch sehr naiv, ja fast dumm ist und keine Erfahrung mit dem hat, was im Menschen vorgeht. Er hätte wissen müssen, daß die Frau sich mit seiner Antwort nicht zufriedengeben, daß sie seine Abweisung nicht annehmen würde, sondern im Gegenteil sich dadurch herausgefordert fühlen würde. „Obwohl sie Tag um Tag Josef zuredete, hörte er nicht auf sie, bei ihr zu schlafen und sich mit ihr abzugeben." Die Versuchung hält an, sie erreicht ihn Tag um Tag, und Tag um Tag widersteht er ihr. Die Leidenschaft der Frau für ihn nimmt sichtlich zu und nimmt schon einen ehrhaften Charakter an. Und so geschieht es eines schönen Tages, als er allein mit ihr im Hause war: „Da ergriff sie sein Gewand und sagte: Schlaf bei mir! Er aber ließ sein Gewand in ihrer Hand, floh und lief hinaus."

Und wieder diese Naivität; er hätte sich doch denken können, daß es besser wäre, wenn keiner sonst im Hause war, sich nicht in ihrer Nähe aufzuhalten! Da „rief sie die Leute ihres Hauses herbei und sprach zu ihnen: Da seht! Er hat uns einen Hebräer gebracht, daß er mit uns seinen Mutwillen treibe. Er kam zu mir, um bei mir zu liegen; ich aber schrie laut. Wie er nun hörte, daß ich laut schrie, ließ er sein Gewand neben mir liegen, floh und lief hinaus." Josef wußte nicht, wie jemand reagieren konnte, der sich in seiner leidenschaftlichen Liebe gekränkt fühlt.

Ignatius kannte die Frauen mit Sicherheit besser. In seinen *Regeln zur Unterscheidung der Geister* schreibt er, daß, „wenn der Mann anfängt, den Mut zu verlieren und flieht, Zorn, Rachsucht und Wildheit des Weibes sich steigern und geradezu maßlos werden" (EB 325). Die Frau des Potifar hätte sich darein fügen können, und doch tut sie es nicht, vielleicht gerade um ihrem Mann zu beweisen, daß sie begehrenswert sei und Aufmerksamkeit möchte und sie verdient.

Als nämlich ihr Mann zurückkommt, wiederholt sie

tatsächlich die gleiche Version des Vorfalls: „Der hebräische Sklave, den du zu uns ins Haus gebracht hast, kam zu mir, um mit mir seinen Mutwillen zu treiben. Als ich aber laut schrie, ließ er sein Gewand neben mir zurück und floh hinaus. Als sein Herr die Worte seiner Frau hörte, die sie zu ihm sprach: So hat der Sklave an mir getan!, entbrannte sein Zorn. Der Herr ließ Josef ergreifen und ihn in das Gefängnis werden, wo die Gefangenen des Königs in Gewahrsam gehalten wurden" (Gen 39,3–20).

So muß Josef eine Erfahrung machen, die wirklich bitter für ihn ist: seine Rechtschaffenheit, seine Aufrichtigkeit, seine Treue nützen ihm nichts, werden nicht verstanden noch belohnt, und er findet sich wieder nach unten geworfen.

Es ist die Geschichte so vieler gerechter, ehrlicher und großzügiger Menschen, die sich mit all ihrer Kraft zum Wohle ihrer Mitmenschen einsetzen; daß sie an einem bestimmten Punkt ausgeschaltet und eingesperrt, ja, manchmal sogar umgebracht werden. Es ist die Geschichte Jesu, der um unseretwillen ans Kreuz geschlagen wurde und sich nicht gewehrt hat.

Langsam beginnt Josef zu begreifen, was es bedeutet, ein Pilger für die Gerechtigkeit zu sein. Für jemanden, dessen Glaube gereift ist, heißt es nicht: sich eine Belohnung zu erhoffen oder für die guten Taten einen Ausgleich zu erwarten, sondern in das Geheimnis des Kreuzes einzutreten. Er akzeptiert diese göttliche Ordnung, und „Jahwe war mit Josef und ließ ihn Gnade finden. Er wandte ihm die Gunst des Gefängnisaufsehers zu" (Gen 39,21). Er macht Gott keine Vorwürfe, beleidigt ihn nicht und lehnt sich nicht gegen ihn auf; er bleibt zwei Jahre lang einfach im Gefängnis, er nimmt diese Prüfung an als eine Lektion, als eine Läuterung, die sehr tief reicht.

2. *Enttäuschte Freundschaft*

Wenn seine Ehrlichkeit ihm Gutes mit Bösem vergolten hat, so gilt das vielleicht nicht so ohne weiteres für die Freundschaft. Sicher, Josef hatte den Haß seiner Brüder auf ihn verspürt, der seinen ersten Absturz in die Tiefe bewirkt hat, doch das war ein Sonderfall, der mit der familiären Situation zusammenhing – zwölf Söhne von vier verschiedenen Frauen. Jetzt, im Gefängnis, kann Freundschaft wirklich ein Gut sein, das zu schätzen ist.

Zusammen mit Josef sitzen der Obermundschenk und der Oberbäcker des Königs von Ägypten im Gefängnis, und eines Nachts träumen sie beide. „Als Josef am andern Morgen zu ihnen kam, sah er, daß sie niedergeschlagen waren. Er fragte die Kämmerer des Pharao, die mit ihm im Hause seines Herrn gefangen saßen, und sagte: Warum macht ihr heute so verdrießliche Gesichter? Sie antworteten ihm: Wir hatten einen Traum; aber es ist niemand da, der ihn deuten könnte. Josef sagte zu ihnen: Ist die Traumdeutung nicht Sache Gottes? Doch erzählt mir!" (Gen 40,6–8). Er hört sich den Traum des Obermundschenks an und erklärt ihn mühelos: „Die drei Ranken bedeuten drei Tage. Nach drei Tagen wird der Pharao dein Haupt erheben und dich wieder in dein Amt einsetzen. Du wirst dem Pharao seinen Becher reichen so wie früher, als du sein Mundschenk warst. Denke dann auch an mich, wenn es dir gut geht. Erweise mir die Gnade und gedenke meiner bei dem Pharao und befreie mich aus diesem Hause. Denn ich wurde aus dem Land der Hebräer entführt, und auch hier habe ich nichts getan, wofür sie mich ins Gefängnis geworfen haben" (Verse 12–15).

Zunächst fällt auf, daß es wieder Träume sind, die

in der Lebensgeschichte Josefs eine Rolle spielen. Auch möchte ich darauf hinweisen, daß die freundschaftliche Verbundenheit zwischen Josef und dem Obermundschenk sich auf die Eröffnung eines neuen Lebens gründet, auf eine erfreuliche Nachricht für den Mundschenk. Sehr schön sind auch die Worte Josefs: „Erweise mir die Gnade und gedenke meiner bei dem Pharao", denn ich bin bescheiden vorgegangen, ohne arrogant zu sein oder mir etwas darauf einzubilden. „Der Obermundschenk aber dachte nicht mehr an Josef, sondern vergaß ihn" (Vers 23). Dieser Hinweis trägt einen gewissen Beigeschmack an Skepsis, wie er sich bisweilen in der Weisheitsliteratur findet.

So erfährt Josef nach der schmerzlichen Prüfung des Abgeschobenseins durch seine Brüder und nach der zweiten Prüfung, die ihn in bezug auf seine Aufrichtigkeit ernüchterte, den stechenden Schmerz, daß auch seine Freundschaft enttäuscht wird. Er findet keinen Halt bei dem, mit dem er das Leid der Haft geteilt hatte und von dem er hoffte, daß er darum seiner gedenken würde. Josef beginnt zu verstehen, daß es höhere Werte im Leben gibt und daß er sein Vertrauen auf etwas anderes setzen muß.

Damit soll nicht gesagt sein, daß wir die Bedeutung von Freundschaft und zwischenmenschlichen Gefühlen unterbewerten sollen; doch sie werden im Feuer geprüft und geläutert. Jesus selbst, der allen Gutes erwiesen und sie geheilt hatte, fand in seinem Prozeß keinen einzigen, der ein gutes Wort für ihn eingelegt hätte, und keiner seiner Jünger, die mit ihm Tage um Tage im Verkündigen, Nächte im Gebet und Momente engster Verbundenheit verbracht hatten, vermag, ihm zur Seite zu stehen.

Die Enttäuschungen einer Freundschaft tun vielleicht am meisten weh, auch wenn sie nicht so sichtbar oder spürbar sind, weil sie keine öffentliche Demütigung oder körperliche Beeinträchtigung beinhalten. Aber sie läutern uns und helfen uns, unsere Hoffnung auf Gott allein zu setzen.

3. Unsere Enttäuschungen

Wir meinen, durch die Gewissenserforschung und das Bekenntnis unserer Sünden uns von all unserer Schuld zu befreien. In Wirklichkeit ist Gott es, der uns von dem, woran unser Herz sich wirklich hängt, und von unseren ungeordneten Neigungen, die wir manchmal überhaupt nicht erkennen können, reinigt und befreit. Das geschieht durch Enttäuschungen und Prüfungen. Selig sind wir, wenn wir das verstehen, und wenn wir soweit kommen, all den vielen Enttäuschungen in unserem Leben eine Bedeutung beizumessen, wenn wir imstande sind stehenzubleiben und zu fragen: Warum hat Gott das zugelassen? Was für einen Sinn kann das für mein Leben haben? Wenn wir diese Übung nicht annehmen und lernen, die Gott uns gibt, dann laufen wir Gefahr, mit den Jahren immer bitterer und immer unzufriedener mit uns und den anderen zu werden.

Ich kenne Leute, die sich für die Gerechtigkeit einsetzen, die dafür kämpfen, daß die Armen Recht und Stimme bekommen – aber sie tun es in Zorn und Wut, denn ihr Herz ist voll von Groll und Vorbehalten. Sie fühlen sich selbst verletzt und bestimmter (wirklicher oder angenommener) Rechte beraubt. Nun versteifen sie sich darauf, die Rechte anderer zu sichern als Vergeltung für das, was sie erleiden.

Offensichtlich benützt Gott auch diese Fehler zum Guten, aber wenn wir im Geiste des Evangeliums für die Gerechtigkeit kämpfen wollen, erfahren wir zunächst die Prüfungen Josefs und Jesu, damit wir daraus frei, sanftmütig und demütig hervorgehen und klar verstehen, was Gottes Gerechtigkeit in seinem Heilsplan für die Menschen ist.

Wir müssen uns deshalb fragen, was unsere Gedanken sind, welche Gefühle wir haben, wie unsere Handlungen und Urteile aussehen; wir sollen verstehen lernen, wie Gott uns liebt und uns läutert, um uns fähig zu machen, die Brüder und Schwestern zu suchen und ihnen zu helfen und Täter des Friedens und der Gerechtigkeit zu sein.

4. Der Zölibat um des Reiches Gottes willen

Ich möchte noch einmal auf das Kapitel 39 der Genesis zurückkommen, weil es eine Anregung ist, über die *Keuschheit* nachzudenken.

Ignatius sagt nicht viel über das Keuschheitsgelübde. Statt dessen spricht er lange über Gehorsam und Armut. So schreibt er im ersten Kapitel des sechsten Teils der Satzungen der Gesellschaft Jesu, in dem er über den Gehorsam handelt: „Und weil, was das Gelübde des Keuschheit betrifft, keine Ausdeutung fordert, da feststeht, wie vollkommen sie zu beobachten ist, indem man sich bemüht, in ihr durch die Unbeflecktheit des Leibes und Geistes die Reinheit der Engel nachzuahmen, soll, dies vorausgesetzt, vom heiligen Gehorsam die Rede sein“ (Const. VI, 1 Nr. 547).

Dieses Schweigen zu einem Thema, das für die Reifung eines Ordensmannes oder einer Ordensfrau so extrem wichtig erscheint, mag uns befremden. Doch war die Zeit des Ignatius von einem ganz anderen

Empfinden geprägt, als es die unsrige ist. Die Entscheidung zu einem Leben nach den Evangelischen Räten war etwas Geläufiges, und niemand hat den Wert des Zölibats oder der Jungfräulichkeit um des Reiches Gottes willen in Frage gestellt.

Wer sich dagegen heute dafür entscheidet, das Gelübde der Keuschheit abzulegen, trifft auf eine ganze Reihe von Einwänden. Solch eine Entscheidung wird geradezu als ein moralisches Wunder angesehen. Mich selbst erstaunt es immer wieder, wenn ich bei Priesterweihen die Antwort des Kandidaten auf die Frage des Bischofs höre: „Ich bin bereit, auf die Ehe zu verzichten." Und für ein noch größeres Wunder als diese Eingangsentscheidung halte ich es, daß diese Entscheidung ein Leben lang gelebt wird und nicht zeitlich begrenzt ist. Das Neue Testament ist in dieser Sache klar: Nach den Worten Jesu über die Ehe antworten ihm die Jünger: „Wenn die Sache des Mannes gegenüber der Frau so steht, dann ist es nicht gut zu heiraten. Er aber sprach zu ihnen: Nicht alle fassen dieses Wort, sondern die, denen es gegeben ist. Denn es gibt Verschnittene, die vom Mutterleib an so geboren sind, und es gibt Verschnittene, die von den Menschen verschnitten wurden, und es gibt Verschnittene, die sich selbst verschnitten haben um des Himmelreiches willen. Wer es fassen kann, der fasse es!" (Mt 19,10–12).

Ich möchte diese Perikope jetzt nicht exegetisch auslegen, aber für mich besteht kein Zweifel darüber, daß Jesus dabei an diejenigen dachte, die auf eine Ehe verzichten, damit sie sich vollständig Gott und den Menschen widmen können.

Und da die Ehe als Vereinigung von Mann und Frau zum Plan Gottes gehört, wie er in der Genesis beschrieben ist, also zu unserer natürlichen und geschöpflichen Bedingtheit, darum wird der Zölibat als eine Gnade angesehen, als ein Geschenk des Neuen Testamentes, als ein Geschenk, das von Jesus selbst kommt und von Maria. Er ist eine Gabe von oben, um die immer wieder gebetet werden muß, weil sie ständig durch Versuchungen gefährdet ist. „Führe uns nicht in Versuchung", so wollen wir jeden Tag beten.

Insbesondere: „Führe uns nicht in die Versuchung der Mutlosigkeit." Am Anfang des Priester- oder Ordenslebens erleben wir die Freude und Begeisterung der Hingabe und des Verzichtes auf die Ehe. Nach einigen Jahren aber dringt der Versucher in uns und weckt den Verdacht, wir seien gescheitert und hätten alles verfehlt, wir hätten einen Weg gewählt, der nicht der unsrige sei. Wenn wir dann beten, bedeutet das, daß wir um Mut bitten und um das Vertrauen, dem Wort Jesu und seinem Ruf zu glauben wie auch an die Macht seiner Gnade. Wir dürfen es nie als eine sichere Sache betrachten, daß wir das Gelübde der Keuschheit immer gut leben.

Ignatius war, wie schon gesagt, in einer anderen Situation, nicht nur, was die Voraussetzungen seiner Zeit angeht, sondern auch aufgrund seiner eigenen persönlichen Erfahrung. Es lohnt sich, den betreffenden Abschnitt aus dem *Bericht des Pilgers* noch einmal zu lesen: „Die früheren Gedankengänge gerieten jetzt in Vergessenheit bei diesen heiligen Wünschen, die er in sich trug und die noch durch eine besondere Heimsuchung bestärkt wurden. Das trug sich so zu: Als er einmal während der Nacht wach dalag, sah er klar ein Bild Unserer Lieben Frau mit dem heiligen Jesuskind (...). Und ein solcher Abscheu vor seinem ganzen vergangenen Leben und besonders vor den Sünden seines Fleisches erfüllte ihn, daß er vermeinte, aus seiner Seele seien alle Vorstellungen verschwunden, die er früher in sie eingeprägt hatte. Von jener Stunde an bis zum August 1553, da diese Zeilen geschrieben werden, gab er daher niemals mehr, auch nicht im geringsten, seine Zustimmung bei sinnlichen Versuchungen" (BP 10). Dabei handelte es sich jedoch um eine Gnade übernatürlicher Art, von der wir nicht verlangen können, daß sie uns geschenkt wird.

Ich möchte hier drei Anregungen geben, die helfen sollen, im Zölibat um des Reiches Gottes willen auszuharren.

1. Es ist notwendig, sich ein großes Ideal vorzunehmen: *dazusein für den Herrn*. Wenn Ignatius in den Satzungen davon spricht, „die Reinheit der Engel nachzuahmen", im Leib wie im Geiste, dann betont er, daß alles an uns dem Herrn gehört. Und es ist falsch, sich auf Kompromisse einlassen zu wollen, eine Art „Waffenstillstand" erreichen zu wollen und dabei moralisch zu unterscheiden zwischen dem, was tatsächlich verboten ist und dem, was man noch billigen kann. Jetzt kann jemand einwenden: aber die Engel haben ja keinen Leib, sie kennen keine Erregung, keine Reize, keine Gedanken und Phantasien! Wie soll ich die zurückdrängen, wie sie vertreiben? Ignatius verneint nicht, daß wir einen Körper haben mit allem, was dazugehört, aber er lädt uns ein, auf Jesus zu schauen, ganz um ihn besorgt zu sein und ein Leben in dieser Einheit mit dem Herrn zu führen, das keine Ablenkungen zuläßt. Es ist mit Sicherheit ein sehr hohes Ideal und erfordert jahrelange Mühe, Gnade, Gebet und Selbstbeherrschung, aber es ist möglich.

Das ist das Ideal, das Paulus uns vor Augen stellt, so

zum Beispiel im Ersten Thessalonicherbrief, „damit wir – mögen wir wach oder entschlafen sein – in Gemeinschaft mit ihm leben" (1 Thess 5,10). Die Ostkirche praktiziert dieses Ideal im *immerwährenden Gebet*, das eine vortreffliche Einübung in die Vereinigung mit Jesus ist. Langsam, nach und nach, ordnet sich jeder Gedanke und jede Versuchung und wird gereinigt und geläutert; und allmählich läßt die immer brennendere Sehnsucht nach Gott jede andere Sehnsucht verschwinden.

Wenn wir andererseits nicht mit all unserer Kraft an diesem Ideal festhalten, wird der Zölibat um des Reiches Gottes willen steril und tot, er verursacht Mühseligkeit, erfüllt uns nicht mehr ganz, und unser religiöses Leben verliert seine Freude und seinen Schwung. Wenn wir uns dazwischen bewegen und uns nicht entscheiden, ganz zu Jesus zu gehören und für ihn dazusein, und auch nicht, den Stand zu verlassen, den wir gewählt haben, dann leben wir schlecht und ohne ein richtiges psychisches und moralisches Gleichgewicht.

Daher lautet meine erste Anregung, mit Leib und Seele für den Herrn dazusein, mit Hilfe des immerwährenden Gebetes, indem wir ihn jeden Tag um seine Gnade bitten, täglich unser Versprechen erneuern und eventuelle Verfehlungen gleich beichten, damit wir den Weg auf das Ziel hin mit mehr Mut, mit größerer Ernsthaftigkeit und großem Frieden wieder aufnehmen.

2. Während des Noviziates wurden wir in den sogenannten *Regeln der Bescheidenheit* unterrichtet. Damals haben wir ihnen vielleicht wenig Bedeutung beigemessen; doch haben sie durchaus ihren Sinn und Nutzen und begegnen uns, wenn auch in anderen Worten, in den Satzungen: „Alle sollen in beson-

derer Weise darauf bedacht sein, mit großer Sorgfalt die Tore ihrer Sinne – insbesondere die Augen und Ohren und die Zunge – vor jeder Unordnung zu bewahren und sich im Frieden und der wahren Demut ihrer Seele zu erhalten und dies zu zeigen durch das Stillschweigen, wenn es zu halten angebracht ist, und wann zu sprechen ist, durch die Überlegtheit und Erbauung ihrer Worte, und durch ihren bescheidenen Gesichtsausdruck, ihren beherrschten Gang und alle ihre Bewegungen ohne Anzeichen von Ungeduld oder Hochmut. Sie sollen sich in allem darum bemühen und wünschen, den anderen den Vorrang zu geben, indem sie in ihrer Seele alle schätzen, als stünden sie über ihnen, und ihnen im Äußeren in religiöser Einfachheit und Schlichtheit die Ehrfurcht und Ehrerbietung erweisen, die der Stand eines jeden zuläßt, so daß sie, indem sie einander ansehen, in der Frömmigkeit wachsen und Gott unseren Herrn lobpreisen, den jeder im anderen als in seinem Bild wiederzuerkennen sich bemühen soll" (Const. III, 1 Nr. 250).

Es mag sein, daß uns dieser Punkt der Satzungen überflüssig erscheint. Und doch halte ich es für nötig, uns dazu zu erziehen, gewisse Regeln im Verhalten einzuhalten und jegliche Ungeordnetheit der Sinne unserem geistlichen Begleiter zu beichten und ihn dabei um seine Hilfe zu bitten. Weiterhin sollen wir es uns auch zur Gewohnheit werden lassen, darauf zu achten, daß keine freundschaftliche Beziehung – sei sie untereinander oder mit Personen von außen – andere ausschließt. Es gibt Menschen, die zu ausschließlichen Beziehungen neigen, die zum Beispiel glauben, daß nur ein ganz bestimmter Priester ihnen helfen kann. Es stimmt nicht, daß wir so unersetzbar sind! Der häufigste Fall, der uns passieren kann, ist, daß

Frauen behaupten, sie bräuchten gerade uns zu ihrem Seelenheil. Aber wenn eine Frau zum Beispiel unter Depressionen leidet und ein Priester davon überzeugt ist, daß er der einzige ist, der ihr helfen kann, riskiert er viel. Darum habe ich davon gesprochen, wie wichtig es ist, freundschaftliche Beziehungen zu teilen; es ist angemessener, korrekter und nützlicher, zusammen mit einem oder zwei Mitbrüdern der Frau beizustehen. Wir machen uns meist etwas vor, was unsere Kräfte und unsere psychologischen Fähigkeiten angeht. So sollen wir Gott bitten, daß er uns die Gabe der Aufrichtigkeit uns selbst und anderen gegenüber verleihe.

3. Die letzte Anregung betrifft die Armut, die mit der Keuschheit einhergeht. Ohne die Armut können wir nicht für Jesus allein leben: „Und siehe, jemand trat auf ihn zu und sagte: Meister, was muß ich Gutes tun, um ewiges Leben zu erlangen? Er aber sprach zu ihm: Was fragst du mich über das Gute? Einer ist der Gute. Willst du aber ins Leben eingehen, so halte die Gebote. Der sagte zu ihm: Welche? Jesus antwortete: Du sollst nicht töten, du sollst nicht ehebrechen, du sollst nicht stehlen, du sollst kein falsches Zeugnis ablegen, ehre Vater und Mutter, und du sollst deinen Nächsten lieben wie dich selbst. Der Jüngling erwiderte ihm: Das alles habe ich befolgt, was fehlt mir noch? Jesus sprach zu ihm: Willst du vollkommen sein, so geh hin, verkaufe, was du hast und gib es den Armen – und du wirst einen Schatz im Himmel haben – und komm und folge mir nach. Als der Jüngling aber das Wort gehört hatte, ging er traurig davon, denn er hatte viele Güter. Jesus aber sprach zu seinen Jüngern: Wahrlich, ich sage euch, ein Reicher wird schwer in das Himmelreich hineingelangen" (Mt 19,16–23).

Der Herr mutet uns zu, seine Worte zu verstehen, zu verstehen, daß die Keuschheit um des Reiches Gottes willen, das Leben ganz für ihn und mit ihm die Armut als evangelischen Rat mit einschließt.

Die entscheidenden Wenden im Leben der Pilger Mose und Petrus

Homilie

In den beiden Lesungen der Liturgie vom Donnerstag in der achtzehnten Woche im Jahreskreis werden uns zwei entscheidende Momente im Leben zweier Pilger für die größere Ehre Gottes vorgestellt: Mose und Petrus.

1. Die entscheidende Wende auf dem Weg des Mose

Die Lesung ist wieder dem Buch Numeri entnommen: „Dann kamen die Israeliten, die ganze Gemeinde, im ersten Monat in die Wüste Zin, und das Volk ließ sich in Kadesch nieder. Dort starb Mirjam und wurde daselbst begraben. Die Gemeinde hatte einmal kein Wasser, und sie rotteten sich gegen Mose und Aaron zusammen. Die Leute haderten mit Mose und schrien also: Ach, wären wir doch auch umgekommen, als unsere Brüder vor Jahwe sterben mußten! Warum habt ihr die Gemeinde Jahwes in diese Wüste da gebracht, daß wir samt unserem Vieh hier sterben? Warum habt ihr uns aus Ägypten herausgeführt, um uns in diese schlimme Gegend zu bringen, in eine Gegend, wo keine Saat, kein Feigenbaum, kein Weinstock, kein Granatapfel gedeiht, wo es kein Wasser zu trinken gibt? Mose und Aaron aber gingen der Gemeinde aus den Augen hin zum Eingang des

Offenbarungszeltes und warfen sich auf ihr Angesicht nieder. Da erschien ihnen die Herrlichkeit Jahwes. Und Jahwe redete zu Mose also: Nimm den Stab, versammle die Gemeinde, du und dein Bruder Aaron, und gebietet vor ihren Augen dem Felsen, daß er sein Wasser spende! So laß für sie Wasser aus dem Felsen sprudeln, und tränke die Gemeinde samt ihrem Vieh! Mose nahm den Stab von dem Ort vor Jahwe, wie er ihm befohlen hatte. Dann versammelten Mose und Aaron die Gemeinde vor dem Felsen, und er sprach zu ihnen: Hört doch, ihr Widerspenstigen! Können wir wirklich aus diesem Felsen für euch Wasser sprudeln lassen? Hierauf erhob Mose seine Hand und schlug mit seinem Stabe zweimal an den Felsen. Da kam Wasser in Menge heraus, und die Gemeinde samt ihrem Vieh trank davon. Jahwe aber sprach zu Mose und Aaron: Weil ihr mir nicht geglaubt und mich vor den Augen der Israeliten nicht heiliggehalten habt, darum dürft ihr diese Gemeinde nicht in das Land bringen, das ich ihnen gebe. Das sind die Wasser von Meriba, wo die Israeliten mit Jahwe haderten und er sich heilig erwies" (Num 20,1–13).

Die Prüfung, die Mose hier durchmacht, ist sehr schwer zu verstehen. Wir fragen uns, worin denn sein Fehler bestand. Auf den ersten Blick scheint es doch, daß er sich besser verhalten hat als beim letztenmal, als er sich mit Jahwe anlegte und sogar den Tod erflehte (vgl. Num 11,15). In Kadesch protestiert er nicht, sondern betet. Er wirft sich zusammen mit seinem Bruder nieder und schaut die Herrlichkeit Gottes, die ihnen erscheint.

Und doch ist die Strafe, die Gott ihm auferlegt, sehr hart: Mose, der es unternommen hatte, das Volk in das verheißene Land zu führen, wird es selbst nicht betreten. Als ich ein Kind war, hatte man mir gesagt, die

Sünde Moses bestünde darin, daß er zweimal mit dem Stab gegen den Felsen schlug. Heute behaupten die Exegeten, sein Fehler läge darin, daß er die Israeliten so arrogant zurechtgewiesen und sie „Widerspenstige" genannt hatte. Mose erscheint nicht mehr als der demütige Mensch, er ist sich seiner selbst sicher, und indem er so handelt, gibt er sich die Ehre und nicht Gott – schaut her, was ich tun kann!

Es ist möglich, daß diese These die stimmige ist. Andere Exegeten sind der Auffassung, daß hinter dieser Geschichte noch eine andere, schlimmere verborgen ist, die aus Respekt vor Mose ausgelassen wurde.

In jedem Fall muß der Pilger Mose die Prüfung auf sich nehmen, von dem verheißenen Land ausgeschlossen zu sein. Solch eine Prüfung lehrt uns, daß kein Mensch von sich sagen kann, er sei erlöst oder habe schon alles vom Geheimnis Gottes und seinem Heilsplan verstanden.

Gerade dadurch erkennt Mose, daß er erneut gefehlt hat, daß er nur ein Diener ist und das Geschick des Volkes nicht in seinen Händen hält. Es ist kein Zufall, daß das Buch Deuteronomium mit der Erzählung endet, wie Mose auf den Berg Nebo steigt und Jahwe ihm das ganze Land zeigt und zu ihm spricht: „Das ist das Land, welches ich Abraham, Isaak und Jakob mit den Worten zugeschworen: Deinen Nachkommen will ich es geben! Ich habe es dich mit eigenen Augen schauen lassen, aber dorthinüber wirst du nicht kommen! Dort im Lande Moab starb dann Mose, *der Knecht Jahwes*" (Deut 34,4–5).

Mose hat viele Fehler gemacht, sein Einsichtsvermögen ist nicht immer perfekt gewesen, er ist bestraft worden, aber er hat die Strafe angenommen und ist zum guten treuen Knecht Jahwes geworden, zum großen Freund Gottes.

2. *Die entscheidende Wende auf dem Weg des Petrus*

„Als aber Jesus in die Gegend von Cäsarea Philippi kam, fragte er seine Jünger: Für wen halten die Leute den Menschensohn? Sie antworteten: Die einen für Johannes den Täufer, andere für Elija, andere wieder für Jeremia oder sonst einen der Propheten. Da sprach er zu ihnen: Ihr aber, für wen haltet ihr mich? Da antwortete Simon Petrus und sprach: Du bist der Messias, der Sohn des lebendigen Gottes. Jesus aber antwortete und sprach zu ihm: Selig bist du, Simon, Sohn des Jonas; denn nicht Fleisch und Blut hat dir das geoffenbart, sondern mein Vater, der im Himmel ist. Und ich sage dir: Du bist Petrus, und auf diesen Felsen will ich meine Kirche bauen, und die Pforten der Hölle werden sie nicht überwältigen. Ich will dir die Schlüssel des Himmelreiches geben, und was du auf Erden bindest, das wird im Himmel gebunden sein, und was du auf Erden lösest, das wird im Himmel gelöst sein. Dann befahl er den Jüngern, niemandem zu sagen, daß er der Messias sei. Von da an begann Jesus seinen Jüngern zu zeigen, er müsse nach Jerusalem gehen und von den Ältesten und Hohepriestern und Schriftgelehrten vieles leiden und getötet werden und am dritten Tage auferweckt werden. Da nahm ihn Petrus auf die Seite und fing an, ihm Vorhaltungen zu machen, und sagte: Das verhüte Gott, Herr! Niemals darf dir das widerfahren! Er aber wandte sich um und sprach zu Petrus: Hinweg von mir, Satan! Ein Ärgernis bist du für mich. Denn du denkst nicht die Gedanken Gottes, sondern der Menschen" (Mt 16,13–23).

Auch auf dem Weg des Petrus ereignet sich also eine Prüfung, eine kritische Wende. Petrus widerfuhr eine außerordentliche Erleuchtung, ja eine Offenbarung der Person Jesu. Aber als Jesus ihm darlegt, was der Plan Gottes für ihn konkret darstellt, widersetzt sich Petrus und protestiert, bis Jesus ihn schließlich sehr hart anfährt: „Hinweg von mir, Satan!" Wir können glauben, Jesus zu kennen und doch noch nicht wirklich in das Geheimnis des Heils und der Herrlichkeit eingedrungen zu sein, das sich hinter dem Geheimnis des Kreuzes verbirgt. Unser Weg ist nie zu Ende, weil Gott immer darüber hinausgeht, uns drängt und anregt und uns zusetzt, nicht stehenzubleiben. Er erweist sich als unser Lehrmeister in Erleuchtungen und Eingebungen, aber auch in unserem Scheitern und wenn er uns zurechtweist. Denn er liebt uns und will uns mit dem Kreuz seines Sohnes verbinden.

Die Eucharistie ist das Unterpfand dafür, daß der Herr bei uns ist und bei uns bleibt, auch wenn wir nicht klar sehen, wohin unser Weg führt. So bitten wir den Vater, daß wir immer bei ihm sein können, zusammen mit allen Heiligen, zusammen mit dem heiligen Ignatius, und daß wir uns mit Jesus zusammen auf seinen Weg machen hin zum Kreuz.

Siebte Meditation:

Die Formung des Pilgers Ignatius

„Herr Jesus, wir danken dir für die vielfältigen Unterweisungen, die du dem heiligen Ignatius gewährt hast. Du hast ihn zu einem Pilger bereitet, der zur größeren Ehre Gottes für die Gerechtigkeit, für die Armen und Alleingelassenen auf dem Weg ist. Sei du heute und in den kommenden Tagen auch unser Lehrmeister und laß uns aufmerksam sein für deine Unterweisungen. Denn wir sehnen uns danach, daß dein Geist nach deiner Gnade auch uns verwandle. Darum bitten wir dich, Christus, der du unser Retter und Erlöser bist. Amen."

Wir alle wissen, welchen Stellenwert die Formung in der Gesellschaft Jesu und im Leben überhaupt besitzt. Von Anfang an folgen unsere Schritte gewissermaßen den Spuren des Ignatius – seinen Erfahrungen, seinen Prüfungen, seinen Versuchungen und dem, was er erlitten hat. Darum erscheint es mir besonders nützlich, wenn wir uns darauf besinnen, welche Formungen Ignatius erfahren hat. Wir wollen das anhand einiger Stellen aus seiner Autobiographie, dem „Bericht des Pilgers", und einiger Texte aus dem Neuen Testament tun. Wir haben bereits versucht, den Schlüssel aufzuspüren, mit dem seine Geschichte gelesen werden will. Nun wollen wir uns den einzelnen Abschnitten des Weges zuwenden, den er gegangen ist. Die einzelnen Kapitel des *Berichtes des Pilgers* sind oft auf bestimmte Zeiten und Orte bezogen: Loyola, Manresa, Jerusalem, Paris, Rom. Wir wollen ihn allerdings so lesen, daß wir unsere Aufmerksamkeit auf die Ereignisse im ersten Teil seiner Geschichte richten.

Ich möchte sie folgendermaßen unterteilen:
- die Umkehr (die Vorgeschichte und der Kampf);
- die äußere Formung: die Armut;
- die innere Formung;
- die Früchte der Formung;
- Schlußfolgerungen.

1. Die Umkehr (BP 1–12)

Was bedeutet denn „Umkehr"? Es bedeutet, die Richtung zu wechseln, in eine Richtung zu gehen, die der bisherigen entgegengesetzt ist, und das erfordert, einen Moment stehenzubleiben.

1. In den ersten fünf Abschnitten des *Berichtes des Pilgers* erzählt Ignatius die *Vorgeschichte seiner Bekehrung*. Er war ein Mann von Welt, dem es vor allem gefiel, sich im Gebrauch von Waffen zu üben, angezogen von dem Wunsch nach Erfolg und Ehre. Als Besatzungsmitglied einer Festung, die von den Franzosen belagert wurde, überredet er den Kommandanten dazu, dem Angriff Widerstand entgegenzusetzen, entgegen der Meinung aller anderen, die sich ergeben wollten. Im Laufe des Gefechtes wird er durch ein Geschoß, das ihm ein Bein bricht, schwer verletzt. Zweimal muß er operiert werden – der erste Eingriff gelang nicht besonders gut – und bleibt lange Zeit ans Bett gefesselt. Die Ritter- und Liebesromane, die er immer mit Leidenschaft verschlungen hatte, sind im Hause seines Bruders, wo er das Bett hütet, nicht aufzutreiben. Es scheint, daß sich alles gegen ihn verschworen

hat. Aber in dieser Phase seines Lebens formt ihn der Herr und bereitet ihn zur Umkehr vor. Ignatius war ein gläubiger Mensch, gewiß kein Ungläubiger. Er hatte am Tag vor dem berühmten Gefecht mit den Franzosen zwei seiner Kameraden gebeichtet, und am Vorabend des Festes Peter und Paul empfing er die Sakramente – er hatte schon „immer eine besondere Andacht zum heiligen Petrus gehabt" (BP 3). Er konnte also beten und den Herrn loben; dennoch gab es eine Kluft zwischen seinem Glauben und seinen Träumen und Taten, seinem Leben. Seine Bekehrung war nicht die eines Sünders, der nicht geglaubt hatte. Vielmehr war er ein guter Christ und ein Mensch guten Willens gewesen, der sich jedoch eine weltliche Mentalität bewahrt und nicht begriffen hatte, was ein Glaube, der dem Evangelium folgt, mit sich bringt.

Diese Art von Loslösung von Glauben und Leben ist auch heute weit verbreitet. Auch und gerade bei Menschen, die sich Gott in besonderer Weise verbunden haben, kann es vorkommen, daß ihre religiöse Bekehrung nicht unmittelbar eine Umkehr im Verstand und in der Moral nach sich zieht, so daß ihre Frömmigkeitspraxis, ihre Hingabe und ihr apostolischer Eifer nicht Früchte eines Glaubens sind, der ihr ganzes Dasein und all ihre Gedanken und Wünsche durchzieht.

2. In den Abschnitten 6 bis 12 des Pilgerberichtes lesen wir von den *Kämpfen*, die Ignatius um diese ganzheitliche Umkehr ausgestanden hat, von dem Zweikampf der beiden Lebenskonzepte – des weltlichen und des dem Evangelium gemäßen. Anfänglich nimmt er diesen Zweikampf gar nicht wahr, aber schließlich öffnen sich ihm die Augen, und er fängt an nachzudenken: „Aus seiner Erfahrung ergab sich ihm, daß er nach den einen Gedanken trübsinnig und nach den andern froh gestimmt blieb; und allmählich

kam er dazu, darin die Verschiedenheit der Geister zu erkennen, die dabei tätig waren (...). Die früheren Gedankengänge gerieten jetzt in Vergessenheit bei diesen heiligen Wünschen, die er in sich trug" (BP 8; 10). Das ist die eigentliche *Umkehr*: Ignatius entscheidet sich dafür, dem Herrn nachzufolgen, nachdem er gesiegt hat, aufgrund der „Tröstungen" und des Zweikampfes, den er zwischen den beiden Lebensentwürfen verspürt hat.

Im Lukasevangelium findet sich eine Erzählung, die diesem Abschnitt in der Lebensgeschichte des Ignatius sehr ähnelt. Es handelt sich um die Bekehrung und Berufung des Petrus: „Es begab sich aber, als das Volk sich an ihn herandrängte, um das Wort Gottes zu hören, stand er am See Genesaret. Da sah er zwei Boote am Ufer liegen; die Fischer waren ausgestiegen und wuschen die Netze. Er stieg nun in eines der Boote, das dem Simon gehörte und bat ihn, etwas vom Lande abzustoßen. Dann setzte er sich und lehrte die Volksscharen vom Boote aus. Als er aber aufgehört hatte zu reden, sprach er zu Simon: Fahre hinaus ins tiefe Wasser und werfet eure Netze zum Fang aus! Simon antwortete ihm: Meister, die ganze Nacht haben wir uns abgemüht und nichts gefangen. Doch auf dein Wort will ich die Netze auswerfen. Sie taten es und fingen eine große Menge Fische. Ihre Netze drohten zu zerreißen. Sie winkten ihren Gefährten im anderen Boot, sie möchten kommen und ihnen helfen; und sie kamen und füllten beide Boote, so daß sie fast versanken. Als Simon Petrus dies sah, fiel er Jesus zu Füßen und sprach: Herr, geh weg von mir, denn ich bin ein sündiger Mensch Denn Bestürzung hatte ihn und alle, die mit ihm waren, ergriffen über den Fischfang, den sie gemacht hatten, in gleicher Weise auch Jakobus und Johannes, die Söhne des Zebedäus, welche Simons Gefährten waren. Und Jesus sprach zu Simon: Fürchte dich nicht; von nun an wirst du Menschen fangen. Und sie zogen die Boote ans Land, verließen alles und folgten ihm" (Lk 5,1–11).

Petrus war ein guter Mensch, ein gläubiger Mensch, der nie auch nur daran gedacht hatte, daß er sich bekehren müßte. In seiner Großherzigkeit war er stets empfänglich für die Weisungen des Meisters, und so läßt er nicht nur zu, daß Jesus sich sein Boot nimmt, sondern gehorcht ihm auch, als er ihn auffordert, auf den See hinauszufahren, obwohl er davon überzeugt ist, daß der Fischfang keinen Erfolg bringen würde. Wie er aber merkt, daß die Netze unter der großen Menge von Fischen zu zerreißen drohen, fällt er vor Jesus auf die Knie und bekennt, daß er ein Sünder ist: das ist seine erste große Umkehr. Es werden weitere folgen, aber diese Umkehr ist die entscheidende, in der er erkannt hat, wie groß der Unterschied zwischen Jesus und ihm ist. Er hat begriffen, daß Jesus das zustande bringen kann, wozu wir in unserer Armut als Geschöpfe nie fähig sind.

Ignatius hat den Unterschied zwischen den weltlichen und den göttlichen Gedanken begriffen, und alle Hausbewohner konnten „die Wandlung erkennen, die in seiner Seele vor sich gegangen war" (BP 10).

2. *Die äußere Formung des Ignatius: Die Armut (BP 13–18)*

Auf dem Weg von Loyola nach Manresa beginnt seine äußere Formung: „Auf einem Maultier ritt er fort. Bis Oñate wollte ihn einer seiner Brüder begleiten. Unterwegs beredete er ihn, eine Nachtwache bei Unserer

Lieben Frau von Aránzazu zu halten. In jener Nacht betete er dort inständig, um neue Kraft für seinen Weg zu schöpfen. In Oñate ließ er dann seinen Bruder bei ihrer Schwester zurück, die sie dort besuchten, und ritt selber weiter nach Navarrete. Seit dem Tag der Abreise aus seiner Heimat geißelte er sich regelmäßig jede Nacht. Es kam ihm in Erinnerung, daß man ihm am Hof des Herzogs noch einige Dukaten schuldig sei; und er hielt es für richtig, diese Schuld zu beheben. Deshalb schrieb er einen Zettel an den Schatzmeister. Der aber antwortete, es sei kein Geld da. Der Herzog erfuhr davon, und er sagte, es möge an Geld für alles andere fehlen, jedoch für einen Loyola solle es daran nicht mangeln. Er wollte ihm im Hinblick auf seinen früher gewonnenen hervorragenden Ruf eine ansehnliche Kommandostelle übertragen, wenn er sie nur annehmen wolle. Er erhob nun das Geld und gab Auftrag, einen Teil an bestimmte Personen zu überweisen, denen gegenüber er sich noch verpflichtet fühlte, und den Rest bestimmte er zugunsten eines Bildes Unserer Lieben Frau, das in schlechtem Zustand war, damit man es wieder herrichte und prächtig ausschmücke" (BP 13).

Welche Bedeutung liegt in diesem Beginn seiner äußeren Formung? Er verläßt sein Zuhause, seine Geschwister, denen er sehr zugetan war, seine Freunde, und allmählich, nach und nach läßt er alles los: die beiden Diener, die ihn bis Navarrete begleitet haben, seine guten Kleider, die ihn als Ritter ausweisen (er wird sie später einem Bettler schenken) und das Geld. Ignatius ist bemüht, das Bild, das er von sich hatte, abzustreifen. Er will sein altes Lebenskonzept auch äußerlich vergessen, um keine Sicherheit mehr zu haben, auf die er sich stützen könnte. Er formt sich in Richtung *Armut* hin. Er macht sich nicht allein deswegen arm, um die Nichtigkeit seines vergangenen Lebens zu demonstrieren, sondern weil er sich vom Heiligen Geist auf den Weg leiten läßt, der ihn ins Herz des göttlichen Planes führen wird.

Ebenfalls bei Lukas gibt es einen Text, der uns hilft, den Stellenwert dieser ersten Formungsphase zu verstehen, die Ignatius durchgemacht hat: „Sorget nicht um das Leben, was ihr essen, noch um den Leib, was ihr anziehen sollt. Denn das Leben ist mehr als die Nahrung und der Leib mehr als die Kleidung. Betrachtet die Raben, die säen nicht, sie ernten nicht; sie haben weder Speicher noch Scheuer, und Gott ernährt sie. Wieviel mehr seid ihr wert als die Vögel! Wer von euch kann aber mit seinem Sorgen seiner Lebenslänge eine Elle hinzufügen? Wenn ihr nun nicht einmal das Geringste vermögt, was sorgt ihr euch um das übrige? Betrachtet die Lilien, wie sie weder spinnen noch weben; ich sage euch aber: Selbst Salomo in all seiner Pracht war nicht gekleidet wie eine von ihnen. Wenn aber Gott das Gras, das heute auf dem Felde steht und morgen in den Ofen geworfen wird, so kleidet, wieviel mehr euch, Kleingläubige! So fragt denn auch ihr nicht, was ihr essen und was ihr trinken werdet, und seid nicht in ängstlicher Unruhe; denn nach all dem trachten die Völker der Welt. Euer Vater aber weiß, daß ihr das braucht. Suchet vielmehr sein Reich, und all das wird euch dreingegeben werden. Fürchte dich nicht, du kleine Herde, denn es hat eurem Vater gefallen, euch das Reich zu geben“ (Lk 12,22–32).

Darin besteht die Vorbereitung, daß wir loslassen, uns um uns selbst und um die Dinge keine Sorgen machen und leben wie ein Kind in den Händen des Vaters. Der Wert, den die Armut für die Formung des Ignatius besitzt, besteht nicht so sehr in der Gewöhnung an ein hartes Leben; durch die Armut wird er hineingenommen in das Geheimnis der Dreieinigkeit, sie macht ihn fähig zu sagen: „Abba, lieber Vater!"

Wir können uns zum Beispiel daran erinnern, daß er, bevor er sich nach Barcelona einschiffte, es ablehnte, in Begleitung eines anderen Menschen zu reisen, weil er dachte, daß dieser ihm im Notfalle helfen und zur Seite stehen würde; und er bestand auch darauf, ohne Proviant an Bord zu gehen (vgl. BP 35–36). Dabei war es nicht eine Art Feierlichkeit, die ihn dazu bewog, oder der Wille, das Leben der Armen zu teilen; vielmehr wollte er seine ganze Hoffnung auf Gott allein setzen.

Für Ignatius war diese Art der Formung so bedeutend, daß er, als er am Ende seines Lebens seine Memoiren diktierte, kein Detail und keine Episode ausließ, die sein totales Vertrauen in den Herrn aufscheinen ließ. Aber auch während seiner Zeit in Rom, als ihm viele Dinge zur Verfügung standen, fährt er fort, ganz im Vertrauen auf Gott zu leben, in vollkommener Gemeinschaft mit Jesus, dem Sohn.

3. Die innere Formung (BP 19–33)

Diese innere Formung ereignete sich in Manresa, und Ignatius spricht an vielen Stellen seiner Autobiographie von ihr. Ignatius ist durch alle Arten von Prüfungen gegangen, und in einem gewissen Sinne hat er sie für uns durchlebt, um uns ein Beispiel zu sein in der Nachfolge Jesu und der Heiligen. Wenn wir sie uns in Erinnerung rufen, dann geschieht das, damit wir verstehen, wie Gott ihn durch diese vielen Prüfungen, die seine Sinne und seine ganze Person betrafen, geformt hat.

1. *Die Prüfung der Schau:* Ignatius lebte in Man-

resa in einem Armenspital. Während dieses Aufenthaltes „erlebte er häufig, daß er am hellichten Tag irgend etwas in der Luft nahe bei sich sah, was ihm großen Trost schenkte, da es ausnehmend prächtig anzuschauen war. Er konnte nicht genau erkennen, was es eigentlich für eine Sache sei. Aber irgendwie schien es ihm, als ob es die Gestalt einer Schlange hätte mit vielen Punkten, die wie Augen aufleuchteten, obwohl es keine eigentlichen Augen waren. Er hatte großes Gefallen und großen Trost bei dieser Erscheinung. Und je öfter er sie schaute, desto größer wurde seine innere Tröstung. Wenn aber jene Erscheinung seinen Augen entschwand, empfand er darüber großen Kummer" (BP 19). Aus dem weiteren Verlauf des Berichtes wissen wir, daß es sich um eine Versuchung handelte.

2. *Die Prüfung des Hörens:* „Es war, als ob jemand in seinem Inneren zu ihm sagte: Wie wirst du ein derartiges Leben aushalten können während der siebzig Jahre, die du noch zu leben hast? Aber darauf erwiderte er, gleichfalls in seinem Inneren, mit einer großen Entschiedenheit, denn er merkte wohl, daß die Frage vom bösen Feind kam: Du Elender, kannst du mir auch nur eine einzige Stunde, die ich noch zu leben hätte, wirklich zusichern?" (BP 20).

3. *Die Prüfung der inneren Regungen:* „Bald nach der eben erwähnten Versuchung begann er in seiner Seele einen merklichen Wandel zu verspüren. Einmal fand er sich so trocken, daß er gar keine Freude mehr am Chorgebet, bei der Mitfeier der Messer oder an anderen Gebetsübungen hatte, die er verrichtete. Und ein andermal überkam ihn wieder genau das Gegenteil von dem, und zwar so plötzlich, daß es ihm dünkte, die Traurigkeit und Trostlosigkeit seien ihm abgenommen worden, wie man einem anderen Menschen einen Mantel von dessen Schultern abnimmt. Da fing

er an, diesen Wandel, den er früher nie bemerkt hatte, staunend zu beobachten" (BP 21).

4. *Die Prüfung des Gewissens.* Ignatius wurde eine ganze Zeit lang von Skrupeln gequält: „Immer wieder glaubte er, einige Dinge nicht gebeichtet zu haben, und das bedrückte ihn sehr. Auch wenn er dies und jenes in der Beichte nachholte, wurde er deswegen nicht ruhiger. So machte er sich daran, einige im geistlichen Leben bewanderte Männer ausfindig zu machen, die ihn von seinen Skrupeln heilen sollten. Aber nichts konnte ihm helfen" (BP 22, vgl. auch BP 23–25). Diese Prüfung war für ihn von fundamentaler Bedeutung, und er sollte sie im Exerzitienbuch wieder aufnehmen (vgl. EB 345–351). Das Gebet, das er spricht, als er immer mehr von Skrupeln geplagt wird und sich nicht von ihnen zu befreien weiß (es ist übrigens das erste Gebet, das Ignatius in seiner Autobiographie zitiert), ist bewegend: „Hilf du mir, Herr; denn bei keinem Menschen und bei keinem Geschöpf kann ich irgendwelche Hilfe finden. Keine Mühe wäre mir zu groß, wenn ich damit erhoffen dürfte, irgendwelche Hilfe zu finden. Zeige du mir den Weg, wo ich sie finden kann. Selbst wenn ich einem Hündlein nachlaufen müßte, um von ihm Hilfe zu bekommen, würde ich es sofort tun" (BP 23).

Ignatius macht die Erfahrung, wie klein er ist und wie wenig er vermag; sein ganzes Elend steht ihm vor Augen. Er lehrt uns, unser ganzes Vertrauen auf Gott zu setzen, denn unser Gewissen wächst und reift auch in Zeiten der Verwirrung und des Ringens. Vielleicht haben wir die Skrupel überwunden, die einen für gewöhnlich in der Zeit des Noviziates quälen, aber es passiert auch uns noch, daß wir unsicher und ängstlich sind und nicht wissen, welchen Weg wir bei den heutigen so komplexen Verhältnissen einschlagen sollen. Wem sollen wir Glauben schenken, welche pastoralen Wege sollen wir wählen angesichts der vielen Angebote in der Kirche und in unserer Gemeinschaft? Der Herr sagt uns zu, daß wir gerade durch diese Konflikte reifen können: wir müssen auf die Kirche hören, auf den Papst, auf das Lehramt, und doch kommt die wahre Lösung zum Schluß aus unserem Gewissen, das durch die Prüfungen befreit und geläutert ist.

Nach dem vielen, was er durch seine Skrupulosität durchgemacht hatte, erhörte Gott das Gebet seines Pilgers: „Das war das Mittel, mit dem der Herr ihn gleichsam wie aus einem tiefen Schlaf aufwecken wollte. (...) So blieb er von jenem Tage an frei von Skrupeln, und er war davon überzeugt, daß unser Herr ihn aus Gnade und Barmherzigkeit davon befreit hatte" (BP 25). Nicht ein Theologe hatte ihm geholfen oder ein Buch, das er gelesen hätte, sondern Gott allein.

5. *Die Versuchung, sich das Leben zu nehmen.* Wir haben schon davon gesprochen, und doch soll es noch einmal aufgegriffen werden. Bevor ihn der Herr wie aus einem Schlaf aufwecken und alle Skrupel wegnehmen sollte, wurde Ignatius von schrecklichen Versuchungen befallen, „sich durch ein großes Loch, das im Boden der Zelle war, in die Tiefe zu stürzen; es war unmittelbar neben dem Platz, wo er seine Gebete verrichtete. Wie er jedoch sich bewußt wurde, daß Selbstmord eine Sünde wäre, fing er erneut an zu schreien: Mein Herr, ich will nichts tun, was Dich beleidigen könnte. Und er wiederholte diese wie auch die früheren Worte oftmals" (BP 24). Er erwähnt diese Versuchung, weil sie das Endstadium der Selbstrechtfertigung darstellt; wer gerecht sein will und es nicht schafft, obwohl er alles mögliche versucht hat, und wer sich dann nicht damit abfindet, gelangt automatisch an diesen Punkt.

Es muß natürlich nicht sein, daß man diese schreckliche Prüfung durchmacht. Wir können ebensogut kapitulieren und unsere Arbeit ohne große Begeisterung tun, weil wir unsere Gerechtigkeit suchen und nicht die Gottes, weil wir vergessen, wie barmherzig Gott mit uns ist. Der Herr bleibt bei uns, und er läßt diese Momente zu, um uns aufzurütteln und uns wieder daran zu erinnern, daß wir seine Kinder sind.

Es werden noch weitere Versuchungen beschrieben, die sich als gute Dinge ausgeben und hinter denen man einen Engel des Lichtes vermutet. Ich will zwei davon nennen.

6. *Die Versuchung geistlicher Tröstungen:* „Wenn er sich zum Schlaf niederlegte, kamen ihm jedoch oftmals tiefe Erkenntnisse und große geistliche Tröstungen. Auf diese Weise verlor er ein gutes Stück der Zeit, die er für den Schlaf bestimmt hatte, und das war nicht gerade viel. Darüber dachte er einige Male nach, und schließlich kam er bei sich zu dem Ergebnis, er habe so und so viele Zeit sich vorgenommen, um mit Gott zu verkehren, und darüber hinaus noch die Zeit, die vom sonstigen Tagewerk übrigblieb. Deshalb kamen ihm Bedenken, ob jene Erkenntnisse überhaupt vom guten Geiste seien, und er zog die Folgerung daraus, daß es besser wäre, sich überhaupt nicht um sie zu kümmern und die festgesetzte Zeit zu schlafen. Und so tat er es auch" (BP 26).

7. Besonders interessant ist, wie Ignatius von seinen *intensiven und ausgedehnten Bußübungen* geheilt wurde: „Den vollen Verzicht auf Fleischspeisen führte er weiterhin durch, und er war darin so fest entschlossen, daß er eine Änderung für gänzlich unmöglich hielt. Da geschah es eines Tages in der Frühe, als er eben aufgestanden war, daß ihm eine Fleischspeise so deutlich erschien, wie wenn er sie mit leibhaftigen Augen sehen könnte, und zwar ohne daß irgendein

Verlangen danach sich zuvor in ihm geregt hatte. Zugleich damit überkam ihn eine nachdrückliche Willenszustimmung, von nun an wieder Fleisch zu essen. Zwar war er sich seines früheren Vorsatzes wohl bewußt; aber er vermochte an der Bedeutung der Erscheinung nicht zu zweifeln, sondern konnte nur den Entschluß fassen, wieder Fleischspeisen zu essen. Als er dies später seinem Beichtvater berichtete, meinte dieser, er solle gut prüfen, ob es vielleicht nicht doch eine Versuchung gewesen sei. Jedoch konnte er bei gründlicher Nachprüfung keinerlei Zweifel über seinen Entschluß verspüren. In dieser Zeit behandelte ihn Gott auf die gleiche Weise, wie ein Schullehrer beim Unterricht ein Kind behandelt" (BP 27).

Gott hat Ignatius also solcherart unterwiesen, daß er in der Lage war, sich selbst zu führen. Die geistlichen Tröstungen hatten ihm seinen verdienten Schlaf geraubt. Auf die Dauer hätten sie zu einem gestörten Gleichgewicht geführt, und durch den dauernden Verzicht auf Fleischspeisen riskierte er, nicht nur physisch, sondern auch psychisch zur Erschöpfung zu gelangen. Seine Gewohnheit, das, was in ihm vorging, im Lichte des göttlichen Willens zu sehen, und das Verlangen danach, auf das Wirken des Geistes zu achten und ihm zu folgen, machen Ignatius zu einem weisen und entschiedenen Menschen.

4. Die Früchte der Formung

* Die erste Frucht dieser Formung, die wir schon vorweggenommnen haben, ist sehr klar im Johannesevangelium beschrieben: „Bei den Propheten steht geschrieben: Und sie werden alle von Gott unterwiesen sein. Jeder, der vom Vater gehört und gelernt hat,

kommt zu mir" (Joh 6,45). Die Frucht besteht nicht in Askese – es heißt nicht: mehr Gehorsam zu üben, ärmer und keuscher zu sein – vielmehr besteht die Frucht darin, bei Jesus zu sein, zusammen mit dem Sohn in die Dreieinigkeit einzutreten und auf die Stimme des Vaters zu hören.

Das erste Ziel der Formung ist es, gefügiger, aufmerksamer auf das Wirken des Geistes zu werden und so eine große *innere Freiheit* zu erlangen; in den *Exerzitien*, die dazu helfen sollen, das Leben wieder zu ordnen und formen zu lassen, wird gesagt, alles, wonach wir wünschen und suchen sollen, sei das größere Lob und die größere Ehre Gottes, „denn das soll ein jeder bedenken, daß er in allen geistlichen Dingen nur insoweit Fortschritte machen wird, als er herausspringt aus seiner Eigenliebe, seinem Eigenwillen und seinem Eigennutz" (EB 189).

* Eine weitere Frucht wird ausführlich und mit großer Klarheit im *Bericht des Pilgers* beschrieben. Ignatius wollte zusammenfassen, was Gott ihn in dieser Zeit gelehrt hatte, und er tat das in fünf Abschnitten, die ich nur kurz ansprechen und es jedem einzelnen überlassen will, sie in den Nummern 28 bis 30 ganz zu lesen.

Erstens: eine große und tiefe Andacht zur *Heiligsten Dreifaltigkeit*, deren Gegenwart er spürte als Ursprung, Mitte und Ziel von allem.

Zweitens: die *Gutheit der Schöpfung*. „Ein andermal stellte sich seinem Verstande dar – begleitet von großer geistlicher Freude – wie Gott die Welt erschaffen hatte. Das erschien ihm, wie wenn er etwas Hellglänzendes sähe, aus dem einige Strahlen ausgingen und woraus Gott das Licht erschuf" (BP 29). Die Schöpfung ist gut und schön.

Drittens: die *zentrale Bedeutung der Eucharistie*,

zu der er immer eine sehr große Andacht spüren wird. „Was er damals mit seinem Verstand erschaute, war ganz eindeutig dies, daß er sah, wie Jesus Christus, unser Herr, im allerheiligsten Sakrament gegenwärtig ist“ (BP 29).

Viertens: eine außerordentliche Schau der *Menschheit Christi*: „Oftmals und durch lange Zeit schaute er während des Betens mit den Augen seiner Seele die Menschheit Christi (...). Diese erschaute er in Manresa oftmals. Wenn er sagen wollte, dies sei zwanzig- oder vierzigmal geschehen, würde er nicht zu behaupten wagen, daß dies eine Übertreibung wäre. Ein weiteres Mal hat er dies noch gesehen bei seinem Aufenthalt in Jerusalem und ein andermal auf dem Weg in der Nähe von Padua“ (BP 29). Diese Erfahrung gibt unserem Glaubensleben Lebendigkeit: denn unser Heil kommt von der Menschwerdung Gottes in Jesus Christus, von seiner Menschlichkeit, von seinen Worten und seinen Taten. Die Exerzitien sind im eigentlichen eine einzige große Betrachtung der Menschlichkeit Christi.

Fünftens: eine umfassende Schau aller göttlichen und menschlichen Geheimnisse, ein *contuitus mysteriorum.* „Einmal führte ihn seine Andacht zu einer Kirche, die etwas mehr als eine Meile von Manresa entfernt war und – wie ich glaube – den Namen des heiligen Paulus trug. Der Weg dorthin führt den Fluß entlang. In Andacht versunken, ging er so dahin und setzte sich eine kleine Weile nieder mit dem Blick auf den Fluß, der tief unten dahinfloß. Wie er nun so dasaß, begannen die Augen seines Verstandes sich ihm zu eröffnen. Nicht als ob er irgendeine Erscheinung gesehen hätte, vielmehr wurde ihm das Verständnis und die Erkenntnis vieler Dinge über das geistliche Leben sowohl wie auch über die Wahrheiten des Glaubens und über das menschliche Wissen geschenkt. Dies war von einer so großen Erleuchtung begleitet, daß ihm alles in neuem Licht erschien. Und das, was er damals erkannte, läßt sich nicht in Einzelheiten darstellen, obgleich es deren sehr viele waren. Nur daß er eine große Klarheit in seinem Verstand empfing. Wenn er im ganzen Verlauf seines Lebens nach mehr als zweiundsechzig Jahren alles zusammennimmt, was er von Gott an Hilfen erhalten und was er jemals gewußt hat, und wenn er all dies in eines faßt, so hält er dies alles doch nicht für so viel, wie er bei jenem einmaligen Erlebnis empfangen hat" (BP 30). Hier wird eine ganz einmalige und sehr tiefgehende Erfahrung beschrieben, die als „Vision am Cardoner" bekannt geworden ist, nach dem Namen des Flüßchens, an dem entlang Ignatius seinen Weg nahm.

Meines Erachtens sind diese fünf Gnadenerfahrungen Frucht der Formung. Auch die „Formung" in der Gesellschaft Jesu zielt nicht zuerst auf die Unterweisung in der Lehre, sondern darauf, Menschen heranzubilden, die das Geheimnis der Dreieinigkeit und der Gegenwart Jesu in der Eucharistie betrachten können, Menschen, die die *Gutheit der Schöpfung* verstehen und ein *umfassendes Verständnis aller göttlichen und menschlichen Geheimnisse* haben. Natürlich sind die Studien in Philosophie und Theologie notwendig, aber sie sollen ihre Vollendung finden in der Sehnsucht danach, immer tiefer in das Herz Gottes und in das Herz der Welt einzudringen. Nur so wird eine innere Einheit aller gelebt werden können, die über die verschiedenen Wissens- und Interessengebiete und Probleme des einzelnen hinausreicht. Denn die innere Einheit und Zusammengehörigkeit kommt von Gott; sie ist sein Geschenk an uns und zugleich auch unser Ziel, die Frucht unserer Formung.

⋆ Die dritte Frucht begegnet uns in den Nummern 32–33 des Pilgerberichtes: Ignatius spricht dreimal von der *Überwindung der Todesangst*.

„Einmal war er in Manresa krank. Ein ungemein heftiges Fieber brachte ihn dem Tode nahe, so daß er sicher glaubte, seine Seele werde bald von hinnen scheiden." Dabei machte ihm nicht die Angst vor dem Tode selber zu schaffen, sondern die Vermutung, heilig zu sein: „Dabei überkam ihn nun ein Gedanke, der ihm einflüsterte, er sei doch ein heiliger Mann. Dieser Gedanke plagte ihn so sehr, daß er nichts anderes mehr tat, als ihn innerlich abzulehnen und seine Sünden sich ins Bewußtsein zu rufen. Und diese Einbildung quälte ihn mehr als das Fieber selbst (...). Als dann das Fieber ein wenig nachgelassen hatte und er nicht mehr in der unmittelbaren Todesgefahr war, legte er sehr nachdrücklich einigen Damen, die zu einem Krankenbesuch gekommen waren, nahe, sie sollten doch um der Liebe Gottes willen, falls sie ihn ein andermal wieder dem Tode so nahe sähen, ihm laut die Worte in die Ohren schreien: Du Sünder! und: Denke ja an die Beleidigungen, die du verübt hast!" (BP 32).

Eine zweite Begebenheit: „Ein andermal – es war auf hoher See bei der Überfahrt von Valencia nach Italien inmitten eines starkes Sturmes – zerbrach das Steuerruder des Schiffes. Die Lage wurde äußerst gefährlich, so daß man nach seiner und der meisten Schiffgefährten Ansicht nur mehr durch ein Wunder dem Tode entgehen konnte. In diesem Augenblick erforschte er genau sein Gewissen und suchte sich auf den Tod vorzubereiten" (er hatte also keine Angst vor dem Tod). „Und auch damals vermochte er in sich keine Furcht wegen seiner Sünden oder vor der Verdammung zu finden. Aber darüber war er sehr beschämt und hatte großen Reueschmerz, daß er nach seinem Urteil die Gaben und Gnaden nicht gut verwandt hatte, die Gott unser Herr ihm geschenkt hatte" (BP 33). Ignatius fürchtete sich nicht vor seinen Sünden, denn er glaubte an die Barmherzigkeit Gottes; aber es tat ihm weh, nicht so geliebt zu haben, wie er es hätte sollen.

Die letzte Begebenheit ist schließlich die schönste: „Im Jahre 1550" (also im Alter von 59 Jahren) „lag er ein weiteres Mal an einer sehr heftigen Krankheit danieder. Nach seinem eigenen Urteil und dem vieler anderer war es die Todeskrankheit. Im Gedanken an den Tod hatte er damals eine solche Freude und so viel geistlichen Trost, da er nun sterben sollte, daß er ganz in Tränen zerfloß. Und dies wurde zu einer so beständigen Erscheinung, daß er oftmals aufhörte, an den Tod zu denken, um das Übermaß jener Tröstung zu vermeiden" (BP 33).

Diese brennende Sehnsucht nach dem Tod ist, wie ich glaube, eine sehr seltene Gnade. Die meisten von uns wissen aus der Erfahrung ihres Dienstes, wie Menschen, die sterben müssen, gewöhnlicherweise gegen den Tod ankämpfen, sich dagegen wehren und ihn nicht annehmen wollen. Es ist eine Art Überlebensinstinkt. Gott hat Ignatius jedoch, wie ich meine, so geliebt, daß er ihm die Gnade erwiesen hat, diese Einstellung dem Tod gegenüber zu haben. Er war der Gründer und Vater der Gesellschaft Jesu, und er sollte für alle und auch für uns zu einem Beispiel gelingenden Lebens werden.

5. Schlußfolgerungen

Wir können diese Meditation beschließen, indem wir uns das Bild des Ignatius vor Augen halten: nach der Vision am Cardoner „warf er sich vor einem Kreuz, das dort in der Nähe stand, auf die Knie nieder, um Gott zu danken" (BP 31). So sollten auch wir vor dem Gekreuzigten niederknien und Gott für die unzähligen Gnadengaben loben, die er Ignatius gewährt hat.

Dabei können wir beten: „Herr, meinetwegen hast du Ignatius mit deinen Gaben erfüllt. Wie habe ich die Gnaden erwiderte, die du mir in meiner Formung zuteil hast werden lassen? Wie lebe ich sie? Welche Frucht ziehe ich daraus, um meinerseits andere zu formen, damit auch sie von derselben großen Sehnsucht des Pilgers erfüllt seien, dieselben klaren Ideale haben und dieselbe Entschiedenheit erlangen, die von deinem Licht durchdrungen ist?"

Achte Meditation:

Der Pilger im Gefängnis

„Herr, wir wollen vor dir stehen mit der ganzen Wahrheit unseres Lebens und uns so annehmen, wie wir sind. Öffne du unsere Augen, damit wir die Werke schauen, die du in unserem Leben wirkst. Hilf uns, daß unser Gebet immer einfacher werde und immer mehr aus unserem Herzen kommt, und lehre uns, bei dir zu bleiben, zusammen mit Maria und mit allen Heiligen. Laß uns deine Gegenwart spüren und Freude haben an der Gemeinschaft mit dir, die unsere Wunden heilt und unsere Angst vor der Zukunft bei dir aufhebt. Laß uns diese Tage in der Gnade deines Wortes leben und die Tröstungen deines Geistes erfahren. Laß uns spüren, daß wir deine Kinder sind, die Gott ihren Vater nennen dürfen. Amen."

1. Josef im Gefängnis

Mit einer Stelle aus dem vierten Teil des Josefsromans von Thomas Mann, in der die Gefühle des Pilgers beschrieben werden, während er auf einem Schiff nach Zawi-Rê gebracht wird, dem Zentralgefängnis der Insel, wollen wir diese Meditation beginnen: „Düster genug in der Tat waren seine Umstände; voll sinniger Trauer betrachtete er sie, während er mit zusammengebundenen Ellbogen auf seiner Matte im Kajütenverschlage lag, auf dessen Dach der Reiseproviant der

Schiffsmannschaft: Melonen, Maiskolben und Brote aufgehäuft waren. Seine Lage war die Wiederkehr eines schrecklich-altvertrauten: abermals lag er hilflos in Banden, wie er einst drei greuliche Schwarzmond-Tage lang in runder Tiefe bei den Rasseln und Kellerwürmern des Brunnenloches gelegen und sich wie ein Schaf mit dem eigenen Unrat besudelt hatte; und war sein Zustand auch milder und weniger streng angezogen als damals, weil die Fesselung sozusagen nur der Form und Gehörigkeit wegen vorgenommen war und man das Stück Warpen-Tau, das dazu gedient, aus Rücksicht und unwillkürlicher Schonung ziemlich locker geschlungen hatte, so war der Sturz doch nicht minder tief und sinnbenehmend, die Lebensveränderung nicht weniger jäh und unglaubwürdig: das Vatersöhnchen, der Hätschelhans, der sich immer nur gesalbt mit Freudenöl, war damals traktiert worden, wie er's sich nie hätte träumen lassen und nie für möglich gehalten; nun war es der im Totenlande schon sehr hochgestiegene Usarsiph, der an Verfeinerung, liebliche Kultur und Kleider aus gefältetem Königsleinen gewöhnte Herr des Überblicks und Inhaber des Sondergemachs des Vertrauens, dem also mitgespielt wurde – auch er war wie vor den Kopf geschlagen (…). Ein Zyklus war umgelaufen, ein häufig vollendeter, kleiner, aber ein größerer, seltener das gleiche wiederbringender auch: denn ineinander, in Mittelpunktsgemeinschaft, gingen die Umläufe. Ein kleines Jahr lief in sich selbst zurück, ein Sonnenjahr, insofern nämlich, als die schlammabsetzenden Wasser sich wieder einmal verlaufen hatten und (nicht nach dem Kalender, aber in praktischer Wirklichkeit) Zeit der Aussaat war, Zeit von Hacke und Pflug, der Aufriß des Bodens."

Ab und zu erhielt Josef die Erlaubnis, von der Matte

aufzustehen und ein paar Schritte auf dem Deck zu gehen, und es kamen ihm die Tränen „beim Anblick der kornbestattenden Bäuerlein, denn auch er wurde wieder bestattet ins Finstere und nur sehr von ferne Hoffnungsvolle (...). Ihre Ehre hat jede Stunde, und der lebt nicht recht, der nicht verzweifeln kann. Josef war dieser Anschauung. Seine Hoffnung war sogar gewissestes Wissen; aber er war ein Kind des Augenblicks, und er weinte. Er kannte seine Tränen. (...) Er war recht erschöpft von der Not, durch die er gegangen, durch die Bedrängung durch das Weib, die schwere Krisis, in der sie gegipfelt, den alles verändernden Lebensumsturz." *

Ganz furchtbar ist dieser erneute Sturz in den Abgrund, fast noch schlimmer als der erste. Jeder von uns kann hier seine eigenen Erfahrungen bedenken: Wenn wir eine Prüfung zum zweitenmal durchmachen, ist sie viel härter; das erste Mal erscheint uns alles wie ein böser Traum, wir erleben es wie in Trance, aber wenn sich alles wiederholt, nehmen wir alle Details wahr, alles, was beim erstenmal wie in Falten verborgen war, die Ängste steigen empor, und die Furcht befällt uns.

Und Josef, der all seiner Macht und ihrer Zeichen beraubt ist, wird bald vergessen.

Es scheint mir angebracht, der Situation Josefs im Gefängnis nachzugehen, denn das Gefängnis ist ein Symbol für das menschliche Leben, und es ist ein Ort, an dem Millionen von Menschen, Männer wie Frauen, sich aufhalten. Wenn Jesus uns mahnt, die Gefangenen zu besuchen (vgl. Mt 25,36) und der Hebräerbrief uns anhält, ihrer zu gedenken (vgl. Hebr 13,3), dann bedeutet das, daß es eine direkte Verbin-

---

* Thomas Mann, a.a.O., 1289–1292

dung gibt zwischen diesem Zustand und unserer Seinsverfassung. Und die Erfahrung des Gefangenseins, die schon die Propheten Micha und Jeremia machen mußten, durchzieht die gesamte Geschichte der Kirche, angefangen von Jesus und den Aposteln bis in unsere Tage.

Im Gefängnis ist der Mensch ganz er selber. Hier fallen alle Schleier und Masken, alle guten und alle bösen Anlagen im Menschen werden in dieser eigenen kleinen Welt, diesem Mikrokosmos bloßgelegt. Und ich meine, wer sich, wie ein Jesuit das tut, dem Apostolat verschreibt, der muß denen, die im Gefängnis sitzen, stets spirituell, wenn nicht gar physisch nahestehen.

Ich persönlich muß sagen, daß die Begegnungen mit Gefangenen, die ich gehabt habe, mich selbst und meinen Dienst als Bischof sehr bereichert haben. Seit Jahren erhalte ich jeden Tag Briefe von Gefangenen aus ganz Italien. Sie schreiben mir ihre Lebensgeschichte, und jede ist anders, denn es gibt keine zwei Lebenswege, die einander gleichen. Sie sprechen von ihren Gefühlen, ihren Erwartungen, ihren Frustrationen und ihrer Verzweiflung. In allen Briefen gibt es jedoch ein gemeinsames Merkmal, das sehr interessant ist: sie alle haben keinen Rand. Ich glaube, daß dies ein Zeichen für den Mangel an Freiheit ist, den sie erleben.

Wenn wir nun die Geschichte Josefs im Gefängnis angehen, dann stoßen wir damit auf einen Abschnitt auf seinem Pilgerweg, der stark von dem Moment der Läuterung bestimmt ist; seine Gefangenschaft ist nicht ein eher zufälliges Ereignis, sie ist Teil des Weges, den er gehen mußte. Auch Ignatius ist, wie wir noch sehen werden, gefangengenommen worden – von den staatlichen Autoritäten während einer Reise durch Italien, in Alcalà und Salamanca von kirchlichen Machthabern – und er hat seinen Erfahrungen in den Gefängnissen große Bedeutung beigemessen.

Zunächst versuchen wir uns vorzustellen, was Josef im Gefängnis hätte denken, sagen und tun können; dann werden wir sehen, wie er sich tatsächlich verhalten hat. In einem weiteren Schritt werden wir das Symbol des Gefängnisses betrachten und schließlich einen Blick auf einige berühmte Gefangene werfen: Jesus, Paulus und Ignatius.

2. *Was Josef hätte tun können*

Die Erzählung von Thomas Mann hat uns die Lage Josefs nähergebracht, und es fällt nicht schwer sich vorzustellen, wie dieser gefangengenommene Pilger hätte reagieren können.

* Er hätte zum Beispiel das Opfer spielen können und Tag und Nacht alles und alle anklagen können: die Ungerechtigkeit der Welt, die Schlechtigkeit der Menschen, wie man ihn mißverstanden hat und daß keiner da ist, der ihn versteht und sich um ihn kümmert – das Gefühl, am Ende zu sein.

Es gibt Strafgefangene, die sich, vor allem in der ersten Zeit ihrer Haft, von diesen Gedanken wie von einem Strudel ergreifen lassen, der allmählich wie eine Lawine immer größer wird. Sie finden immer neue Gründe, sich der Trauer und dem Zorn hinzugeben und ihren Groll und Haß zu vermehren.

* Auch hätte Josef eine viel tragischere Rolle spielen können: das Leben hat keinen Sinn, es hat keinen Wert weiterzumachen, für mich gibt es keine Hoffnung. Wer sich als Opfer sieht, hat noch irgendeine Beziehung zum Leben; die tragische Rolle, die er spielt, schließt auch Selbstmordversuche mit ein. Er

wird seine Verletzungen öffentlich darstellen, vielleicht auch nur, um Aufmerksamkeit auf sich zu ziehen.

* Eine dritte, weisere Art, das zu bewältigen, wäre immer noch negativ. Josef hätte sich anklagen können: ich habe unbesonnen gehandelt und dumm, ich habe nichts gelernt aus den Lektionen, die mir das Leben erteilt hat, ich habe nur Fehler gemacht – von dem Zeitpunkt an, da ich so töricht war, das Ärmelkleid aus der Hand meines Vaters anzunehnmen und es für ein großartiges Geschenk zu halten, wo es doch die Ursache all meines Unglücks geworden ist.

* Ferner hätte Josef seine Tage auch verbringen können, sich Racheträumen hinzugeben: wie kann ich mich an meinen Brüdern rächen, an Potifar, an seiner Frau? Ich werde jemanden, der aus dem Gefängnis entlassen wird, bitten, die Frau umzubringen, meine Brüder zu suchen und sie zugrunde zu richten, Potifar aus dem Weg zu räumen, der meine Treue so schlecht belohnt hat.

Rache ist etwas sehr häufiges im Gefängnis. Wer zum Beispiel wegen Raubes im Gefängnis sitzt, rächt sich oft dadurch, daß er einem anderen beibringt, wie man einen Raub begeht.

* Josef hätte sich auch daran machen können, endlose Briefe an den Pharao zu schreiben, in denen er seine Unschuld beteuerte und ihm von seiner Familie erzählte, von seinem alten Vater, von mysteriösen Träumen, um sein Herz anzurühren.

* Ebenso wäre möglich gewesen, daß Josef in Hungerstreik getreten wäre. Wer keine Kraft hat, sich zu rächen oder Selbstmord zu begehen, der läßt den Tod zu.

3. *Was Josef getan hat*

Josef hat sich für keine der genannten Möglichkeiten entschieden. Was hat er also getan?

⋆ Zunächst einmal hat er sein Vertrauen auf Gott gesetzt: „Sein Herr ließ Josef ergreifen und ihn in das Gefängnis werfen, wo die Gefangenen des Königs in Gewahrsam gehalten wurden. Und er blieb dort im Gefängnis. Doch Jahwe war mit Josef" (Gen 39,20–21), er blieb bei ihm in seinem Unglück. Das gibt uns zu verstehen, daß auch Josef bei Jahwe war.

Ich erinnere mich an einen Jesuitenpater, der zu Beginn des Zweiten Weltkrieges in Albanien ins Gefängnis kam. Nach seiner Freilassung erzählte er uns von seinen Erfahrungen und sagte, daß seine ersten Worte waren: „Im Namen des Vaters und des Sohnes und des Heiligen Geistes beginne ich meine Einkehr."

⋆ Auch Josef betet, und obwohl an dieser Stelle der Genesis davon nichs erwähnt wird, glaube ich, daß zum Beispiel der Psalm 130 seine Gefühle gut ausdrückt: „Aus der Tiefe, Jahwe, ruf' ich zu dir: / höre, o Herr, meine Stimme! / Möge achten dein Ohr / auf mein flehendes Rufen!" (Verse 1–2). Als guter Jude wird er gebetet haben, indem er Gott gelobt, ihm geklagt, ihn angerufen und ihn angefleht hat.

⋆ Aus dem Kontext der Erzählung und der folgenden Ereignisse ersehen wir, daß Josef auch für die anderen gebetet hat: für Jakob, für Benjamin und für alle seine Brüder. Wenn er nicht für sie gebetet hätte, hätte er sie nicht später mit Güte empfangen und, als er sie sah, zu Tränen gerührt sein können. Seine Zuneigung zur Familie ist nie erloschen, weil sie genährt wurde durch das Gebet, durch die Bitte an Gott, das Böse zu vergeben, das seine Brüder ihm angetan haben.

Ich versuche nicht, mir etwas einzubilden. Ich leite

die Haltung Josefs ab von der der vielen Gefangenen, die mir schreiben, wie und für wen sie beten, wie sie das Wort Gottes betrachten und ihren Angehörigen, die sie oft sogar nicht besuchen kommen, weiterhin verbunden sind – gerade dank des Gebetes.

* Josef stellt sich auch seinen Mitgefangenen zur Verfügung und hilft ihnen, soweit es geht: „So vertraute der Gefängnisaufseher dem Josef alle Gefangenen an, die sich im Gefängnis befanden. Alles, was dort geschah, mußte nach seiner Anordnung geschehen. Der Gefängnisaufseher kümmerte sich um nichts mehr, was ihm anvertraut war, weil Jahwe mit ihm war und Jahwe ihm alles gelingen ließ, was er unternahm" (Gen 39,22–23).

* Schließlich dachte Josef über seine frühere Erfahrung nach und fand so einen neuen Sinn für das, was er erlebt hatte. Er deutete die Träume seiner Mitgefangenen, übte sich also darin, das Leben, die Ereignisse zu deuten und in ihnen eine Ordnung zu suchen und zu der „umfassenden Schau aller göttlichen und menschlichen Geheimnisse", von der wir wissen, daß sie Ignatius zu eigen war. Bis zu diesem Zeitpunkt hatte Josef nicht viel Zeit, um nachzudenken. Nun aber, nach seinem zweiten Sturz in den Abgrund, war es ihm möglich, und er gab der Läuterung Raum, die Gott in ihm vollbringen wollte.

Das Gefängnis ist somit für ihn zu einem Ort weiterer Läuterung geworden, und er beginnt, Gott nachzuahmen, der selbst dem Schlechten noch Gutes abzugewinnen weiß und der es versteht, auch in verzweifelten und negativen Lagen das Positive zu sehen.

4. Das Symbol des Gefängnisses

Auf dem Titelblatt seines Romans „La peste“ zitierte Albert Camus einen Satz von *Daniel Defoe*: „Es ist vernünftig, eine Art von Gefängnis durch eine andere zu beschreiben.“ Ich gebrauche das Gefängnis als Symbol, weil wir alle, auch wenn es uns nie passieren wird, daß wir eingesperrt werden, doch diese Erfahrung der Beschränkung unserer Freiheit machen, die typisch für die Gefangenen ist.

1. Zum Beispiel ist Krankheit eine Art von Gefängnis: Wenn die Kräfte nachlassen, der Körper schwächer wird, der Verstand sich nicht mehr konzentrieren kann, die Beziehungen zu den Freunden unterbrochen werden, die Arbeit eingestellt werden muß und die Pläne uns aus der Hand gleiten. Krankheit schafft eine gewisse Barriere zwischen dem, der sie erleidet und den Gesunden.

Manchmal ist es gar keine Krankheit, die einen Aufenthalt im Krankenhaus erfordert, sondern eher eine starke Müdigkeit oder Erschöpfung, die uns daran hindert, den Anforderungen des Dienstes und den Erwartungen der Menschen zu entsprechen, die uns in unserer Beweglichkeit, im Gehen und Reisen behindert. All das bereitet uns Beschwerden, behindert unsere Freiheit, drückt uns nieder, macht uns traurig. Eine weitere Erfahrung der Begrenzung unserer Freiheit kann sich zeigen, wenn wir in der Zusammenarbeit mit anderen uns nicht auszudrücken vermögen, nicht soviel tun können, wie es uns nötig und nützlich erscheint, wenn uns bewußt wird, daß unsere Freiheit beschränkt ist.

Es gibt sehr viele Menschen, die, obgleich sie nicht körperlich gefangen sind, doch so leben, als ob sie es wären.

2. Es ist nun von großer Bedeutung, daß wir uns im Lichte der Lehren Josefs die Frage stellen, wie wir unter diesen Bedingungen reagieren.

* Glauben wir, daß sie zu unserem Weg als Pilger dazugehören, daß sie unserer Läuterung dienen, daß sie von Gott gewollt sind? Erkennen wir, daß der Herr in unseren Prüfungen und Leiden bei uns ist? Bringen wir die Grenzen, die wir erfahren, und unsere Unfähigkeit sie anzugehen, im Gebet vor Gott?
* Oder spüren wir im Gegenteil nur Unzufriedenheit, Bitterkeit und Abwehr? Lassen wir uns beherrschen von einer Spirale böser Gedanken, denen wir ständig neue Nahrung geben?
* Nehmen wir das bißchen Freiheit, egal, woher es kommt, an und versuchen, anderen Gutes zu tun? Es gibt keine Krankheit, keine Müdigkeit oder Schwäche, die uns daran hindern kann, unserem Nächsten kleine Gesten zu erweisen – vielleicht nur ein Gebet für ihn zu sprechen, ihm ein Lächeln zu schenken oder ihm ein Zeichen der Dankbarkeit zu übermitteln.

Ich halte diese Gewissenserforschung für sehr nützlich, denn oft umgehen wir es, darüber nachzudenken, was in uns und in anderen vorgeht und versuchen gar nicht, das Handeln Gottes zu erspüren, das uns auf allen Schritten unseres Pilgerweges bildet und formt.

5. Jesus, Paulus, Ignatius

Zur persönlichen Meditation empfehle ich, zusammen mit Genesis 39, 20–41, 14, die Nummern 51, 52, 60–62 und 67–70 des Pilgerberichtes zu lesen, in denen das Verhalten des Pilgers Ignatius im Gefängnis beschrieben wird.

Dazu wollen wir unsere Aufmerksamkeit zusammen auf drei große Gefangene – Jesus, Paulus und Ignatius – richten, um ihre Haltung kennenzulernen.

1. *Johannesevangelium 18,36–37:* Jesus wird verhaftet und nach dem Verhör durch Hannas und den Hohepriester Kajaphas in das Prätorium überführt, damit Pilatus ihn verurteile. Pilatus ist verlegen und weiß nicht, wie er sich verhalten soll. Schließlich fragt er Jesus, was er Böses getan habe, und dieser antwortet: „Mein Reich ist nicht von dieser Welt. Wenn mein Reich von dieser Welt wäre, hätten meine Diener gekämpft, daß ich den Juden nicht ausgeliefert worden wäre. Nun aber ist mein Reich nicht von hier. Da sagte Pilatus zu ihm: Also bist du doch ein König? Jesus antwortete: Du sagst es. Ich bin ein König. Ich bin dazu geboren und dazu in die Welt gekommen, um für die Wahrheit Zeugnis abzulegen. Jeder, der aus der Wahrheit ist, hört meine Stimme." Jesus weiß, daß der Tod ihn erwartet, und doch lebt er diese Situation des Gefangenseins in großer Freiheit und vollkommenem Frieden.

2. *Apostelgeschichte 16,25–32:* Paulus ist auf die Anordnung der Stadtbehörde zusammen mit Silas ins Gefängnis geworfen worden, in die innerste Zelle und mit den Füßen in einen Block gespannt. „Um Mitternacht beteten Paulus und Silas und sangen Gott Loblieder; die anderen Gefangenen hörten ihnen zu. Plötzlich entstand ein starkes Erdbeben, so daß die Grundmauern des Kerkers erschüttert wurden. Sofort sprangen sämtliche Türen auf, und allen fielen die Fesseln ab. Der Kerkermeister erwachte, sah die Türen des Kerkers offenstehen, riß sein Schwert heraus und wollte sich töten, denn er meinte, die Gefangenen seien entflohen. Paulus aber rief mit lauter Stimme: Tu dir kein Leid an; denn wir sind noch alle hier. Da

rief er nach einem Licht, trat ein und fiel Paulus und Silas zitternd zu Füßen. Dann führte er sie hinaus und fragte: Ihr Herren, was muß ich tun, um gerettet zu werden? Sie antworteten ihm: Glaube an den Herrn Jesus, so wirst du samt deinem Hause gerettet werden. Nun verkündeten sie ihm und allen seinen Hausgenossen das Wort des Herrn."

Es ist eine wunderbare und sehr reiche Geschichte – nicht nur weil sie das Gebet und die Loblieder bezeugt, die von den beiden Gefangenen zu Gott aufsteigen, sondern auch, weil diese sich entscheiden, das Erdbeben nicht zur Flucht zu benutzen, um dem Kerkermeister keine Unannehmlichkeiten zu bereiten. So werden sie in gewisser Weise zum Werkzeug des Heiles für ihn und seine Familie.

3. Aus dem *Bericht des Pilgers* will ich kurz diejenigen Stellen zitieren, die die Kerkerhaft des Ignatius erwähnen, und es dann jedem einzelnen überlassen, den Gefühlen eingehend nachzuspüren, die er erlebt hat.

* *Nr. 51–52:* Der Pilger befindet sich auf dem Weg nach Genua. „Um die Zeit des Sonnenuntergangs kam er zu einer befestigen Ortschaft, die Wachen verhafteten ihn sofort in der Annahme, er sei ein Spion. Sie brachten ihn in eine Hütte in der Nähe des Tores und fingen mit dem Verhör an, wie man es gewöhnlich bei verdächtigen Personen tut. (...) Da sie trotz all ihrer Mühe nichts entdecken konnten, packten sie ihn, um ihn zu ihrem Hauptmann zu schleppen; denn dieser würde ihn sicher zum Reden bringen. (...) Bei diesem Gang war es dem Pilger, als ob ihm jener Augenblick gegenwärtig würde, da man Christus fortschleppte. (...) Man führte ihn durch drei große Straßen, und er schritt dahin ohne jegliche Betrübnis, vielmehr voller Freude und innerer Zufriedenheit.

* *Nr. 60–61:* 1526 begibt sich Ignatius nach Alcalà, wo er sich den Studien widmet und geistliche Übungen gibt sowie Glaubensunterricht erteilt. Er wohnte in einem kleinen Haus außerhalb des Spitals, und eines Tages kam „ein Gerichtsbeamter an seine Türe, rief ihn heraus und sagte zu ihm: Kommt einmal für kurze Zeit mit mir! Er führte ihn in das Gefängnis und sagte: Geht von hier nicht mehr weg, bis Euch etwas anderes befohlen wird! (...) *auf keinen Fall wollte er einen Rechtsbeistand oder Sachwalter nehmen*, obgleich sich mehrere dafür anboten. Besonders erinnerte er sich noch an Doña Teresa de Cárdenas, auf deren Veranlassung hin ein solcher ihn aufsuchte und die ihm oftmals ihre Hilfe anbot, ihn aus dem Gefängnis zu befreien. Aber er ging auf nichts Derartiges ein und sagte immer: Der, um dessentwillen ich hierhergekommen bin, wird mich auch wieder befreien, wenn dies zu seinem Dienst gereicht. Siebzehn Tage nun blieb er im Gefängnis, ohne daß man ihn verhörte und ohne daß er einen Grund für die Inhaftierung erfuhr." Aus den siebzehn Tagen wurden schließlich mehr als vierzig, die er diesmal im Gefängnis verbrachte. Kurz darauf verläßt er Alcalà und geht nach Salamanca.

* Aber auch in Salamanca werden die kirchlichen Autoritäten wegen der Art, wie der Pilger predigte, mißtrauisch, und sie lassen ihn zusammen mit einem Gefährten von einem Notar verhaften, der sie in ein stark verschmutztes Zimmer sperrt: „Man schloß sie beide, jeden an einem Bein, an ein und dieselbe Kette an. An einem Pfosten in der Mitte des Raumes war die Kette festgemacht, sie dürfte wohl zehn bis dreizehn Spannen lang gewesen sein. So mußte denn jedesmal, wenn einer von ihnen irgend etwas tun wollte, der andere ihn begleiten. (...) Aber auch jetzt wollte er

ebensowenig wie früher einen Rechtsbeistand oder Sachwalter nehmen" *(Nr. 67)*. „Unter vielen anderen, die ins Gefängnis kamen, um mit ihm zu sprechen, kam einmal auch Don Francisco de Mendoza, der heute Kardinal von Burgos ist; ihn begleitete der Bakkalaureus Frias. Als jener ihn vertraulich fragte, wie es ihm im Gefängnis gehe und ob er über seine Inhaftierung sehr bedrückt sei, gab er ihm zur Antwort: Ich will eben mit den Worten antworten, die ich gerade heute einer Dame sagte, die mir ihre Teilnahme darüber ausdrückte, daß ich ein Gefangener sei. Ich sagte zu ihr: Damit beweist ihr nur, daß ihr selbst kein Verlangen danach habt, von Liebe zu Gott ganz gefangen zu sein. Dünkt Euch denn das Gefängnis das größte Unglück zu sein? Indes sage ich Euch: Es gibt in Salamanca nicht so viele Handschellen und Fußfesseln, als daß ich nicht noch mehr aus Liebe zu Gott an mir zu tragen verlangte" *(Nr. 69)*.

Ignatius erlebt das Gefängnis in innerem Frieden und mit einem freien Herzen. Seine einzige Sehnsucht besteht darin, Jesus nachzuahmen, als er nach Jerusalem hinabstieg, und um der Liebe Gottes willen und zum Lob und Ruhme seines Namens zu leiden und gedemütigt zu werden.

Sich in Jesu verlieben

Homilie

1. Die Einmaligkeit der Erwählung Israels

Die liturgischen Texte vom Freitag in der achtzehnten Woche im Jahreskreis erlauben uns, ein Thema wiederaufzunehmen, das wir schon mehrmals gestreift haben, das sich aber nicht vertiefen läßt, ohne daß der Herr uns seine Gnade dazu gebe.

Die erste Lesung stellt uns die Rede des Mose vor, von der die Exegeten sagen, sie sei wie eine großartige Predigt über die Erwählung Israels. Gleichzeitig ist sie eine der stilistisch und theologisch bedeutendsten Passagen des Buches Deuteronomium.

Mose sprach zum Volk: „Frage doch die früheren Zeiten, welche vor dir waren, seit der Zeit, wo Gott Menschen auf Erden schuf, und von einem Ende des Himmels bis zum anderen, ob je so Großes geschehen oder je dergleichen gehört worden! Hat je ein Volk die Stimme des lebendigen Gottes mitten aus dem Feuer heraus reden hören, wie du sie gehört hast, und ist am Leben geblieben? Oder hat je Gott den Versuch gemacht, zu kommen, um sich ein Volk mitten aus einem anderen Volk herauszuholen unter Heimsuchungen, Zeichen und Wundern, durch Krieg, mit starker Hand und ausgestrecktem Arm, durch große Schrecknisse, gleich all dem, was Jahwe, euer Gott, für euch in Ägypten vor deinen Augen getan hat? Du hast es erleben dürfen, damit du erkennen solltest, daß Jahwe der wahre Gott ist, kein anderer außer ihm. Vom Himmel her ließ er dich seine Stimme vernehmen, um dich zu unterweisen, und auf Erden ließ er dich sein gewaltiges Feuer schauen, mitten aus dem Feuer heraus hörtest du seine Worte und bliebst doch am Leben; denn er liebte deine Väter und erwählte ihre Nachkommen nach ihnen. Er führte dich in eigener Person durch seine große Kraft aus Ägypten heraus, um Nationen, größer und stärker als du, vor dir zu vertreiben, um dich hineinzubringen, um dir ihr Land zum Erbbesitz zu geben, wie es heute ist. So erkenne heute und nimm dir zu Herzen, daß Jahwe der Gott im Himmel droben und drunten auf Erden ist, sonst keiner! Beobachte seine Bestimmungen und Gebote, welche ich dir heute anbefehle, auf daß es dir und deinen Kindern nach dir wohlergehe und du recht lange Zeit auf dem Boden bleibest, den Jahwe, dein Gott, dir für alle Zeiten geben will!" (Dtn 4,32–40).

Diese großartige Predigt gibt uns den Schlüssel, mit dem wir die Geschichte interpretieren können; ihn haben wir in der Geschichte Josefs und Ignatius' gesucht; er lautet: *das, was Jahwe, dein Gott für dich getan hat*. Und sogleich können wir uns an den Impuls erinnern, den Ignatius in den Exerzitien am Ende der Besinnung über die Sünde gibt: ein Zwiegespräch halten, indem ich mir vorstelle, „wie Christus unser Herr gegenwärtig und ans Kreuz geheftet ist" und bedenken, *was er für mich getan hat* (vgl. EB 53).

Auf der anderen Seite kann die herrliche Rede des Mose auch zu einem Stein des Anstoßes werden, weil sie die Einzigartigkeit und Einmaligkeit der Erwählung Israels unterstreicht. Sie betont sehr deutlich, daß das, was an seinem Volk geschehen ist, keinem anderen Volk widerfahren ist. Es ist ein einzigartiges

Geschehen, das seinesgleichen nicht hat seit den frühen Zeiten, da Gott Menschen auf Erden erschuf, das seinesgleichen sucht vom einen Ende des Himmels bis zum anderen. Es ist nicht nur ein Sinnbild für das Handeln Gottes an allen Menschen, es ist etwas Einzigartiges.

Wie ist also diese Stelle aus dem Deuteronomium zu verstehen? Wir stehen immer in der Versuchung, alles symbolisch zu interpretieren und zu meinen, es sei nur von Israel die Rede, und doch sind dabei alle Völker gemeint, die ganze Welt und jeder und jede Einzelne von uns.

Tatsächlich aber erklärt der Text: die Erwählung ist die Israels, sozusagen: „Extra Israel nulla salus", außerhalb Israels gibt es kein Heil. Wir wissen, daß dieses Privileg sich für die Kirche erneuert, die durch Jesus an der Erwählung Israels teilhat.

2. *Die Einzigartigkeit Christi*

Und doch stellt sich eine Frage, nämlich: was geschieht mit all den anderen? Dieses Problem begegnet uns immer wieder, wenn wir die Bibel ernsthaft und wirklich aufmerksam lesen. Ich meine, daß wir – wie Ignatius es uns lehrt – unseren Verstand, unser Gebet, unser Wollen und Sehnen einsetzen und darauf ausrichten sollen, in das Herzstück des Planes Gottes vorzudringen.

Der Herr antwortet auf unser Bemühen, und er hilft uns zunächst, wirklich und nicht nur symbolisch zu verstehen, daß die Erwählung Israels tatsächlich einzigartig ist. Aber diese Einzigartigkeit spiegelt die Einzigartigkeit Christi wider, der seinerseits die Einzigartigkeit Gottes, des Vaters, widerspiegelt.

Die Einzigartigkeit Gottes ist die Quelle von allem, denn „Jahwe, unser Gott, ist der einzige Jahwe" (Dtn 6,4), und neben ihm gibt es keinen anderen. Aus seiner Einzigartigkeit entspringt die Einzigartigkeit Christi, des einzigen Sohnes, in dem alle Macht und Herrlichkeit Gottes ist. Christus ist der Entwurf Gottes, er ist sein Plan. Von der Einzigartigkeit Christi leitet sich die Einzigartigkeit Israels her und die Einzigartigkeit jedes einzelnen, der zum Volke Gottes gehört. Die Kirche bezieht ihre Einzigartigkeit also aus der Einzigartigkeit Israels und der Einzigartigkeit Christi. In der Kirche ist der einzigartige Heilplan Gottes zum Angebot an alle geworden, denn alle Frauen und alle Männer sind dazu berufen, an der Einzigartigkeit Jesu als des Sohnes teilzuhaben.

Von einer anderen Seite her gesehen, können wir darum sagen: Jesus, Israel und die Kirche – aus dieser Quelle entspringt die universale Heilstat Gottes. ‚Universal' bedeutet, daß alle gemeint sind – nicht wie der Regen, der alle bedeckt, aber wie das Meer, in das alle Ströme münden.

Es ist nicht ganz einfach, diesen wunderbaren Plan Gottes in Worten auszudrücken; aber bitten wir den Herrn, daß wir Schritt für Schritt in eine immer tiefere Betrachtung dieses großen Geheimnisses eintreten, das sich in Israel und in der Heilsgeschichte zeigt und so verschieden ist von dem Entwurf von Geschichte, wie ihn unser modernes Denken konzipiert.

3. Sich in Jesus verlieben

Das Tagesevangelium erscheint mir wie eine Konkretisierung dessen, was wir über die Einzigartigkeit Jesu gesagt haben: „Wenn einer mir nachfolgen will, so verleugne er sich selbst, nehme sein Kreuz auf sich und folge mir nach. Denn wer sein Leben retten will, wird es verlieren. Wer aber sein Leben verliert um meinetwillen, der wird es finden. Denn was wird es dem Menschen nützen, wenn er die ganze Welt gewinnt, aber sein Leben verliert? Oder was kann ein Mensch als Lösegeld geben für sein Leben? Denn der Menschensohn wird kommen in der Herrlichkeit seines Vaters mit seinen Engeln. Und dann wird er jedem vergelten nach seinem Tun. Wahrlich, ich sage euch: Unter denen, die hier stehen, sind einige, die den Tod nicht kosten werden, bis sie den Menschensohn mit seinem Reiche kommen sehen" (Mt 16,24–28).

Die erste Reaktion auf diese Stelle ist wohl, sie abzulehnen. Wie kann man sich denn selbst verleugnen, und was bedeutet das für unsere Wirklichkeit? Wird uns da nicht vielleicht etwas vorgeschlagen, das unseren Vorstellungen von Selbstverwirklichung, von Ich-Bejahung und persönlichem Wachstum entgegensteht? Und doch verkündet Jesus es mit Nachdruck.

Mir scheint, Jesus möchte uns zu verstehen geben, daß der Anspruch, der in seinen Forderungen liegt, seiner Einzigartigkeit als Sohn und seiner einzigartigen Rolle in der Heilsgeschichte entspricht. Wir werden die Verwirrung, die seine Worte in uns hervorrufen, nicht überwinden können, wenn wir nicht begreifen, daß er zuerst und vor allem möchte, daß wir ihn lieben, daß wir uns in ihn verlieben, und nicht als erstes verlangt, daß wir auf unsere Wünsche und Sehnsüchte verzichten und heldenhafte Taten begehen.

Wenn wir uns in Jesus verlieben, in seine Einzigartigkeit, die die Einzigartigkeit Gottes des Vaters ist, wird sich unser Leben allmählich wandeln und geläutert werden. Es wird uns danach drängen, weiterzugehen, unser Ich zu übersteigen und uns so in diesem Sinne selbst zu verleugnen. Wenn wir uns auf der Waage unseres Lebens Gott zuneigen, sind wir von ihm ergriffen und verlieren darum uns selbst, denn wir verlieren das Bedürfnis danach, uns auf uns selbst zu verlassen und uns selbst zu verwirklichen.

Die Verwirklichung seiner selbst ist, rational gesehen, das beste, was man tun kann. Doch die Liebe und das Sichverlieben sind nicht rational zu fassen, sondern haben ihren Ursprung in der Gnade Gottes und in der liebenden Betrachtung dessen, was Christus für mich getan hat. Darum lehrt Ignatius uns zum Ende der Exerzitien die „Betrachtung zur Erlangung der Liebe".

Nehmen wir diesen und jeden Gottesdienst wie auch die Wunder, die Jesus für uns getan hat, als Schule der Liebe, daß wir uns immer mehr in ihn verlieben.

Neunte Meditation:

Josef – Werkzeug der Versöhnung

„Herr, gewähre uns, daß wir zu Werkzeugen der Versöhnung werden, daß wir Freude bringen, wo der Kummer wohnt, Frieden, wo Krieg herrscht, Gerechtigkeit, wo Ungerechtigkeit waltet, Begeisterung, wo Lauheit um sich greift. Wir bitten dich, daß du uns zuerst mit dir versöhnen mögest und dann mit unserer Gemeinschaft, mit unserer Kirche, mit unserem apostolischen Dienst. Darum bitten wir dich, Vater, durch Jesus, deinen Sohn und unseren Bruder, der selbst das vollkommene Werkzeug deines Versöhnungshandelns in der Welt war. Amen."

1. Josefs Auftrag

Nach der zweiten großen Prüfung, die Josef als Gefangener durchgemacht hat, ist er nun soweit, seinen Auftrag, seine Mission leben zu können. Mit siebzehn Jahren, als sein Vater ihn nach seinen Brüdern sandte, ist er bei seinem Auftrag gescheitert, nach fünfzehn Jahren begegnet er ihm von neuem. So lesen wir: „Josef war dreißig Jahre alt, als er vor dem Pharao, dem König von Ägypten, stand" (Genesis 41,46), und er selbst wird in dem Moment, als er sich zu erkennen gibt, sagen: „Schon zwei Jahre herrscht die Hungersnot im Lande, und es werden noch fünf Jahre sein, in denen es kein Pflügen und kein Ernten gibt" (Gen 45,6).

Josefs Weg, auf dem er zu einem Werkzeug der Versöhnung bereitet wird, zieht sich über viele Kapitel unserer Erzählung hin. Er ist schon einige Zeit im Gefängnis, als der Pharao einen Traum hat, der ihn verwirrt und der ihn die Schriftkundigen und Weisen Ägyptens rufen läßt, damit sie ihm den Traum deuten. Als sie das nicht vermögen, erinnert sich der Obermundschenk (derjenige, der Josef seine guten Taten so schlecht vergolten hat) an ihn und erzählt dem Pharao von ihm, der ihn rufen läßt. Schließlich kommt Josef aus dem Keller, in den er gesperrt worden war, ans Tageslicht, deutet dem Pharao den Traum und macht Vorschläge, wie die kommende Hungersnot zu vermeiden sei, wird zum Großwesir über Ägypten ernannt und betreibt eine weise Agrarpolitik (vgl. *Genesis 41*). An diesem Punkt unserer Exerzitien interessieren uns vor allem die Kapitel 42 bis 46 und der Schluß von Kapitel 50, wo die Dynamik der Versöhnung beschrieben ist.

Hier mischt sich die jahwistische Überlieferung mit der elohistischen; wir wollen jedoch die Kapitel im Zusammenhang betrachten, um den einen Sinn der verschiedenen Ereignisse zu erfassen, so wie es die Alte Kirche getan hat. Stefanus zum Beispiel nimmt in seiner langen Rede auch die Josefsgeschichte auf: „Die Stammväter aber waren eifersüchtig auf Josef und verkauften ihn nach Ägypten. Aber Gott war mit ihm. Er rettete ihn aus allen seinen Drangsalen, gab ihm Gnade und Weisheit vor Pharao, dem König von Ägypten, und setzte ihn zum Herrn über Ägypten und über sein ganzes Haus. Da kam über ganz Ägypten und Kanaan eine Hungersnot. Das Elend war groß, und unsere Väter fanden keine Nahrung. Als Jakob hörte, in Ägypten gäbe es Getreide, sandte er unsere Väter ein erstes Mal dorthin. Beim zweitenmal gab sich Josef seinen Brüdern zu erkennen, und so wurde dem Pharao Josefs Herkunft bekannt. Josef ließ dann seinen Vater Jakob und die ganze Verwandtschaft kommen, fünfundsiebzig Seelen" (Apg 7,9–14).

Die Erinnerung an Josef war also bei den frühen Christen noch sehr lebendig.

2. Die Reihenfolge der Ereignisse (Gen 42–46; 50,15–26)

Betrachten wir die Ereignisse in der Reihenfolge, wie sie in der *Jerusalemer Bibel* zu finden ist.

1. *Genesis 42,1–24: Erste Begegnung zwischen Josef und seinen Brüdern.* Die Brüder erreichen, von ihrem Vater Jakob gesandt, Ägypten; sie werden von Josef empfangen, der sie sehr hart behandelt, der Spionage beschuldigt und für drei Tage gefangennehmen läßt. Danach läßt er sie frei, gibt ihnen das Getreide mit nach Hause und befiehlt ihnen, mit ihrem jüngsten Bruder zusammen zurückzukehren. Simeon behält er als Pfand da – wahrscheinlich weiß er, daß die beiden ältesten Brüder, Ruben und Juda, nicht die wahren Schuldigen waren. Josef hatte ihnen zugehört, als sie untereinander sprachen: „Wahrlich, das haben wir an unserem Bruder verschuldet (...) Ruben sagte darauf zu ihnen: Hatte ich euch nicht gesagt: Versündigt euch nicht an dem Jungen! Aber ihr habt nicht hören wollen" (Gen 42,21–22).

2. *Genesis 42,25–38.* Auf dem Rückweg finden die Brüder ihr Geld wieder, das Josef ihnen in die Säcke hatte legen lassen, und erschrocken sagen sie zueinander: „Was hat uns da Gott angetan!" (Vers 28). Wahrscheinlich überkommen sie Gewissensbisse über ihre vergangene Schuld, und sie fangen an zu begreifen,

daß in dem ganzen Geschehen ein Plan Gottes enthalten ist, der sie zur Reue bringen will. Zuhause erzählen sie alles ihrem Vater, der sich jedoch weigert, Benjamin gehen zu lassen, obwohl Ruben ihm seine Söhne anstelle des Bruders anbietet.

3. *Genesis 43,1–14.* Die dritte Episode beschreibt die Rückkehr der Brüder nach Ägypten, wo sie weiteres Getreide kaufen wollen. Nach der elohistischen Quelle ist es Juda, der sich für Benjamin verbürgt und ihn mitnimmt.

4. *Genesis 43,15–34. Die zweite Begegnung mit Josef* ist sehr interessant. Wahrscheinlich gehört sie zur jahwistischen Tradition. Allem Anschein nach nimmt Josef sie freundlich auf und lädt sie zum Essen ein. Aber das Mahl spielt sich in einer sehr geheimnisvollen Atmosphäre ab: alle essen an getrennten Tischen, und die Brüder sitzen ihrem Alter nach in einer Reihe. Benjamin wird jeweils eine Portion gebracht, die fünfmal so groß ist wie die der anderen. Trotz der festlichen Atmosphäre lastet Schweigen auf den Speisenden, als würde das neue Unheil schon geahnt.

5. *Genesis 44,1–17.* Die Brüder reisen alle wieder ab, werden jedoch bald darauf von Josefs Leuten eingeholt, die aus dem Sack Benjamins einen silbernen Becher ziehen und sie beschuldigen, ihrem Herrn Gutes mit Bösem vergolten zu haben. Dieser Moment ist schrecklich, und als sie zu Josef zurückkehren, bieten sie sich ihm alle als Sklaven an, um den jüngsten Bruder nicht alleine zu lassen – das alles gehört zum Weg der Versöhnung. Josef aber besteht darauf, nur Benjamin zurückzubehalten.

6. *Genesis 44,18–34.* An diesem Punkt greift Juda ein, und mit einem Meisterstück biblischer Rhetorik versucht er, das Herz seines Bruders zu bewegen. Seine Worte sind voll der Liebe zum alten Vater, der sich

nicht von seinem jüngsten Sohn trennen wollte: „Käme ich nun zu deinem Knecht, meinem Vater, zurück, und der Junge, an dem er mit ganzer Seele hängt, wäre nicht bei uns, so würde er sterben, sähe er, daß der Junge nicht bei uns ist, und deine Knechte hätten das graue Haar deines Knechtes, unseres Vaters, vor Kummer in die Scheol gebracht" (Verse 30–31).

7. *Genesis 45,1–14.* Seit ihrer ersten Begegnung war Josef tief bewegt und hatte geweint, ohne es zu zeigen. Nun kann er sich nicht mehr zurückhalten und bekennt: „Ich bin Josef, euer Bruder (...). Beunruhigt euch jetzt aber nicht und macht euch keine Vorwürfe darüber, daß ihr mich hierher verkauft habt. Denn um euch das Leben zu erhalten, hat Gott mich vorausgesandt" (Verse 4–5).

8. *Genesis 45,16–20.* Auch der Pharao empfängt die Brüder Josefs, so daß die Versöhnung über die Familie hinaus politischen und gesellschaftlichen Charakter gewinnt, denn Ägypter und Hebräer schließen Freundschaft.

9. *Genesis 45,21–28.* Hier wird berichtet, wie die Brüder nach Kanaan zurückkehren, um Jakob die gute Nachricht zu bringen – „Josef, mein Sohn, lebt noch" – und mit ihm nach Ägypten zurückzukehren.

10. *Genesis 50,15–26.* Der letzte Teil der langen Erzählung: als der Vater gestorben ist, fürchten die Brüder, daß Josef sich nun rächen könnte. Doch dieser beruhigt sie, und die vollzogene Versöhnung ist perfekt.

3. Welcher Sinn liegt in dieser langen Geschichte?

Wir können uns fragen, warum die Geschichte von Josef und seinen Brüdern so lang ist und von so vielen

Begegnungen erzählt. Gibt es einen Sinn, einen Plan vielleicht, der erklärt, warum die Ereignisse so breit erzählt werden? Die Exegeten bieten uns verschiedene Interpretationsmöglichkeiten an. Ein Vorschlag lautet, jede Szene einzeln zu erklären: warum zum Beispiel reagiert Josef bei der ersten Begegnung mit seinen Brüdern so hart? Einige meinen, er erinnere sich an seine Träume. Dabei steige der Groll in ihm auf und bringe ihn in Versuchung, sich rächen zu wollen. *Alonso Schökel* hält diese Erklärung für zu eng, denn er geht davon aus, daß der Autor der Erzählung ein Konzept hatte und alles genau geplant und komponiert hat. *H. Gunkel* indessen teilt diese Meinung nicht. Er ist der Auffassung, Josef wollte seine Brüder einfach nur bestrafen und sie für alles zahlen lassen. Ein anderer Exeget ist sich sicher, daß die ganze Geschichte ohne eine durchgehende Ethik geschrieben ist, während *F. Delitzsch* von einer „geistlichen und pastoralen Weisheit" spricht, also von einem Weg der Bekehrung, der in der Geschichte gegenwärtig ist.

Ich selbst neige auch zu dieser letzten Interpretation, wobei ich diesen Plan der Bekehrung nicht nur als Absicht Josefs sehe, sondern von Gott her; denn er ist es, der den Verlauf der Geschichte lenkt. Dies impliziert auch die Entwicklungen, die sich zum Beispiel in Josefs Psyche und in der seiner Brüder zeigen, indem sie der Versöhnung immer näher kommen.

Es empfiehlt sich also, die Kapitel mit diesem ganzheitlichen Schlüssel zu lesen: in der Folge der Worte und Ereignisse, im wiederholten Auftauchen der Brüder bei Josef reifen alle zwölf zu einer endgültigen Bekehrung. Auch Josef muß seinen Weg gehen. Auch wer versöhnt, muß selbst in diesen Prozeß eintreten, denn alle Menschen sind in die Sünde verstrickt, die das Leben in Gemeinschaft auseinanderreißt, und von ihr verwundet. Der Versöhnende aber erfährt das Privileg, daß Gott ihn zu seinem Werkzeug macht.

Bevor wir die einzelnen Schritte auf dem langen Weg zur Versöhnung noch genauer betrachten wollen, möchte ich drei Gründe nennen, die meines Erachtens rechtfertigen, warum dieser Versöhnung soviel Raum gegeben wird.

* Zunächst ist die Länge damit zu erklären, daß in der Familie Jakobs *vieles der Versöhnung bedarf*. Seit Josef aus dem Weg geschafft worden war, sind fünfzehn Jahre vergangen. Es ist wahrscheinlich, daß die Positionen sich verhärtet haben, die Personen skeptisch geworden sind und sich in sich verkrümmt haben.
* Ein weiterer Grund ist, daß *Versöhnung ihre Zeit braucht*, eine Lehre, die mir nahegeht. Wenn ich dieses Kapitel der Genesis lese, befällt mich zuweilen ein Unbehagen, und ich meine, daß die Versöhnung, wie die Kirche sie praktiziert zu schnell vor sich geht: eine Absolutionsformel macht einfach Schluß mit schweren Vergehen. Sicherlich: es gibt die Buße, aber wir merken, daß sie nicht zusammenkommt mit den langen Zeiten, die die menschliche Psyche braucht. Hier in der Genesis hingegen ist der Weg der Läuterung sehr gut beschrieben.
* Schließlich braucht der Weg der Versöhnung auch bestimmte Schritte, die gegangen werden wollen. Es ist ein *Vorgehen in Etappen*, die wir in den folgenden Meditationen entdecken wollen.

4. Der Anfang der Versöhnung

Wir wollen uns hier darauf beschränken, den Anfang des Versöhnungshandelns bei Josef zu betrachten, und lesen noch einmal drei Verse aus Kapitel 42: „Als die Brüder Josefs kamen, verneigten sie sich vor ihm bis zur Erde. Als Josef seine Brüder sah, erkannte er sie, doch stellte er sich fremd gegen sie, fuhr sie hart an und sprach zu ihnen: Woher kommt ihr? Sie antworteten: Aus dem Land Kanaan, um Getreide zu kaufen. Während Josef seine Brüder erkannt hatte, erkannten sie ihn nicht" (Gen 42,6–8).

Josef findet sich seinen Brüdern gegenüber in einer Position, die der eines Herrschers nahekommt. Plötzlich erinnert er sich daran, was sie ihm vor vielen Jahren angetan haben. Auf diese Überraschung war er beileibe nicht vorbereitet; er hätte reagieren können, indem er sie fertigmachte und bestrafte, auch und gerade, weil weder ihr Vater noch Benjamin bei ihnen war; oder er hätte sich ihnen gleich offenbaren, sie umarmen und ihnen vergeben können. Tatsächlich aber verhält er sich ganz anders, und dieses Verhalten ist der Ausgangspunkt für alles weitere. Er beginnt ein großes und sehr kompliziertes Spiel, denn es ist sein Wille (in Wirklichkeit ist es jedoch der Wille Gottes), daß in den Brüdern ernsthafte Reue aufsteigt, er will die Gefühlsbindungen, die in den vielen Jahren der Lüge zerstört worden sind, wieder festigen. Josef hat verstanden, daß es einen langen seelischen Heilungsprozeß braucht, einen Weg der Umkehr, um das Vertrauen zwischen seinen Brüdern und ihm, unter den Brüdern selbst und zwischen den Brüdern und dem Vater wiederherzustellen. Versöhnung bedeutet, eine zerstörte Brücke wiederaufzubauen. Dieses Unterfangen braucht Klugheit und Zeit, denn die Wunden des Herzens gehen sehr tief und heilen sehr langsam.

Darin liegt die eigentliche Bedeutung des Versöhnungshandelns Josefs. Wir sollen diesen Aspekt auch von da her bedenken, daß die Sendung Jesu es war, uns mit Gott und untereinander zu versöhnen, und daß dies auch der Antrag der Kirche ist.

5. Die Bekenntnisse des Pilgers

An dieser Stelle erscheint es mir von Nutzen hervorzuheben, wie bedeutsam das Sakrament der Umkehr und Versöhnung für Ignatius war, denn dieser Tag der Exerzitien ist diesem Sakrament Buße gewidmet.

* Zu Anfang seiner Autobiographie, noch vor seiner Umkehr in die Nachfolge Jesu, steht ein bezeichnender Satz, den wir schon zitiert haben: „Als nun der Tag anbrach, an dem man mit dem Beginn der Beschießung durch die Franzosen rechnen mußte, beichtete er bei einem seiner Waffengefährten" (BP 1). Zu dieser Zeit war es üblich, daß die Soldaten einander die Beichte abnahmen, wenn Todesgefahr bestand und kein Priester in der Nähe war. Auch wenn dem der sakramentale Charakter im eigentlichen Sinne fehlt, so zeigt das Verhalten des Ignatius doch seine Bereitschaft und wirft Licht auf die Gefühle seiner Seele.

* Später, als er den Montserrat ereicht hatte, „betete er lange und besprach sich mit einem Beichtvater. Dann legte er eine schriftlich aufgezeichnete Generalbeichte ab, und diese Beichte dauerte drei Tage" (BP 17).

* Von den anderen Stellen, an denen er vom Bußsakrament spricht, will ich die folgende zitieren: „Am folgenden Sonntag ging er wie immer zur Beichte. Da er dem Beichtvater alles, was er tat, bis in die kleinsten Einzelheiten zu berichten gewohnt war, sagte er ihm auch dieses Mal, daß er während der ganzen Woche überhaupt nichts gegessen habe. Der Beichtvater

befahl ihm, dieses Fasten aufzugeben. Zwar fühlte er sich noch kräftig genug, aber er gehorchte dem Beichtvater" (BP 25). Und wie Gott ihn von seinen Skrupeln und von der Versuchung zu ausufernden Beichten befreit, wendet er sich, obwohl er sich sicher ist, wieder Fleisch essen zu müssen, an seinen Beichtvater und bespricht es mit ihm (vgl. BP 27). Selbst Ignatius, dem so viel an geistlicher Einsicht und Erkenntnis Gottes geschenkt worden war, spürte also ein Bedürfnis danach, von einem Beichtvater begleitet zu werden und das Sakrament der Versöhnung oft zu empfangen.

* Es ist kein Zufall, daß Erkenntnis und Bekenntnis der Sünden in der Ersten Woche der Exerzitien eine sehr bedeutende Rolle spielen und dazu dienen sollen, sich durch die allgemeine Gewissenserforschung auf die Beichte vorzubereiten.

Im Lichte des Lebens des Ignatius und der Impulse, die uns die Exerzitien geben, möchte ich somit zwei kurze Überlegungen vorschlagen:

– Welche Bedeutung hat die Beichte in meinem Leben?
– Welche Bedeutung hat die Beichte in meinem pastoralen Dienst?

1. *Die Beichte in unserem Leben*

Ich glaube, daß es drei Möglichkeiten gibt, das Sakrament der Buße in unserem Leben zu verankern:

* als Moment, der läutert und neue Nahrung gibt
* als Verpflichtung, die es mit einer gewissen Regelmäßigkeit zu erfüllen gilt;
* als etwas, das wir auf unbestimmte Zeit verschieben.

Die Schwierigkeit liegt offensichtlich darin, von der dritten oder zweiten Ebene zur ersten zu gelangen. Ich persönlich versuche, im Sündenbekenntnis zunächst ein Geschenk der Gnade Gottes zu sehen, wie es im Abschnitt 43 des Exerzitienbuches heißt: „Gott unserem Herrn Dank zu sagen für die erhaltenen Wohltaten", für alles, was er mir auf meinem Weg zu ihm hin erwiesen hat seit meiner letzten Beichte. Darin besteht die *confessio laudis*, das Lobpreisbekenntnis.

Weiterhin versuche ich, die Beichte als Läuterung zu erfahren. Ich verlange danach, meine Sünden und meine Sündhaftigkeit zu erkennen und Gott um Verzeihung dafür zu bitten; das ist die *confessio vitae*, das Lebensbekenntnis.

Schließlich versuche ich, die Beichte als einen Akt der Freude am Glauben zu leben, als totales Vertrauen in die Barmherzigkeit Gottes, die mich in diesem Sakrament von allen Seiten umgibt; die Beichte ist ein Siegel, mit dem der Herr mich bezeichnet, um mich dessen zu versichern, daß er mich so liebt, wie ich bin. Das ist die *confessio fidei*, das Glaubensbekenntnis.

Auf diese Art wird die Beichte leicht, denn sie geht von sehr einfachen Fragen aus: Wofür kann ich Gott in meinem Leben danksagen? Wo empfinde ich einen Mangel, der mich bedrückt, welche Denk- und Handlungsmuster möchte ich lieber nicht in mir haben? Wovon wünsche ich mir, daß der Herr es aus meinem Leben nehme, um es neu zu ordnen und mir dadurch Freude und Frieden zu schenken?

So wird die Beichte zu einem Gespräch mit dem Herrn und eröffnet jedesmal neue Möglichkeiten, den begonnenen Weg wiederaufzunehmen.

2. *Die Beichte im pastoralen Dienst*

Ich bin mir bewußt, daß hier die meisten Probleme mit der Mentalität der Leute zusammenhängen und daß es auch Unterschiede zwischen der Praxis in den USA und der in Italien gibt.

Ich überlasse es also jedem einzelnen, sich unter diesem Aspekt zu prüfen, möchte dazu aber mit zwei Fragen eine Hilfestellung geben:

– Empfinde ich Freude dabei, Beichte zu hören?
– Bin ich bereit, den Menschen, die beichten wollen, zu helfen?

Das erscheinen mir die wesentliche Fragen für einen Priester zu sein, wenn wir uns in Erinnerung rufen, daß wir beim Bußsakrament Werkzeuge der Versöhnung sind, die Gott in Christus wirken will.

Zehnte Meditation:

Die Freiheit des Pilgers

„Herr Jesus, du bist in diese Welt gekommen, um unser Leben zu verwandeln, damit wir deiner Weisung folgen und dir nachleben können. Den heiligen Ignatius hast du erleuchtet auf dem Weg zur Erneuerung seiner selbst und der Kirche. Wir bitten dich, du mögest uns begleiten, wenn wir nach Wegen suchen, uns im Geiste des Evangeliums für Gerechtigkeit, Frieden und Versöhnung der Menschen mit Gott und untereinander einzusetzen. Maria, die Mutter der Versöhnung, verleihe uns Frieden des Geistes und des Herzens, damit wir zu einer erneuerten Freiheit gelangen und auf den Ruf Gottes antworten. Dich, Vater, bitten wir darum durch Christus unseren Herrn und in der Gnade des Heiligen Geistes. Amen."

1. Josef und Ignatius

Ich habe mich gefragt, wie Josef es fertigbringt, den schwierigen Prozeß der Versöhnung anzufangen und die Gerechtigkeit wiederherzustellen, obgleich er nicht unparteiisch ist. Wenn man beleidigt worden ist und Ungerechtigkeit erfahren hat, wenn man einfach in alles selbst verwickelt ist, ist es schwer, in Freiheit den Weg zur vollen Versöhnung zu gehen. Denken wir an das Gastmahl, das Josef gibt: er meint, sich gut im Griff zu haben und das große Spiel in Gang bringen zu können, das die gefühlsmäßigen Bindungen durch die Reue und das Bekenntnis der Brüder neu stärken soll. An einem bestimmten Punkt jedoch merkt er, daß das Spiel ihn überrollt und ihm aus den Händen gleitet, besonders als er Benjamin, den Sohn seiner Mutter, anschaut: „Als er seine Augen erhob und seinen Bruder Benjamin, den Sohn seiner Mutter, sah, sagte er: Das ist wohl euer jüngster Bruder, von dem ihr mir erzählt habt? Und er sprach: Gott schenke dir seine Huld, mein Sohn! Dann aber eilte Josef hinweg, denn tief bewegt war sein Inneres beim Anblick seines Bruders, und er mußte sich ausweinen. Darum ging er in das innere Gemach und weinte sich dort aus. Nachdem er sich das Gesicht gewaschen hatte, ging er wieder hinaus und, sich beherrschend, befahl er: Tragt die Speisen auf!" (Gen 43,29–31). Die Zuneigung für seine Brüder hat ihn aus dem Gleichgewicht gebracht und ihn mitgerissen. Aber er findet seine innere Freiheit wieder, um den Plan weiterzuverfolgen.

Ich meine also, auf die Eingangsfrage antworten zu können: Obwohl er selbst in den Streit verwoben war, konnte Josef die Versöhnung Wirklichkeit werden lassen, weil er Armut, Demütigung und Einsamkeit erfahren hatte und Christus ähnlich geworden war, als er von seinen Brüdern verstoßen wurde und im Gefängnis Leiden erfahren hatte. Seine Sehnsucht nach Ruhm und Ehre, nach Durchsetzung seiner Ideen und Verwirklichung seiner weltlichen Pläne war ernüchtert worden; er wurde fähig und bereit, seine Kraft für die Gerechtigkeit einzusetzen.

Ich halte es also für wichtig, daß wir bedenken, wie Ignatius uns zu dieser inneren Freiheit hinführen will, ohne die wir uns nicht für das entscheiden können, was der Ehre Gottes mehr dient und damit den Menschen zur Gerechtigkeit und Versöhnung hilft.

Ich schlage vor, in aller Ruhe sich die großen Meditationen und die Anweisungen der Zweiten Exerzitienwoche noch einmal zu vergegenwärtigen: Den Ruf des Königs (EB 91–99), die Besinnung über die zwei Banner (EB 136–148), die Meditation über die drei Menschengruppen (EB 149–157) und die über die drei Weisen der Demut (EB 164–168). Sie bilden die vier großen Säulen, die Ignatius in das Zentrum der Betrachtung über die Geheimnisse des Lebens Jesu stellt, damit wir mit um so größerer Klarheit Sinn und Absicht der Exerzitien erkennen.

Wenn wir sie also jeder für sich betrachten, kann die Frage kommen: was sagen mir diese Stellen, die ich vielleicht schon sehr lange kenne, für die Situation, in der ich jetzt lebe? Wenn ich sie meinem Leben gegenüberstelle, was bedeuten sie dann zusammen für mein Leben?

Ich möchte diese Meditationen kurz vorstellen, um zu zeigen, wie eng sie mit dem Einsatz für Gerechtigkeit und Versöhnung verbunden sind. Vorausschikken möchte ich, daß diese Bilder jedem Versuch, sie rational zu erklären, trotzen. Sie lassen sich nicht mit dem Verstand begreifen noch in Worte fassen. Sie gehen über das Sagbare hinaus und übersteigen es. Obwohl sie in ganz einfachen Worten ausgedrückt sind, lassen sie ein Geheimnis erspüren, das über uns zu finden ist.

Wenn ich nach einem Grund dafür frage, glaube ich sagen zu müssen, daß diese Betrachtungen nicht nur den asketischen Erfahrungen des Ignatius entspringen (also daraus, wie er gelernt hat, Armut und Demütigung *freudig* zu leben), sondern daß ihnen sein Verständnis dessen zugrunde gelegt ist, wie der dreieine Gott sich im armen und demütigen Jesus der Welt offenbart. Dieses Verständnis war ihm in Manresa zuteil geworden, es ist die erste jener fünf Gnadengaben, die wir schon betrachtet haben (vgl. BP 28). Der allmächtige und herrliche Gott offenbart sich im demütigen und machtlosen Jesus, und Jesus selbst offenbart sein Sohnsein, seine Herkunft vom und seine Beziehung zum Vater vor allem in seiner Demütigung am Kreuz.

Ignatius lebte in einer dauernden Schau dieses Mysteriums. So möchte ich wenigstens zwei Abschnitte aus seinem Lebensbericht zitieren, die davon Zeugnis geben.

– Während seines Aufenthaltes in Jerusalem, „als er vom Ölberg herunterkam, traf er mit einem sogenannten Gürtelchristen zusammen, der im Kloster beschäftigt war. Dieser drohte unter allen Zeichen einer großen Wut, mit einem dicken Stock auf ihn einzuschlagen. Wie er zu ihm kam, packte er ihn heftig am Arm, er aber ließ sich ohne Widerstreben fortführen. Trotzdem ließ ihn der gute Mann keinen Augenblick mehr los. Auf diesem Weg empfing er, ein Gefangener des Gürtelchristen, von unserem Herrn große Tröstungen, und es war ihm, als sehe er ständig Christus über sich" (BP 48).

– Auf dem Weg von Ferrara nach Genua wird Ignatius von Soldaten angehalten. Nachdem sie ihn verhaftet und einem Verhör unterzogen haben, entschließen sie sich, ihn zum Kommandanten zu bringen. „Bei diesem Gang war es dem Pilger, als ob ihm jener Augenblick gegenwärtig würde, da man Christus fortschleppte" (BP 52).

Auch wenn die Betrachtungen der Zweiten Exerzitienwoche also schwer zu erläutern sind, will ich versuchen, einige Spuren aufzuzeigen, die dazu helfen sollen, die Kraft, die ihnen innewohnt, besser zu erspüren.

2. Brennendes Verlangen

EB 91–98: Der Ruf des irdischen Königs dient dazu, das Leben des ewigen Königs zu betrachten. In der Vorübung sind wir eingeladen, uns den Schauplatz vor Augen zu stellen, in dem Jesus predigte, und von Gott die Gnade zu erbitten, bereit und verfügbar zu sein, seinen Willen zu tun. Gleich darauf wird ein weltlicher König vorgestellt, der seine Untergebenen ruft, ihm zu folgen und sich mit ihm abzumühen, ein Land zu erobern, um darauf an seinem Sieg teilzuhaben. Das Beispiel des Königs wird auf Christus übertragen, der die Welt und die Feinde erobern und so in die Herrlichkeit des Vaters eingehen will. Er wendet sich denen zu, die ihm nachfolgen wollen, damit sie, wenn sie seine Leiden teilen, auch an seiner Herrlichkeit teilhaben. Es besteht eine gewisse Ungleichmäßigkeit in der Vorstellung des irdischen Königs und der Sendung Jesu. Wenn der irdische König einen großen Eroberungsplan hat und wir, um uns diesen Plan zu eigen zu machen, die Mittel und Wege festlegen müssen, um ihn zu verwirklichen, dann müssen wir auch, wenn wir an der Mission Jesu teilnehmen, die günstigste Vorgehensweise festlegen, indem wir uns auf den verschiedenen Feldern der Kirche verdingen. Ignatius aber sagt in Wirklichkeit: „Jene, die sich jeweils mehr ergreifen und auszeichnen lassen wollen in ungeteiltem Dienst ihres Ewigen Königs und Allbeherrschenden Herrn, werden nicht nur ihre Person zu den Mühen anbieten, sondern darüber hinaus gegen ihre fleischliche und weltliche Liebe angehen und so Angebote von jeweils höherer Wertschätzung und größerer Bedeutung machen, indem sie sprechen: Ewiger Herr aller Dinge, Dir bringe ich mein Angebot dar mit Deiner Huld und Hilfe, angesichts Deiner unendlichen Güte und in Gegenwart Deiner glorreichen Mutter und aller Männer und Frauen des himmlischen Hofes – daß ich erlange und ersehne, und daß es mein wohlüberlegter Entschluß ist, wofern es nur zu Deinem größeren Dienst und Lobpreis gereicht, Dich nachzuahmen im Durchstehen allen Unrechtes und aller Schmähung und aller Armut, sowohl der äußeren wie der geistigen, wenn Deine Heilige Majestät mich zu solchem Leben und Stand erwählen und aufnehmen will" (EB 97–98).

Die Schlußfolgerung trägt somit dem Vergleich zwischen den beiden Königen keine Rechnung, weil von uns nicht verlangt wird, unser Leben dem Studium, der Durchsetzung der Rechte der Armen, dem Kampf für die Gerechtigkeit oder dem Einsatz für den Frieden der Welt zu weihen, sondern Jesus nachzufolgen im Ertragen all der Beleidigungen und Verachtung und aller Arten von Armut.

Die entscheidende Sendung Jesu besteht in seiner Sohnschaft, die sich zunächst in der Armut und Demütigung offenbart. Seine Art der Eroberung der Welt besteht darin, sie zum Vater zu führen. Er erfährt sich dabei als mißbraucht, unverstanden und arm in jeglicher Form. An der Sendung Jesu teilzunehmen, heißt dann, sich mit aller Kraft danach zu sehnen und mit aller Kraft daran festzuhalten, *bei ihm zu sein*, und das bedeutet, sich in Christus zu verlieben.

Auf dem Hintergrund dieser ersten Betrachtung der Zweiten Exerzitienwoche bekennen wir, daß wir uns noch weit davon entfernt fühlen, und wir sehen ein, daß es einer besonderen Gnade bedarf, damit wir aus uns herausgehen und als Verliebte leben. Dennoch müssen wir uns in dem Verlangen üben und unsere Entscheidung immer wieder bekräftigen, mit ihm arm, gedemütigt und verachtet sein zu wollen.

3. Die wahre Reform

Der *Besinnung über die zwei Banner* (EB 136–148) kommt ein außerordentlicher Rang zu, insofern sie einen der wichtigsten Schlüssel zur Lebensgeschichte des Ignatius darstellt. Wahrscheinlich hat sie ihren Ursprung im Leiden des Ignatius an der Krisenphase, in der die Kirche sich durch die Reformation befand. Er spürte, daß an der Wurzel des üblen Zustandes der Kirche die gleichen ungeordneten Neigungen zu finden sind, die Verwirrung und Sünde im Menschen hervorrufen: Habgier, Geiz, Ehrgeiz und zügelloses Streben nach Macht. So hat er auch auf diese Situation das Bild vom Gegensatz von Licht und Finsternis angewandt: sobald das Böse der Habgier und dem Ehrgeiz entspringt (was zusammenhängt mit dem kirchlichen Benefiziensystem), nützt es nichts, wenn man versucht, das System zu ändern, sondern man muß der Finsternis Satans das Licht Christi entgegenhalten und sich an die Wurzeln des Guten halten – an die Armut und die Demut, wie sie von Christus gewählt und gelebt wurde.

Das ist eine vortreffliche Einsicht: die Kirche wie auch der einzelne Mensch können nur durch einen Lebensstil geheilt werden, wie Christus ihn vorgelebt hat.

Die Gegenüberstellung ist ganz deutlich: Satan schickt seine Dämonen in alle Welt, damit sie die Menschen „zuerst durch die Begierde nach Reichtum in Versuchung führen (...), damit sie je leichter zu eitler Ehre der Welt und danach zu einem ausgewachsenen Hochmut gelangen" (EB 142). Christus hingegen ermahnt seine Freunde, den Menschen zu helfen, „indem sie diese zuerst zur größten geistlichen Armut hin bewegen und, wenn Seine göttliche Majestät sich ihrer bedienen und sie erwählen wollte, nicht minder zur aktuellen Armut; zweitens zum Verlangen, geschmäht und verachtet zu werden, denn aus diesen beiden Dingen ergibt sich die Demut" (EB 146).

Ignatius ist durch eine mystische Schau zu der Einsicht gelangt, daß der apostolische Dienst nicht darin besteht, möglichst viele Menschen zu Christen zu machen, um die Kirchen mit Gläubigen zu füllen, sondern vielmehr darauf hinzielt, die Menschen zu einem Lebensstil zu bewegen, der der Art und Weise des Handelns Jesu entspricht, in dem das Mysterium der Dreieinigkeit aufgeleuchtet ist. So sollen sie den Menschen helfen, Söhne und Töchter Gottes zu sein und als solche zu leben. So ist es das Herzstück der Meditation, vom Leben Jesu zurückzugehen zu seinem Bewußtsein als Sohn, um sich als Kind aufnehmen zu lassen und so unter dem Wirken des Heiligen Geistes zur Freiheit der Kinder Gottes zu gelangen. Wir sehen jedoch, daß wir als erstes ein Beispiel geben müssen, wie Ignatius es gegeben hat, indem wir „Armut gegen Reichtum, Schmähung und Verachtung gegen die weltliche Ehre, Demut gegen Hochmut" ersehnen (vgl. EB 146).

Ich könnte noch hinzufügen, daß auch heute der Drang danach, sich Reichtümer anzuhäufen, der Ehrgeiz und die Macht die Wurzeln aller Ungerechtigkeit sind. Nach der Gerechtigkeit suchen, heißt demnach, zuerst in sich selbst die Wurzel der Ungerechtigkeit aufspüren und sich immer mehr von den Dingen loszulösen, um mit Jesus den letzten Platz einzunehmen. Die Besinnung über die zwei Banner legt unser persönliches Leben, das kirchliche Leben und unsere Weise, den Dienst auszuführen bloß und wühlt sie auf.

Es ist wesentlich einfacher, über Gerechtigkeit, Versöhnung und Bewahrung der Schöpfung zu sprechen und bei großen Aktionen und Programmen mitzumachen. Fast alle beschäftigen sich heute mit diesen Fragen, seien sie politisch rechts oder links; aber ich weiß nicht, ob es jemanden gibt, der als erstes und wichtigstes sein eigenes Leben in die Diskussion einbringt. Es ist sicherlich wichtig, für die Ausbreitung des Friedens zu arbeiten, sich für eine bessere Verteilung der Güter einzusetzen und den Armen zu helfen. Dennoch werden wir zu keinen Lösungen gelangen, wenn wir den Übeln, die die Menschheit plagen, nicht an die Wurzel gehen.

Bitten wir den Herrn im Gebet, daß er uns an der Erkenntnis teilhaben lasse, die dem Ignatius geschenkt wurde, damit wir nicht mehr Gefahr laufen, in dieser Betrachtung nur das aufzunehmen, was unseren jetzigen Standpunkt bestätigt und bekräftigt.

4. Eine feste Entscheidung

Die *Betrachtung über die drei Menschengruppen* (EB 149–157) ist einfach die Fortführung des Vorangegangenen. Es ist, als würde Ignatius fragen: Willst du wirklich bei Jesus sein? Oder gibt es in dir noch Dinge, die dich daran hindern, dich festzulegen und zu entscheiden?

Um den Exerzitanten dabei zu helfen, bringt er das Beispiel von drei Menschengruppen, von denen jede eine große Summe Geld erworben hat und alle sich jedoch retten und das Geld darum loswerden wollen.

„Die erste Gruppe möchte von der Anhänglichkeit an die erworbene Sache lassen, um Gott unsern Herrn in Frieden zu finden und sich gerettet zu wissen. Und doch wendet sie die Mittel nicht an bis zur Stunde des Todes. Die zweite will von der Anhänglichkeit lassen, aber sie will so davon lassen, daß sie im Besitz der erworbenen Sache bleibt, in der Weise, daß Gott dorthin kommen soll, wohin sie selbst will, und sie entschließt sich nicht dazu, die Sache aufzugeben, um zu Gott hinzugehen, auch wenn dies der bessere Stand für sie wäre. Die dritte will von der Anhänglichkeit lassen, aber sie will sie so lassen, daß sie ebensowenig die Neigung bestimmt, die erworbene Sache zu behalten als sie nicht zu behalten. Sie will sie vielmehr einzig wollen oder nicht wollen, je nachdem Gott unser Herr es ihrem Willen eingibt und es der betreffenden Person je besser erscheint zum Dienst und Lob Seiner Göttlichen Majestät. Und inzwischen will sie ihre Sorgfalt darauf wenden, alles aus der Anhänglichkeit zu entlassen, indem sie ihre Kraft einsetzt, weder diese noch irgendeine andere Sache zu wollen, außer wenn einzig der Dienst Gottes unseres Herrn sie dazu bewegt, in der Weise, daß der Wunsch, je besser Gott unserem Herrn dienen zu können, sie bewegt, die Sache anzunehmen oder sie zu lassen" (EB 153–155).

Ignatius betont also die Notwendigkeit, *ein starkes inneres Verlangen* danach zu spüren, dem armen Christus zu folgen. Und wenn jemand sich noch nicht dazu entschieden hat, die Armut zu leben, wie Jesus es tat, und jegliche Art von Vermögen und Macht aufzugeben (sogar der Herr wird von niemandem verlangen, daß er es tatsächlich aufgibt), dann ist es doch nötig, nicht *abhängig* davon zu sein und alles im Herzen loszulassen und seine ganze Kraft einzusetzen, weder diese noch irgendeine andere Sache zu wollen, außer wenn einzig der Dienst Gottes unseres Herrn ihn „dazu bewegt, in der Weise, daß der Wunsch, je besser Gott unserem Herrn dienen zu können, sie bewegt, die Sache anzunehmen oder sie zu lassen".

Durch diese Besinnung sollen wir erkennen, ob wir

uns wirklich entschieden haben und ob unser Verlangen so stark ist. Es kann ja wirklich einer sagen: Ich habe mich entschieden, aber ich warte ab, bis ich ganz genau weiß, was der Herr von mir will. Ignatius bemerkt dazu: Auf diese Art wirst du dich nie entscheiden; du mußt von heute an in deinem Herzen allen Arten von Macht, Ehrgeiz und Geld widersagen, dann wird der Herr dir die wirkliche Wahl zeigen.

5. Die drei Weisen der Demut

Nachdem er in der Besinnung über die drei Menschengruppen den Willen des Exerzitanten prüfen wollte, lädt Ignatius ihn nun zur *vollen* Nachfolge Christi ein: „Vor dem Eintreten in die Wahlarten wird der Mensch, um sich auf die wahre Lehre Christi unseres Herrn einzustimmen, mit großem Vorteil die folgenden drei Weisen der Demut aufmerksam erwägen" (EB 164). Das Ziel dieser Besinnung ist es, den Exerzitanten vor die Frage zu stellen: Will ich aus meiner Liebe zu Jesus praktische Konsequenzen ziehen? Will ich mich ernsthaft auf seinen Lebensstil einlassen und ihn liebgewinnen?

Wir merken sehr schnell, daß Ignatius von den drei Weisen der Demut im Grunde nur die dritte im Sinn hat; die beiden ersten werden nur erwähnt, um Mißverständnisse, Kurzschlüsse und gefährliche Illusionen zu vermeiden (wenn wir die Wurzeln der Ungerechtigkeit, des Bösen und der Sünde nicht wirklich aus unserem Leben entfernen wollen, können wir nie ganz bei Christus sein).

Betrachten wir also näher die drei Weisen der Demut: „Die erste Weise der Demut ist notwendig zum ewigen Heil. Ich muß mich nämlich so weit herabsetzen und erniedrigen, als es mir möglich ist, dazuhin daß ich in allem dem Gesetz Gottes unseres Herrn gehorche, derart daß ich – auch wenn man mich zum Herrn aller geschaffenen Dinge auf dieser Welt machte oder wenn es um mein eigenes zeitliches Leben ginge – nicht einmal in Erwägung ziehe, ein Gebot zu übertreten, sei es ein göttliches oder ein menschliches, das mich unter Todsünde verpflichtet" (EB 165).

„Die zweite Weise der Demut ist vollkommener als die erste: wenn ich mich nämlich in solcher Verfassung befinde, daß ich nicht mehr Wünsche noch Neigung habe, in Reichtum als in Armut zu leben, nach Ehre zu verlangen als nach Schmach, ein langes Leben zu wünschen als ein kurzes, wenn dabei der Dienst Gottes unseres Herrn und das Heil meiner Seele gleichbleibt, und daß ich ferner weder um aller geschaffenen Dinge willen noch deshalb, weil man mir das Leben nehmen wollte, es auch nur in Erwägung ziehe, eine läßliche Sünde zu begehen" (EB 166).

Die dritte Weise der Demut ist die vollkommenste: wenn ich nämlich – die erste und zweite Weise vorausgesetzt und sofern das Lob und die Ehre der Göttlichen Majestät gleichbleibt –, um Christus unserem Herrn je mehr nachzufolgen und ihm je mehr in der Tat ähnlich zu werden, eher mit dem armen Christus Armut will und erwähle als Reichtum, mit dem schmacherfüllten Christus Schmach als Ehren und je mehr danach verlange, für einfältig und töricht gehalten zu werden als für weise und klug in dieser Welt – um Christi willen, der zuerst als solcher angesehen wurde" (EB 167).

Ignatius zielt also auf die dritte Weise der Demut, und jeder Jesuit wird sich dabei an sein Noviziat erinnern, da sie uns zur Beachtung nahegelegt worden ist.

Ignatius läßt aber zu, daß die zweite Weise der Demut für eine gute Entscheidung ausreicht, was nicht seiner Bevorzugung der dritten Weise widerspricht. Wahrscheinlich möchte er, daß der Exerzitant wenigstens die zweite Weise der Demut erreicht als Voraussetzung für das Erlangen der dritten Weise, die allein uns zu einer tiefen Vereinigung mit Christus führt. Wenn wir uns mit einem Mittelweg zufriedengeben, werden unsere Ambitionen dieses Gleichgewicht früher oder später zerstören. Wenn wir aber all unsere Kraft dafür einsetzen, immer und in allem bei Jesus zu sein, dann werden wir die volle Freiheit des Herzens erlangen.

Es ist fast unmöglich, das alles klar und rational zu erklären. Wieder sind wir darauf angewiesen, daß Gott uns mit seiner Gnade in die Lebensweise der Dreieinigkeit und in jenes Leben als Kinder Gottes einführt, in dem sich das Reich Christi in der Welt verwirklicht. Wir bedürfen dieser Gnade, die die Ungerechtigkeit ausreißt, die in uns verwurzelt ist, und uns von den Illusionen unserer falschen Gerechtigkeitsvorstellungen befreit.

6. Die „wahre Lehre“

Wir wollen diese Meditation nicht beschließen, ohne auf die „wahre Lehre“ einzugehen, die an zwei Stellen in den Exerzitien vorkommt.

Die erste findet sich in der Besinnung über die zwei Banner: „Erwägen, wie der Herr der ganzen Welt so viele Personen, Apostel, Jünger usw. erwählt und sie über die ganze Welt aussendet, damit sie Seine *heilige Lehre* über alle Stände und Lebenslagen der Personen ausbreiten“ (EB 145).

Die zweite Stelle gehört zu den Vorbemerkungen zur Betrachtung über die drei Weisen der Demut: „Vor dem Eintreten in die Wahlarten wird der Mensch, um sich auf die *wahre Lehre Christi unseres Herrn* einzustimmen (...)" (EB 164).

Was ist mit dieser „heiligen" oder „wahren" Lehre gemeint? Wenn Thomas von Aquin den Ausdruck „heilige Lehre" gebraucht, meint er damit die Heilige Schrift und die Tradition. Daraus könnten wir schließen, daß Ignatius eine Art von umfassendem Katechismus im Sinn hat, den alle lernen sollten. Die allgemein übliche Auffassung von der Verbreitung der heiligen Lehre besteht denn auch in der Verkündigung von Glaubenswahrheiten, in der Auslegung des Wortes Gottes und in der Unterweisung in der Tradition.

Daher trifft es mich sehr, daß Ignatius mit der „heiligen" oder „wahren" Lehre die Lehre vom gedemütigten Christus meint. Bei der ersten Stelle (EB 145) sagt er, das Apostolat bestehe darin, alle Menschen dahin zu bringen, daß sie leben, wie Jesus Christus gelebt hat, Ehrgeiz und Habgier ablegen und auf den Besitz von Reichtümern verzichten, weil darin das göttliche Leben besteht. Auch die zweite Stelle (EB 164) versteht unter der „wahren Lehre" die Nachahmung des armen Christus.

Theologisch gesehen, ist die ignatianische Lehre etwas Ganzheitliches, denn es würde wenig nützen, Christ zu werden, einige Glaubenswahrheiten zu lernen und zu wissen, wie man die Bibel liest, wenn man dann nicht in das Herz und den Geist Christi eingeht und in ihm die Offenbarung des göttlichen Lebens erspürt.

Auch wenn die Exerzitien das nicht ausdrücklich sagen, so zielt Ignatius doch auch auf die Umbildung der Macht- und Finanzstrukturen in Kirche und Gesellschaft. Wenn er die Umbildung der Lebensweise jedes Einzelnen zum Ziel hat, dann ist er sicher, daß durch die Entscheidung aller Menschen, wie Christus zu leben und auf Reichtum und Erfolg zu verzichten, die Umbildung auch der Gemeinschaften gewährleistet ist.

So können wir in dieser Meditation darum bitten, daß die Freiheit Jesu unsere freie Entscheidung, ihm nachzufolgen, vorantreibt und bestimmt, damit wir gut vorbereitet werden auf die Wahl oder die Neuentscheidung, die den Knotenpunkt der Zweiten Exerzitienwoche und der Exerzitien als ganze bildet. Beten wir also, indem wir durch die Fürsprache Mariens unsere brennende und ernsthafte Sehnsucht vor den Vater und vor Jesus bringen, *bei und wie Jesus zu sein*.

Der psychologische Aspekt der Entscheidung

Homilie

1. Das Bild von der Saat

Die Lesung aus dem Zweiten Korintherbrief gibt uns eine gute Beschreibung dessen, was bei einer Entscheidung psychologisch eine Rolle spielt: „Wer spärlich sät, wird auch spärlich ernten, und wer Segenfülle sät, wird auch Segensfülle ernten. Jeder gebe, wie er es sich im Herzen vorgenommen hat, nicht in Verdrossenheit oder aus Zwang: denn ‚einen fröhlichen Geber hat Gott lieb'. Gott aber hat die Macht, jedwede Gnadengabe euch in Fülle zuzuwenden, auf daß ihr in allem allzeit alles zur Genüge habt und dazu noch Überfluß zu guten Werken aller Art, wie geschrieben steht: Er teilt reichlich aus, gibt den Armen, seine Gerechtigkeit währet in Ewigkeit" (2 Kor 9,6–10).

* Paulus gebraucht das Bild von der Aussaat: im Zusammenhang des Briefes hat ‚säen' die Bedeutung von: den Armen Almosen geben, also einen Akt der Gerechtigkeit und der Nächstenliebe tun.
* In den Gleichnissen der synoptischen Evangelien hingegen ist das Säen mit dem Dienst am Wort gleichzusetzen: „Der Sämann sät das Wort" (Mk 4,13; vgl. Mt 13,18–23; Lk 8,11–15).
* Im Kontext unserer Exerzitien besteht die Saat in den festen inneren Entscheidungen und dem brennenden Verlangen. Die Gesetzmäßigkeit ist aber in allen

drei Bedeutungen die gleiche: Wer spärlich sät, wird auch spärlich ernten, und wer Segenfüllle sät, wird auch Segensfülle ernten.

2. *Die innere Entscheidung*

Anschließend erläutert Paulus die Voraussetzungen für eine gute Entscheidung: man soll Almosen geben, verkündigen oder Entscheidungen treffen in dem Maß, wie man es sich *im Herzen* vorgenommen hat. Die großartige Einsicht der ignatianischen Exerzitien besteht in der Erkenntnis, daß alles, was sich in der Kirche und in der Geschichte ereignet, einer *inneren* Entscheidung entspringt. Die inneren Entscheidungen sind die Wurzeln, in denen das Reich Gottes seinen Anfang nimmt.

Welche Haltungen sind aber zu empfehlen im Hinblick auf eine solche innere Entscheidung?

Paulus hebt zwei Negativbeispiele hervor: er sagt, man solle *nicht aus Verdrossenheit und nicht aus dem Zwang heraus* entscheiden. Eine Entscheidung soll nie aus einer Schwermut oder aus einer Unzufriedenheit heraus erfolgen. Andernfalls haben die Entscheidungen fast keinen Wert, auch wenn sie äußere Resultate zeitigen; denn sie werden nur halb gefällt und bringen keine Umwandlung der Person selbst und keine echte Lebenswende.

Folglich gibt es zwei positive Haltungen: eine innere Entscheidung sollte getroffen werden *mit Freude*, mit einem offenen und bereiten Herzen, und sie sollte *voller Hoffnung* sein, in dem Vertrauen auf Gott, der die Macht hat, seine Gaben reichlich zu vermehren, uns zu halten, uns zu helfen und uns zu stärken.

3. *Die Gabe des Lebens*

Die Frohbotschaft am Fest des heiligen Lorenz lautet: „Wahrlich, wahrlich, ich sage euch: Wenn das Weizenkorn nicht in die Erde fällt und stirbt, bleibt es allein. Wenn es aber stirbt, bringt es viele Frucht. Wer sein Leben liebt, verliert es, und wer sein Leben in dieser Welt haßt, der wird es zu ewigem Leben bewahren. Wenn einer mir dient, folge er mir, und wo ich bin, dort wird auch mein Diener sein. Wenn einer mir dient, wird ihn der Vater ehren" (Joh 12,24–26).

Hier begegnet uns erneut der Vergleich mit dem Samen und der Aussaat, doch stehen sie hier für die Gabe des Lebens. Dieser Evangeliumstext öffnet uns das Verständnis für den letzten und tiefsten Sinn der Ermahnung des Paulus und des Bildes vom Sämann, das in den synoptischen Evangelien gegenwärtig ist: Der Sämann ist Jesus, und der Same, der in die Erde fällt, ist sein eigenes Leben.

Wie kann dieses Wort Jesu nun den psychologischen Aspekt einer Entscheidung, wie Paulus sie beschreibt, bereichern? Ich glaube, daß es die *Unvermeidlichkeit* einer klaren Entscheidung hinzufügt.

Bei der Betrachtung der Lesung aus dem Zweiten Korintherbrief kann uns der Gedanke kommen: Wenn es uns nicht gelingt, großzügig zu säen, dann begnügen wir uns eben damit, daß wir wenigstens ein bißchen säen. Das ist bei den kleineren Entscheidungen in Ordnung. Für die Entscheidungen jedoch, die unser Leben betreffen, sagt uns Jesus, gilt das nicht: entweder wir entscheiden uns dafür, mit ihm zu sterben und uns so ganz hinzugeben und Frucht zu bringen, oder wir verweigern uns dem, bringen keine Frucht und bleiben allein, unfähig, geliebt zu werden und zu lieben.

Jesus will das Entscheidungsproblem an seine äußersten Grenzen bringen: Er spricht nicht nur von der inneren Entscheidung, bei der das Herz überfließt, die mit Freude erfüllt und voller Hoffnung ist; er lädt ein und beruft uns zur totalen Entscheidung, die den ganzen Menschen meint. Sie muß dem ganzen Menschen entsprechen, weil der Mensch von seiner Natur her dazu geschaffen ist, seine Liebe zu geben bis hin zur äußersten Hingabe seiner selbst, bis hin zum Tod, so wie Jesus sich gegeben hat. Denn wer sein Leben liebt, verliert es, und wer sein Leben haßt, der wird es bewahren.

„Wo ich bin, dort wird auch mein Diener sein" – das läßt uns an Ignatius denken; *er wollte wirklich bei Jesus sein*, der in Bethlehem war, predigte, die Menge lehrte und das Volk heilte; und er wollte bei Jesus sein in seinem Leiden und am Kreuz. Wenn wir spüren, wie in unserem Herzen diese klaren Entscheidungen reifen, „wird der Vater uns ehren".

In der Eucharistie, die wir feiern, will der Vater uns ehren; er will, daß wir in Christus an seinem Leben teilhaben. Bitten wir ihn auf die Fürsprache des heiligen Märtyrers Lorenz, daß wir erneut bereit sind, in Liebe zu Jesus unser Leben hinzugeben.

Elfte Meditation:

Voraussetzungen für die Versöhnung

„Maria, du Mutter der Versöhnung, wir bitten dich: versöhne unser Herz mit Jesus, deinem Sohn. Erwirke jedem von uns das Geschenk der Versöhnung in den verschiedenen Bereichen unseres Dienstes, sei es im Studium, im pastoralen Dienst, in der Beziehung zu einzelnen Menschen oder im Gebet. Mache uns zu Menschen, die für die Versöhnung eintreten in der Welt, in der Kirche, in der Gesellschaft Jesu – du, die immer bei dem Vater zusammen mit dem Sohn und in der Gnade des Heiligen Geistes für uns eintritt. Amen."

1. Versöhnung als Dienst

Die Versöhnung ist einer der grundlegenden Dienste der Gesellschaft Jesu. Sie wird so auch in der „Formula Instituti" erwähnt, die von Julius III. am 21. Juli 1550 mit der Bulle *Exposcit debitum* approbiert wurde: Jeder Jesuit „soll sich nach dem feierlichen Gelübde immerwährender Keuschheit, Armut und Gehorsams dessen bewußt werden, daß er Mitglied einer Gesellschaft ist, die vornehmlich dazu errichtet worden ist, um besonders auf die Verteidigung und Verbreitung des Glaubens und den Fortschritt der Seelen in Leben und christlicher Lehre abzuzielen durch öffentliche Predigten, Vorträge und jedweden anderen

Dienst am Wort Gottes und die Geistlichen Übungen (...) und um nichts weniger soll sie sich zur Versöhnung von Abständigen (...) als nützlich erweisen" (Exposcit debitum 1, zit. nach: Satzungen der Gesellschaft Jesu, a. a. O. S. 3).

Wenn wir nun den Dienst der Versöhnung betrachten, wollen wir auch daran denken, daß Ignatius selbst die Versöhnung sehr geübt und viel Zeit darauf verwendet hat, zwischen den Menschen zu vermitteln und den Frieden zu bringen, wo Streit herrschte. Von seinem großen Bemühen um Versöhnung sei nur die Auseinandersetzung zwischen Ascanio Colonna und seiner Frau Johanna von Aragón erwähnt. Ihre Ehe war aus politischen Erwägungen heraus geschlossen worden, und obgleich sechs Kinder daraus hervorgingen, fanden die Ehepartner nicht zueinander. Beide führten ihr eigenes Leben, und der Papst, dem dieser Skandal Sorge bereitete, bat Ignatius, sich darum zu kümmern. Über zwölf Jahre lang ging er dieser schmerzlichen Geschichte persönlich und über die Patres Bobadilla und Araoz nach. 1552, als er bereits Generaloberer der Gesellschaft Jesu und zudem sehr krank war, begab er sich zusammen mit seinem treuen Sekretär Polanco nach Alvito im Königreich Neapel, um Johanna dort auf ihren Gütern aufzusuchen. Dabei überzeugte er sie, zu ihrem Ehemann zurückzukehren. Sobald er wieder in Rom war, schrieb er ihr einen Brief, um sie daran zu erinnern und das zusammenzufassen, was er ihr mündlich mitgeteilt hatte. Dieser Brief enthält ganze sechsundzwanzig Gründe dafür, warum sie sich mit Ascanio versöhnen müsse!

2. *Was in der Geschichte Josefs der Versöhnung bedarf*

In den vorangegangenen Meditationen hat sich gezeigt, wie schwierig es sein kann, Versöhnung zu stiften. Wir wollen nun kurz die Gründe zusammenfassen, die zu einer Spaltung der Familie Jakobs geführt haben, um dann einige Voraussetzungen aufzuzeigen, ohne die eine wahre Versöhnung nicht stattfinden kann.

* ‚*Geschichtlich*' gesehen ereignete sich die Spaltung *zwischen Josef* als dem Zweitjüngsten *und seinen älteren Brüdern*: zehn gegen einen. Der kleine Benjamin hatte damit nichts zu tun.
* Aus *psychologischer* Sicht verbirgt sich hinter dem Neid der Brüder auf Josef die Ablehnung des Vaters durch die Brüder, die dessen Verhalten nicht akzeptieren. Die Spaltung trifft somit die Mitte der Familie, und nachdem Josef verkauft worden ist, kommt es auch unter den Brüdern, die gemeinsam den Vater belogen hatten, zum Streit. Die Atmosphäre im väterlichen Haus ist jetzt von Verdächtigungen, Schrecken und Angst geladen, und keiner traut mehr dem anderen.
* *Theologisch* betrachtet liegt die *Wurzel der Zwietracht* darin, daß *Josef der Erwählte ist,* daß Gott einen besonderen Plan für ihn hat. Die Täuschung besteht darin, sich Gerechtigkeit verschaffen zu wollen, indem man den beseitigt, der der Erwählte ist; anstatt gerecht zu werden, indem man auf den göttlichen Heilsplan und auf den eigenen Platz in der Familie und auf den des anderen schaut und so für jeden einen Platz findet, entledigt man sich des anderen.

Wir haben schon darauf hingewiesen, daß diese Geschichte für die Spaltung zwischen Menschen, Gruppen, Völkern und Rassen steht und im besonderen ein Gleichnis ist für die Ablehnung des von Gott Erwählten. Dazu gibt es eine sehr schöne Stelle im Buch der Weisheit, die auf Jesus bezogen wird, aber auch auf Josef paßt:

„Laßt uns dem Gerechten nachstellen, denn er ist uns unbequem. Er tritt unserem Treiben entgegen; er klagt uns der Gesetzesübertretung an und macht uns zum Vorwurf, daß wir uns gegen die Zucht verfehlen. Er rühmt sich, die Erkenntnis Gottes zu besitzen, und nennt sich ein Kind des Herrn. Er ist für uns eine Anklage unserer Gesinnung; schon sein Anblick ist uns lästig. Denn sein Lebenswandel weicht von dem des andern ab, und ungewöhnlich sind seine Wege (...). Das Endlos der Gerechten preist er glücklich und nennt prahlend Gott seinen Vater. Laßt uns einmal sehen, ob seine Reden wahr sind; machen wir die Probe, wie es mit ihm endet. Denn ist der Gerechte Gottes Sohn, so wird er sich seiner annehmen und ihn aus der Hand der Widersacher befreien." In dieser Konfliktfrage entsteht ein gewisser Kitzel, eine Lust, Gott zu versuchen und zu sehen, wozu es gut sein mag, ein Gerechter zu sein. „Durch Höhnen und Mißhandlung wollen wir ihn prüfen, damit wir seine Sanftmut kennenlernen und seine Geduld erproben. Zu schimpflichem Tod wollen wir ihn verurteilen; denn nach seinen Worten wird ihm Gottes Schutz zuteil" (Weisheit 2,12–20). Sehen wir, wozu ihm seine Träume nützen – sagen die Brüder Josefs –, sehen wir, ob es dem Vater auch dieses Mal gelingt, seine Vorliebe unter Beweis zu stellen.

Alle Streitigkeiten und Konflikte zwischen Menschen enthalten also geschichtliche, psychologische und theologische Ursachen. Und die Geschichte von Josef lehrt uns, daß es vieles zu versöhnen gibt und daß vieles getan werden muß, damit Krieg, Spaltung und Zwietracht ein Ende haben, denn die Konflikte, die zwischen den Menschen herrschen, bauen auf gegenseitiger Schuld auf und sind komplexe Abbildungen des einen Konfliktes, der sich gegen Jesus richtete, gegen den Sohn des Vaters, der seine Liebe und Barmherzigkeit geoffenbart hat.

3. Die Voraussetzungen für die Versöhnung

Es würde sich lohnen, die Geschichte Josefs Bild für Bild zu untersuchen, um zu sehen, welcher Schritt zur Versöhnung jeder Stufe eigen ist. Ich möchte mich jedoch darauf beschränken, einige der Voraussetzungen aufzuzeigen, die für diesen langen und mühevollen Prozeß der Versöhnung nötig sind.

1. Zunächst wollen wir die Situation Josefs betrachten. Obgleich er es ist, der den Prozeß der Versöhnung vorantreibt, befindet er sich doch auch mittendrin. Er fühlt sich gekränkt, weil die Brüder seine Worte, sein Verhalten und seine lauteren Gefühle ihnen gegenüber mißgedeutet haben. Er hat Anteil daran, wie die Ereignisse dem Vater gegenüber gelaufen sind, und wahrscheinlich gab er Jakob ein wenig Schuld daran – auch wenn er es nicht zugibt –, weil dieser sich ja auf den Bericht der Brüder verlassen und daran geglaubt hat. Er hat ihren Haß dem jüngeren Bruder gegenüber und ihr Spiel, das sie mit ihm getrieben haben, nicht durchschaut. Er hätte die Brüder einen nach dem anderen befragen können, um zu sehen, ob es Diskrepanzen gebe in ihren Berichten; er hätte nach der Leiche suchen lassen und weitere Nachforschungen anstellen können. Statt dessen hat er sich mit dem Ärmelkleid als Beweisstück zufriedengegeben.

Vielleicht hat Josef sogar Benjamin Schuld gegeben, der zufrieden war mit der Liebe des Vaters und nichts unternommen hat, die Leiche seines Bruders zu finden, sondern der Version Glauben geschenkt hat, daß ein wildes Tier ihn gefressen habe. Schließlich ist zu sagen, daß Josef nicht unparteiisch war, denn er war gefühlsmäßig in den Prozeß verwickelt. Er weint, als er seinen Brüdern zum erstenmal begegnet, er weint, als er Benjamin sieht, und er bricht in Tränen aus, als sie einander wiedererkennen.

Er muß lernen, sich zu beherrschen, um *die Situation zu objektivieren* und den Prozeß zu Ende zu führen. So heißt es im Text: „Nachdem er sich das Gesicht gewaschen hatte, ging er wieder hinaus und, sich beherrschend, befahl er" (Gen 43,31).

Gleichzeitig behält Josef die Situation auch im Überblick und läßt Simeon, den Drittältesten nach Ruben und Juda, einsperren, damit die Brüder anfangen, über die Schwere dessen nachzudenken, was sie getan haben.

Wie lautet demnach die erste Voraussetzung für den Dienst an der Versöhnung?

1. Wenn wir Personen treffen, die leiden, insbesondere Gruppen, Völker, denen Ungerechtigkeit widerfährt, lassen wir uns, ganz wie Josef, sehr davon betreffen. Wir leiden mit ihnen mit, teilen ihre Empfindungen und Gefühle, und nach und nach begeben wir uns auf ihre Seite und sind damit unfähig geworden zu versöhnen. Natürlich muß, wer mit der Versöhnung beauftragt ist, den Herzen und Gedanken der Menschen nahe sein, aber er darf sich nicht auf die eine oder die andere Seite des Konfliktes begeben, sondern muß sich im Griff haben, objektiv sein und im ganzen gesehen *über den Dingen stehen, auch wenn er darin verwickelt ist.* Ich bin mir bewußt,

daß das sehr schwierig ist, darum werden wir später noch einmal auf diese Haltung eingehen, denn es ist die Lebensweise Christi. Christus versöhnt die Welt, indem er bei uns Sündern und beim Vater ist.

2. Die zweite Voraussetzung verstehen wir, wenn wir auf die Brüder blicken. Sie waren sich einig darin, daß Josef beseitigt werden müßte, aber zerstritten in der Durchführung und auch in anderen Dingen (es ist im Grunde normal, daß eine Gruppe sich eher darin einig ist, eine Sache abzulehnen als ihr zuzustimmen). Zur Versöhnung ist es aber notwendig, daß *man sich der familiären Einheit bewußt ist*.

Als sie nach Ägypten zu Josef kommen, beschuldigt er sie der Spionage: „Sie antworteten ihm: Nein, Herr, sondern deine Knechte sind gekommen, Getreide zu kaufen. Wir alle sind Söhne desselben Mannes, ehrliche Leute sind wir; deine Knechte sind keine Spione. Er entgegnete ihnen: Nichts da! Ihr seid nur gekommen, die schwachen Stellen des Landes auszuforschen. Sie erwiderten: Deine Knechte sind ihrer *zwölf*; wir sind Brüder, Söhne desselben Mannes im Lande Kanaan. Doch der Jüngste ist jetzt bei unserem Vater, und einer lebt nicht mehr" (Gen 42,10–13). „Zwölf" seien sie, sagen sie, nicht „elf"; denn in der Not werden sie sich ihrer Einheit bewußt und rechnen zu ihrer Zahl den hinzu, den sie beiseite geschafft, aber nicht vergessen haben.

3. Zum dritten müssen die Brüder *ihre Treue zum Vater wiederfinden* und ihn mit seiner Vorliebe für Josef und Benjamin annehmen. Sie hatten ihn ja abgelehnt, weil er Josef bevorzugt hatte. Lesen wir dazu noch einmal die Worte Rubens und Judas: Jakob wollte Benjamin nicht nach Ägypten schicken, weil er fürchtete, ihn zu verlieren, wie er zuvor schon Josef, seinen Lieblingssohn, verloren hat. Da sagt Ruben:

„Meine beiden Söhne magst du töten, wenn ich ihn dir nicht zurückbringe. Vertraue ihn mir an; ich will ihn dir zurückbringen" (Gen 42,37). Ruben akzeptiert die Liebe des Vaters zu seinem Jüngsten, er akzeptiert sie so uneingeschränkt, daß er dessen Leben gleichachtet wie das seiner eigenen Kinder. Und auch Juda erklärt sich für Benjamin verantwortlich und zeigt damit, daß er nicht eifersüchtig ist: „Gib mir den Jungen mit! Dann wollen wir uns auf den Weg machen und hinziehen, damit wir am Leben bleiben und nicht sterben, du und unsre Kinder. Ich selbst will mich für ihn verbürgen. Von meiner Hand sollst du ihn fordern. Wenn ich ihn dir nicht zurückbringe und ihn vor dich hinstelle, will ich mein ganzes Leben lang vor dir die Schuld tragen" (Gen 43,8–9).

Aus der Liebe, die die Brüder für ihren Vater und für Benjamin hegen, kann Josef ersehen, daß die Motive, die zu seiner Beseitigung geführt hatten, überwunden sind. Nun fühlt auch er sich angenommen und geliebt.

Der Prozeß, der Weg, den die Versöhnung beschreitet, entwirrt die einzelnen Fäden, die zu einem Strang verwickelt waren, und schafft Freiheit, indem er sie ans Licht bringt. Es genügt nicht zu sagen: Ich verzeihe euch. Die Gefühle füreinander, die unter der Schuld, der Verlogenheit und dem Egoismus gelitten haben, müssen durch einen geduldigen und erleuchteten Einsatz langsam wieder aufgebaut werden.

4. *Die Versöhnung mit Gott.* Als die Brüder Josef umbringen wollten, haben sie nicht an Gott gedacht und wie Ungläubige gehandelt, so wie Kain an Abel gehandelt hatte. Schrittweise beginnen sie jedoch, Gott und ihre Sünde zu erkennen. Als sie von Ägypten nach Kanaan zurückkehren, findet einer von ihnen das Geld in seinem Sack. „Da verloren sie den Mut.

Zitternd sahen sie sich an und sagten: Was hat uns da Gott angetan?" (Gen 42,28). Sie erkennen, daß sie, indem sie sich an Josef versündigt hatten, in Wirklichkeit gegen Gott gesündigt hatten, ja, daß Gott alles weiß und das Werk der Reue in Gang setzt und vorantreibt. Sie werden zurückgeführt zu einer Haltung des Vertrauens und der Furcht vor Gott.

5. Schon in Genesis 42,21 *bekennen* sie, als sie vor Josef stehen, voreinander ihre Schuld: „Wahrlich, das haben wir an unserem Bruder verschuldet. Wir haben seine Seelenangst gesehen, als er uns anflehte, und nicht auf ihn gehört. Darum kommt dieses Unglück über uns." Sie wissen nicht, daß Josef versteht, was sie sagen, aber sie sprechen ihre Schuld offen aus.

6. Noch eine letzte Voraussetzung für die Versöhnung sei erwähnt: die *Fürsprache*. Für gewöhnlich verstehen wir darunter ein Gebet zugunsten von anderen. Für jemanden zu beten, ist nicht besonders schwer; aber in der Fürsprache liegt noch viel mehr. Wenn wir das lateinische Wort „intercessio" ethymologisch untersuchen, bedeutet es „dazwischen gehen", also zwischen den beiden streitenden Parteien in der Mitte aushalten. Ein Wort aus dem Munde Ijobs kann uns helfen, besser zu verstehen, was mit „Interzession" gemeint ist: „Es gibt doch keinen Schiedsrichter zwischen uns, *der auf uns beide legte seine Hand*" (Ijob 9,33). Das Bild ist vortrefflich: seine Hand auf die Schultern der beiden Kontrahenten zu legen, um damit jedem von beiden zu sagen, daß man bei ihm ist.

In der Mitte zwischen zwei Fronten zu sein, ist gefährlich, denn man gerät hier leicht unter die Räder. Und doch ist es genau die Position, die Jesus eingenommen hat: er war ganz bei Gott in seiner unendlichen Gerechtigkeit und Barmherzigkeit, und er war ganz bei den Menschen, die nie ganz ohne Schuld und nie ganz gerecht sind. Paulus beschreibt die Haltung Jesu, der seine Hand auf die Sünder und zugleich auf Gott legt, sehr gut: „Ist doch Christus, als wir noch wach waren, zur bestimmten Zeit für Gottlose gestorben. Sonst stirbt jemand kaum für irgendeinen Gerechten; höchstens entschließt sich einer, für den Wohltäter zu sterben. Gott aber beweist seine Liebe zu uns dadurch, daß Christus für uns starb, als wir noch Sünder waren. Um wieviel mehr werden wir, da wir jetzt durch sein Blut gerechtfertigt worden sind, durch ihn vor dem Zorn gerettet werden. Denn wenn wir, als wir noch Feinde waren, mit Gott durch den Tod seines Sohnes verwöhnt wurden" – darin besteht die Interzession – „wieviel mehr werden wir als Versöhnte in seinem Leben gerettet werden. Aber nicht nur dies, sondern wir rühmen uns auch Gottes durch unsern Herrn Jesus Christus, durch den wir jetzt die Versöhnung empfangen haben" (Röm 5,6–11). Und weiter: „Das alles kommt von Gott her, der uns mit sich versöhnte durch Christus und uns den Dienst der Versöhnung übertrug. Ja, Gott hat in Christus die Welt mit sich versöhnt; er rechnet ihnen ihre Fehltritte nicht mehr an und hat unter uns das Wort der Versöhnung gestiftet. So sind wir also Botschafter an Christi Statt, da ja Gott durch uns Mahnungen ergehen läßt. An Christi Statt bitten wir: Laßt euch versöhnen mit Gott. Ihn, der von Sünde nichts wußte, hat er für uns zur Sünde gemacht, damit wir in ihm Gottesgerechtigkeit würden" (2 Kor 5,18–21).

Fürsprache einlegen bedeutet, daß wir in unserem Leben den Dienst der Versöhnung leben, ausgehend von der Feier der Eucharistie und von der Eucharistischen Anbetung. Ich glaube, der Grund, warum Ignatius der Eucharistie soviel Bedeutung beigemessen hat, war der, daß er in ihr die große Versöhnung des

Menschen mit Gott in Christus Jesus gesehen hat. Von da her verstand er, wie nötig es ist, sich dem Dienst an der Versöhnung der Brüder und Schwestern zu widmen.

Bei den Voraussetzungen für die Versöhnung, ohne die das zerbrochene Ganze nicht wiederhergestellt werden kann, haben wir zunächst denjenigen in den Blick genommen, der den Auftrag zur Versöhnung erhalten hat; sodann die Brüder, die ihre Beziehung zu Josef, untereinander, zum Vater und zu Gott zerstört haben und ihre Schuld erkennen und bekennen müssen; schließlich haben wir die wahre Haltung des Versöhnenden betrachtet.

4. Mutter der Versöhnung

In der Josefserzählung gibt es keine Mutterfigur – Rachel, die Mutter von Josef und Benjamin ist bereits gestorben, bevor die traurige Geschichte ihren Anfang nimmt. Vielleicht liegt auch darin der Grund für eine derart große Spaltung in der Familie. Dennoch: wenn wir von Versöhnung und Fürsprache sprechen, müssen wir immer auch die Rolle Mariens bedenken. Sie steht auf unserer Seite, auf der Seite Gottes und auf der Jesu. Sie richtet nicht, aber sie versteht und versöhnt.

Ich meine, daß viele Wirklichkeiten in der Kirche und in der Welt leichter zur Versöhnung fänden, wenn wir den marianischen Geist in größerem Maße leben würden. Unser Organisationsdenken und unser Intellektualismus treiben uns manchmal so weit, daß wir auch den Dienst der Versöhnung als ein Einteilen und Rationalisieren betrachten. In Wirklichkeit ist die Versöhnung ein viel tieferes Geheimnis, denn sie entspringt jenem Geist des einfachen und bereiten Vertrauens, aus der Demut und der liebevollen Zärtlichkeit und aus der Barmherzigkeit, die Maria uns lehrt.

Bitten wir also die Gottesmutter, daß wir nicht so sehr darauf bedacht sind, die Motive und Gründe zu kennen, das Pro und Contra, sondern daß uns vielmehr ein großes Herz wie das ihre geschenkt sei, damit wir die Menschen mit Gott und miteinander versöhnen können.

Zwölfte Meditation:

Die Weisheit des Pilgers

„Herr Jesus, du birgst in dir alle Schätze der menschlichen und göttlichen Weisheit. Mache du uns bereit, dein Herz zu betrachten; aus ihm kommt alle Weisheit und Erlösung. Gib uns Klugheit im konkreten Leben eines jeden Tages, so wie Josef, Ignatius und alle deine treuen Dienerinnen und Diener weise waren. Und du Maria, Mutter der göttlichen Weisheit, bitte für uns. Amen."

1. Ein Bild von einem Weisen

In der Heiligen Schrift gibt es viele Texte, bei denen es uns leichtfällt, in der Meditation und im Nachsinnen darüber ihre Aussage und ihre Botschaft für uns heute zu erschließen. Es gibt aber auch andere, die uns weit entfernt von unserer Lebenswelt scheinen und die für eine Gedankenwelt stehen, die von der unsrigen sehr verschieden erscheint; bei diesen Texten stehen wir immer in der Versuchung, sie zu übergehen.

Auch in der Josefsgeschichte stoßen wir auf solche Stellen, die mit der Erzählung seines Versöhnungshandelns verflochten sind. Es handelt sich um die Stellen, an denen er die Träume des Mundschenks des Pharao und die des Pharao selbst deutet, ferner um die seiner Beförderung und schließlich um die Stellen, die seine Agrarpolitik beschreiben. Das alles sind eigenständige Texte, die auch ohne die eigentliche Geschichte gelesen werden können, weil sie eine eigene Botschaft haben. Wir wollen sie nun gemeinsam angehen, indem wir uns fragen, welche Absicht diese Stellen im Ganzen der Erzählung verfolgen.

Josefs Begegnung mit dem Pharao und sein anschließender phantastischer Aufstieg sind meines Erachtens dazu da, zu zeigen, wie Gott das Niedrige erhöht und die Mächtigen erniedrigt, die Brüder nämlich, die ihn unterdrückt hatten und ihn nun in einer gesellschaftlichen Stellung wiederfinden, die in allem einmalig ist. Ein ähnliches Zeichen dafür ist die Aussage, daß Jahwe mit Josef war und Josef in der Gegenwart Jahwes, wie wir schon gehört haben.

Wenn das allerdings die einzige Aussageabsicht an dieser Stelle wäre, würden ein paar Verse genügen, seinen Aufstieg zu beschreiben. Warum also dieser lange Bericht?

Wahrscheinlich verfolgt der Text noch eine andere Absicht, nämlich die, dem Leser ein Bild von der Weisheit Gottes zu bieten, an der ein Mensch teilhat. In den Kapiteln 40–41 und 47,13–26 können wir das Bild eines Weisen betrachten: Gott kann einen einfachen, naiven, etwas dümmlichen Jungen zu einem Weisen umformen, wenn er nur dem Plan Gottes folgt und sich vertrauensvoll in seine Hände begibt. Auf Josef treffen die Worte aus dem Buch der Weisheit zu: „Die Weisheit verließ nicht den Gerechten, der verkauft war, sondern bewahrte ihn vor der Sünde. Sie stieg mit ihm in den Kerker hinab und verließ ihn auch in Fesseln nicht, bis sie ihm das Zepter des Reiches und der Gewalt über seine Bedränger verschafft, seine Verleumder als Lügner erwiesen und ihm ewigen Ruhm verliehen hatte“ (Weis 10,13–14).

Josef ist ein Symbol für die Weisheit Israels, so wie

auch Salomos Charakteristikum die Weisheit ist: „Jahwe verlieh dem Salomo sehr hohe Weisheit und Einsicht und eine Weite des Herzens gleich dem Sand am Ufer des Meeres“ (1 Kön 5,9). In der Weisheitsliteratur finden wir zwar allgemeine Beschreibungen des weisen Menschen, aber das Bild, das uns von Josef gezeichnet wird, ist mit Sicherheit das genaueste. Ich möchte darum aufzeigen, wie der Pilger im Gehorsam Gott gegenüber sich von ihm leiten läßt und durch verschiedene Prüfungen hindurch eine so große Weisheit erlangt, daß er zudem zu einem großen Politiker wird, der Interesse an Fragen der Wirtschaft und Verwaltung zeigt, ohne daß er seinen Glauben und die Gnade Gottes verliert.

Wir wissen, wie schwierig es ist, in der Politik, im Finanzwesen oder in der Wirtschaft zu arbeiten und dabei ehrlich zu bleiben, ein Leben nach dem Evangelium zu leben und Betrügereien, die zur Karriere verhelfen, entgegenzutreten.

Betrachten wir das Verhalten Josefs, indem wir uns den Texten mit Hilfe der Methode der *lectio divina* nähern: als erstes versuchen wir, die relevanten Themen freizulegen (*lectio*), dann daraus die Botschaft für uns heute zu erkennen (*meditatio*) und schließlich zu schauen, wie Jesus in dieser Geschichte gegenwärtig ist (*contemplatio*).

2. Die biblische Weisheit

* Was ist mit dieser „biblischen Weisheit“ gemeint, von der das Buch der Weisheit und das der Sprüche reden? Wir könnten sagen, sie sei eine Art *spiritueller Humanismus* – „Humanismus“ darum, weil der Weise derjenige ist, der es versteht, die Kinder gut zu

erziehen, der seiner Familie gut vorsteht, der böse Machenschaften meidet und sich an den kleinen Dingen des Alltags freut, der gute Beziehungen zu den Nachbarn unterhält, sich nicht ohne Grund mit jemandem streitet usw. Der Weise ist also sehr human. „Spirituell" meint, daß, obleich Gott selten erwähnt wird, dieser Humanismus von der Vorstellung des Schöpfergottes durchdrungen ist, der die Bösen bestraft und die Guten belohnt.

Ich spreche jedoch lieber in einer anderen Weise von der Weisheit Israels: der Weise ist ein Humanist, der sich seiner Wurzeln bewußt ist, der weiß, daß alles von Gott kommt und daß Gott über uns richtet; er ist ein Weiser, der die Thora, das göttliche Gesetz, verinnerlicht hat.

Ich empfehle, die Kapitel über die Weisheit Josefs zu lesen und sie den Stellen aus dem Buch der Sprüche, aus Jesus Sirach, Kohelet, dem Buch der Weisheit und aus Ijob gegenüberzustellen, die die Weisheit zum Thema haben, um die gemeinsamen Grundgedanken aufzuspüren.

* Ferner möchte ich, nur als Hinweis, an die „biblische" Weisheit des Pilgers Ignatius erinnern; sie scheint vor allem in den fünf Gnadengaben auf, die ihm in Manresa zuteil wurden und die er in die Nummern 28–30 des „Berichtes des Pilgers" aufgenommen hat.

Diese so tiefe Weisheit, die so voller Menschlichkeit ist, können wir in seiner ganzen Lebensgeschichte erkennen: in seinem Umgang mit den Päpsten und Königen und Leuten von hohem Rang, wie auch in der Art und Weise, wie er mit der politischen Lage seiner Zeit umging, und sie zeigt sich auch in seinen Briefen und besonders in den Satzungen der Gesellschaft Jesu.

Ignatius bleibt für uns ein Modell, und es ist eines der Ziele unserer Umbildung, seiner Weisheit näherzukommen.

3. *Die psychologische Weisheit Josefs*

Um noch klarer zu sehen, betrachten wir drei Aspekte der Weisheit Josefs: die psychologische, die politische und die administrative.

Die *psychologische Weisheit.* Als er noch ein Junge war, erzählte Josef seine Träume, ohne ihren Inhalt zu verstehen. Dafür mußte er vieles erleiden. Durch diese harten Prüfungen ist er jedoch dazu gekommen, die Träume der anderen zu deuten, und ihnen dadurch zu einer großen seelischen Hilfe zu werden. Wahrscheinlich liegt darin die Aussageabsicht der Kapitel 40 und 41.

„Nun hatten beide in der gleichen Nacht einen Traum, und zwar einen Traum, der für jeden von besonderer Bedeutung war, der Mundschenk und der Bäcker des Königs von Ägypten, die im Kerker gefangen saßen. Als Josef am andern Morgen zu ihnen kam, sah er, daß sie niedergeschlagen waren. Er fragte die Kämmerer des Pharao, die mit ihm im Hause seines Herrn gefangensaßen, und sagte: Warum macht ihr heute so verdrießliche Gesichter? Sie antworteten ihm: Wir hatten einen Traum; aber es ist niemand da, der ihn deuten könnte. Josef sagte zu ihnen: Ist die Traumdeutung nicht Sache Gottes? Doch erzählt mir!" (Gen 40,5–8). Josef erklärt, daß die Traumdeutung Gott gebührt, und er wird es auch vor dem Pharao wiederholen. Dennoch glaubt er, daß er an dieser göttlichen Weisheit Anteil hat.

Es wäre reizvoll, über den Sinn, die Bedeutung und

die Gefahren zu sprechen, die in den Träumen verborgen sind, so wie sie in der Bibel vorkommen. Im Alten Testament bedient sich Gott tatsächlich zuweilen der Träume, um Menschen zu unterweisen, auch wenn die Propheten die Traumdeutung als Methode, den Willen Gottes zu finden, verbieten. Jesus Sirach schreibt zum Beispiel: „Leere und trügerische Hoffnungen hat ein unverständiger Mensch, denn Träume setzen nur Toren in Erregung. Wie einer, der nach dem Schatten greift und den Wind zu haschen versucht, so ist einer, der sich auf Träume verläßt. (...) Wahrsagung, Zeichendeuterei und Träume sind nichtig, Einbildungen einer gebärenden Frau" (Sir 34,1–2.5).

Doch gibt es hier einen Vers, auf den ich aufmerksam machen möchte: „Verwandt sind Spiegel und Träume, das Bild eines Gesichtes erscheint dem Gesicht selbst gegenüber" (Vers 3). Die *Jerusalemer Bibel* merkt dazu an: „Der Traum läßt wie der Spiegel nur ein unwirkliches Bild erscheinen; oder auch: Der Traum spiegelt nur das wider, was der Träumende in sich trägt, ohne daß er etwas darüber hinaus erfährt und ohne weitere Gewähr" (a. a. O., S. 983).

Das interessante an diesem Hinweis scheint mir, daß die Träume, auch wenn wir uns nicht auf sie verlassen können, uns eine Hilfe sind, uns selbst besser zu verstehen. Was die moderne Psychologie tut, ist im Grunde nichts anderes als das Zusammenspiel von Haltungen, Gefühlen, Emotionen, Leidenschaften und Phantasien zu untersuchen, die wir in uns tragen und zu denen wir nur schwer einen direkten Zugang haben, weil es zwar einige gibt, die nach und nach in unser alltägliches Leben durchdringen, andere aber im Unterbewußtsein verborgen bleiben.

Josef ist also ein Mensch, der aus der Erfahrung seiner eigenen Fehler und durch die Prüfungen im Leiden so weit gekommen ist, daß er anderen dabei helfen kann, sich selber kennenzulernen und sich über die eigene Person klarer zu werden.

4. Die politische Klugheit Josefs

Genesis 41 stellt uns den Pharao als einen großen König und sehr einflußreichen Mann vor, eine Art Gott auf Erden: „Am anderen Morgen fühlte er sich beunruhigt. Er sandte hin und ließ alle Schriftkundigen und alle Weisen Ägyptens rufen, und der Pharao erzählte ihnen seinen Traum. Aber es fand sich keiner, der dem Pharao den Traum deuten konnte" (Gen 41,8). Auf einer Afrikareise ergab es sich, daß ich ein Staatsoberhaupt besuchen konnte, einen Diktator. Ich erinnere mich daran, daß ihm während unseres Gespräches Zweifel in einer bestimmten Sache kamen. Also ließ er zunächst den Botschafter kommen, dann die Experten. Er wurde sehr wütend, weil sie alle sein Problem nicht klären und ihm keine befriedigende Antwort geben konnten.

Das erste, worauf hier hingewiesen werden muß, ist *die Größe des Pharao*. Josef weiß darum, und als man ihn aus dem Gefängnis holte, ging er erst zum Pharao, „nachdem er sich geschoren und seine Kleider gewechselt hatte" (Vers 14); Josef sah den Pharao als Symbol der Autorität Gottes. Die Weisheitsliteratur achtet den weltlichen Herrscher und das Königtum, und Josef ist weise genug zu verstehen, mit wem er es zu tun hat.

Dennoch *ist der Pharao nicht Gott*, und *Josef spricht das klar aus*: „Der Pharao sagte zu Josef: Ich hatte einen Traum, und niemand vermag ihn zu deuten. Nun habe ich von dir gehört, du brauchtest einen

Traum nur zu hören, um ihn sofort deuten zu können. Josef erwiderte dem Pharao: Ich vermag nichts. Aber Gott wird dem Pharao Heil verkünden" (Verse 15–16). Der Pharao muß also den Plan, den Gott für ihn hat, anerkennen; das ist ein gutes Beispiel dafür, wie jemand in die Politik gehen kann und dabei seinem Glauben an Gott treu bleibt und sich die Freiheit bewahrt, die Wahrheit zu sagen.

Gott wird in diesem Kapitel sehr oft ausdrücklich genannt, viel öfter als in der ganzen übrigen Geschichte. „Da sprach Josef zum Pharao: Die Träume des Pharao sind nur einer. Gott hat dem Pharao kundgetan, was er zu tun gedenkt" (Vers 25). „Dies meinte ich, als ich zu dem Pharao sprach: Gott hat den Pharao schauen lassen, was er zu tun gedenkt" (Vers 28). Und weiter: „Daß sich aber der Traum des Pharao zweimal wiederholt hat, bedeutet, daß die Sache von Gott fest beschlossen ist und Gott sie ohne Verzug ausführen wird" (Vers 32).

Auch der Pharao als einer der Großen der Erde ist Geschöpf, in dem sich die Gottheit widerspiegelt, und er muß das Handeln Gottes in seinem Leben anerkennen.

Der Pharao ist auf Mitarbeiter angewiesen: „Nun aber sehe sich der Pharao nach einem klugen und weisen Mann um und setze ihn über das Land Ägypten. Ferner wolle der Pharao sofort Aufseher über das Land bestellen und in den sieben Jahren des Überflusses vom Land Ägypten den Fünften erheben lassen. Sie sollen den ganzen Ernteertrag der jetzt kommenden sieben guten Jahre einsammeln und das Getreide zur Verfügung des Pharao aufspeichern, in die Städte bringen und verwahren" (Verse 33–35).

Josef macht einen mutigen politischen Vorschlag. Er ist nicht mehr nur ein Kenner auf dem Gebiet der

Psychologie der Träume, er hat sich auch politische Klugheit angeeignet und überzeugt den Pharao von der Notwendigkeit, sich Mitarbeiter zu suchen. Das ist eine wichtige Lehre für die Staatsoberhäupter und für alle, auf denen eine große Verantwortung lastet.

„Die Rede gefiel dem Pharao und allen seinen Dienern. Der Pharao sagte zu seinen Dienern: Könnten wir wohl einen Mann finden wie diesen, in dem der Geist Gottes ist? Dann sprach der Pharao zu Josef: Da Gott dich alles dies hat erkennen lassen, gibt es keinen, der so klug und weise wäre wie du. Du sollst meinem Haus vorstehen. Mein ganzes Volk soll deinen Weisungen gehorchen, und ich will nur um den Thron höher sein als du. Dann sagte der Pharao zu Josef: Hiermit setze ich dich über das ganze Land Ägypten. Darauf zog der Pharao seinen Siegelring von seiner Hand und steckte ihn an die Hand Josefs, er kleidete ihn in Byssusgewänder und legte ihm die goldene Kette um den Hals. Er ließ ihn auf seinem zweiten Wagen fahren und vor ihm ausrufen: ‚Abrek'. So setzte er ihn über das ganze Land Ägypten. Dann sagte der Pharao zu Josef: Ich bin der Pharao. Gegen deinen Willen soll niemand seine Hand und seinen Fuß rühren im ganzen Land Ägypten" (Gen 41,37–44).

Die Heilige Schrift zeichnet auch den Pharao als ein Beispiel für politische Klugheit: seine Umsicht erlaubt es ihm, die Minister mit der Notwendigkeit zu konfrontieren, daß Josef der Mann seiner Wahl ist. Wenn es in der Politik um Personalfragen geht, ist es immer schwierig zu erklären, warum der eine und nicht der andere ausgewählt worden ist. Der Pharao umgeht das und läßt somit Neid und Eifersucht keinen Raum.

Was uns jedoch vorrangig interessiert, ist der rasante Aufstieg Josefs, der aus den Tiefen des Gefängnisses zum Vizekönig über Ägypten avanciert. „Ich will nur um den Thron höher sein als du", sagt der Pharao zu ihm und: „Gegen deinen Willen soll niemand seine Hand und seinen Fuß rühren im ganzen Land Ägypten." Die Position, die Josef nun innehatte, konnte ihn auch stolz auf sich werden lassen und Schwindelgefühle in ihm dabei erzeugen, wie wichtig und privilegiert er nun sei, aber seine Weisheit überwiegt. Josef ist sich bereits dessen bewußt, daß Gott es ist, der seine Geschichte lenkt, und so wird er auch seinen Brüdern, die nach dem Tode Jakobs fürchten, für ihre vergangene Schuld bestraft zu werden, sagen können: „Fürchtet euch nicht! Bin ich denn an Gottes Stelle? Ihr dachtet Böses gegen mich, Gott aber dachte es zum Guten, um zu vollführen, wie es heute ist: ein großes Volk am Leben zu erhalten" (Gen 50,19–20). Die Weisheit, die an der Weisheit Gottes teilhat, geht stets mit Demut einher.

5. Josefs Klugheit in Verwaltungsfragen

Josef wurde zur Symbolfigur für die Weisheit Israels in einem heidnischen Land, und diese Weisheit zog sich fort bis in die *Agrarpolitik* hinein:

„Es gab im ganzen Land kein Brot mehr, denn die Hungersnot war sehr drückend. Wie das Land Ägypten war auch das Land Kanaan durch die Hungersnot erschöpft. Josef hatte alles Geld, das im Land Ägypten und im Land Kanaan war, durch den Verkauf des Getreides an sich gebracht und an das Haus des Pharao abgeliefert.

Als nun das Geld in Ägypten und in Kanaan aufgezehrt war, kam ganz Ägypten zu Josef und sagte: Gib uns Brot! Warum sollen wir vor deinen Augen sterben, weil das Geld zu Ende ist? Josef erwiderte: Gebt euer Vieh her, dann will ich, wenn kein Geld mehr da ist, euch um euer Vieh Brot liefern. Darauf brachten sie ihr Vieh zu Josef, und Josef lieferte ihnen Brot für die Pferde, Schafe und die Rinderherden und die Esel. So versorgte er sie in einem Jahr mit Brot um den Preis ihres ganzen Viehbestandes. Als aber das Jahr zu Ende war, kamen sie im folgenden Jahr wieder zu ihm und sagten zu ihm: „Herr, wir können es dir nicht mehr verhehlen: Das Geld ist zu Ende, und der Viehbestand ist an dich, Herr, übergegangen. Es steht nichts mehr zu deiner Verfügung, Herr, als unser Leib und unsere Äcker. Warum sollen wir vor deinen Augen zugrunde gehen, wir und unsere Äcker? Kaufe uns und unsere Äcker für Brot, so wollen wir mit unseren Äckern dem Pharao dienstbar sein. Aber gib Saatkorn heraus, damit wir am Leben bleiben und nicht sterben und die Äcker nicht zur Wüste werden!" Josef kaufte das ganze Ackerland, und es ging in den Besitz des Pharao über. Nur das Land der Priester erwarb er nicht. Dann sprach er zum Volk: ‚Seht, ich habe heute euch und eure Äcker für den Pharao erworben. Da habt ihr Saatkorn, damit ihr das Ackerland besäen könnt. Aber von dem Ertrag müßt ihr ein Fünftel an den Pharao abliefern. Die übrigen vier Fünftel gehören euch zur Aussaat für die Felder und zur Ernährung eurer Kinder.' Da riefen sie: ‚Du hast uns das Leben erhalten. Laß uns nur Gnade finden vor unserem Herrn, so wollen wir dem Pharao leibeigen sein.' So machte es Josef zu einer Verpflichtung, die bis zum heutigen Tag auf dem Grundbesitz in Ägypten ruht, daß sie dem Pharao ein Fünftel abliefern müssen. Nur das Ackerland der Priester fiel dem Pharao nicht zu" (Gen 47,13–26).

Wahrscheinlich galt die ägyptische Bodenpolitik, die das ganze Land dem König zuerkannte, zur Zeit des Salomo als eine Art Ideal, weshalb die jahwistische Überlieferung sie dem Verdienst Josefs zuschreiben wollte. Jedenfalls dürfen wir dieses Kapitel nicht so interpretieren, daß Josef von der Hungersnot profitiert hätte, indem er alle Macht beim Pharao zentrierte; und auch die Bibel als ganze billigt das Verhaltend es jungen Vizekönigs voll und ganz.

Ich meine, wir müssen das Werk Josefs als ein Handeln in großer Weisheit betrachten, durch die er für die Bedürfnisse aller Sorge trug. Bezeichnend dafür ist der Ausruf des Volkes in Vers 25: „Du hast uns das Leben erhalten." In der schwierigen Zeit der Hungersnot, als das Brot gänzlich fehlte, hat Josef es geschafft, allen zu essen zu geben. Der Grundgedanke der Erzählung ist die Solidarität: so Politik zu betreiben, daß, wenn die Nahrung knapp wird, es weder Reiche noch Arme gibt, sondern jeder das zum Leben Nötige hat.

Josef ist also darum weise, weil er es versteht, die Güter zu verwalten, indem er Überproduktion und Mangel überblickt und dabei Gott, dem König und den Menschen aufrichtig dient.

6. Die Botschaft für uns

Nachdem wir in der *lectio* die wesentlichen Punkte in den Texten aufgezeigt haben, möchte ich einige Anregungen zur *meditatio* geben.

1. Was können wir aus der *psychologischen Weisheit* Josefs lernen?

Ich bin der Meinung, daß die Fähigkeit, anderen zu helfen, sich selbst besser zu verstehen, eine Form der

Weisheit darstellt, die wir dank einer langen Zeit schweigenden Nachsinnens erreichen können.

Wir hatten bereits die Gelegenheit, das herauszustellen, was sich zum Verhalten Jakobs sagen läßt, der sich die Träume des jungen Josef anhört: Während die Brüder neidisch reagierten, heißt es von ihm: „Sein Vater aber merkte sich die Sache" (Gen 37,11). Und wir haben Anklänge an das Verhalten Marias festgestellt; denn Lukas schreibt von ihr: sie „bewahrte alle diese Worte und erwog sie in ihrem Herzen" (Lk 2,19 und 51). Hier scheint mir der Schlüssel zur psychologischen Weisheit Josefs zu liegen, der zur Botschaft für uns werden kann.

Sind wir in der Lage, unsere Gedanken, Gefühle und Emotionen und die guten und schlechten Ereignisse prüfend anzuschauen, sie uns zu merken und uns vor Gott daran zu erinnern, um sie zu ordnen, zu unterscheiden und ihren Sinn zu erfassen?

Bestärkt uns unsere Erfahrung, so daß wir anderen dazu verhelfen können, dieses wichtige Werk zu tun? Kulturelle Unterschiede – mögen sie zwischen den verschiedenen Ländern noch so groß sein – zählen hier nicht, denn das Herz des Menschen ist auf der ganzen Welt gleich. Und die Herzenskenntnis, die menschliche Weisheit, die aus der langen Vertrautheit mit dem Wort Gottes erwächst, öffnet die Türen aller Kulturen und Rassen, denn sie erkennt die Probleme und die Zweifel, die die Seele befallen, die Ängste und die Hoffnungen der Frauen und Männer aller Zeiten.

2. Was die *politische Weisheit* angeht, so können wir an die Geschichte der Gesellschaft Jesu denken. Welches Verhalten haben die Jesuiten von Ignatius an in der Politik und gegenüber den Machthabern, Königen und Regierungen an den Tag gelegt?

Vielleicht waren meine Mitbrüder in den vergangenen Jahrhunderten stolz auf den Einfluß, den sie auf die politischen Entscheidungen der Monarchen hatten. Heute ist das alles anders, aber die Politik, in ihrem wahrsten Sinn verstanden, ist und bleibt einer der wichtigsten Aspekte menschlichen Lebens, denn sie ist dafür verantwortlich, daß das Wohlbefinden einer Gesellschaft zunimmt. Zeichen für eine falsche Politik ist ja eine Gesellschaft, die immer neue Armut und neue Randgruppen hervorbringt. Darum ist es nötig, sich für eine bessere Politik einzusetzen, die sich ihren Zielen verpflichtet weiß.

Ich meine, daß es Aufgabe der Jesuiten sein müßte, den Politikern zu helfen, den Plan Gottes zu beachten und sich von Gott führen zu lassen, geheilt zu werden von dem Gift der Machtsucht und sich in den Dienst des Gemeinwohls und der Menschen zu stellen.

Darüber hinaus müßten sie, gerade im Blick auf diese Hilfestellung, die sie leisten sollen, sich aus dem politischen Wettkampf heraushalten, der den Laien zukommt.

3. Auch die *Weisheit in Verwaltungsfragen* sollte uns ein Anliegen sein, denn viele Jesuiten haben sich mit ökonomischen Fragen zu befassen und Güter zu verwalten, sei es im Orden oder in der Kirche. Josef tut das, indem er allen zu essen gibt und seine Hände rein hält.

Ich erinnere mich an meinen Terziatsinstruktor, einen alten und sehr weisen Mann, einen Provinzial aus Deutschland; der Teil der Satzungen, den er mit größtem Eifer und mit großer Freude erklärte, weil er ihm viel Bedeutung beimaß, war genau der über die Verwaltung.

Wir müssen uns also dessen bewußt werden, daß die Verwaltungstätigkeit keine Aufgabe ist, die der

Armut entgegensteht, sondern, daß sie *im Dienste der Armut* geschehen soll. Weil die Verfügung über große Summen an Geld zum Wohle anderer in Versuchung führen und einen emotional verstricken kann, erfordert sie das höchste Maß an Freiheit des Herzens. Es fällt manchmal tatsächlich nicht leicht, die Verwaltung eines großen Vermögens mit der Armut in Einklang zu bringen. Doch müssen wir diese Schwierigkeit als Herausforderung annehmen. Wir wissen, daß Ignatius ganz arm sein wollte, und wir kennen seine klare Einstellung in bezug auf die Armut; obwohl er gegen Ende seines Lebens Briefe an reiche Leute schrieb, um die nötigen Mittel zum Aufbau von Kollegien zusammenzubekommen, verlor er nie seine große Liebe zu diesem evangelischen Rat.

4. *Die Glaubensweisheit Josefs.* Die Glaubensweisheit Josefs kam noch nicht zur Sprache, denn sie kommt in seiner Geschichte nicht ausdrücklich vor. Dennoch gibt uns die Bibel in bezug auf Josef Impulse dafür, wie Gott im täglichen Leben, das in Weisheit gelebt wird, Lob, Ehre und Dienst erwiesen werden kann. Der Weise erweist sich als solcher im täglichen Leben: in der Art, wie er arbeitet, Menschen begegnet, vergibt und versöhnt, wie er sich in Politik und Verwaltung verhält. Die religiösen Haltungen haben sicherlich ihren Wert und ihre Wichtigkeit, aber Gott will nicht nur im Augenblick des Gebetes, in der Kirche oder in Frömmigkeitsübungen geehrt werden.

Das entspricht der Nummer 189 des Exerzitienbüchleins, in der Ignatius schreibt, daß es für diejenigen, die keine Wahl zu treffen haben (weil sie sie vielleicht schon getroffen haben) „von großem Nutzen ist, wenn man ihnen (...) eine Art und Weise vorlegt, wie jeder von ihnen sein eigenes Leben und seinen besonderen Stand bessern und neugestalten kann, und zwar so, daß er seine Erschaffung, sein Leben und seinen Stand auf die Verherrlichung und das Lob Gottes unseres Herrn und die Rettung seiner eigenen Seele ausrichtet. Damit er nun zu diesem Ziel gelange und es erreiche, muß er anhand der Übungen und der Weise der Wahl, wie dies erklärt wurde, viel darüber nachdenken und nachsinnen, wie groß der Haushalt und Hausstand sein soll, den er führt, wie er diese lenken und leiten, wie er sie durch Wort und Beispiel belehren soll; ebenso bezüglich seines Vermögens, wieviel er hiervon für seine Familie und sein Haus bestimmen und wieviel er an die Armen und zu anderen frommen Zwecken verteilen soll; dabei wünsche und suche er nichts anderes als im Ganzen und durch das Ganze den je größeren Lobpreis und die Verherrlichung Gottes unseres Herrn."

Gott ist gegenwärtig in allem, was wir täglich tun: das ist die Botschaft der relgiösen Weisheit Josefs.

7. *Der Weg zur Betrachtung*

Für die *contemplatio* schlage ich ein kurzes Stück aus dem Johannesevangelium vor: Jesus erweist sich als guter Verwalter: wie Josef hat er die Menge gespeist. Johannes beschreibt, wie er am Ufer von Tiberias von einer großen Menge umlagert wird; er versucht, auf einen Berg zu steigen, um mit seinen Jüngern alleine zu sein, aber die Menge holt ihn ein, und, um alle zu sättigen, nimmt Jesus fünf Gerstenbrote und zwei Fische von einem Jungen und verteilt sie so, daß niemand ohne etwas zu essen bleibt. Und es bleiben noch zwölf Körbe übrig! „Als nun die Leute das Zeichen sahen, das er gewirkt hatte, sagten sie: Das ist wahrhaftig der Prophet, der in die Welt kommen soll. Da nun Jesus merkte, daß sie kommen und ihn ergreifen wollten, um ihn zum König zu machen, floh er wieder auf den Berg, er allein" (Joh 6,14–15).

Fragen wir Jesus: Warum hast du das getan? Warum warst du nicht damit einverstanden, der weise Verwalter deines Volkes zu sein, das vollkommene Beispiel eines Politikers, der die materiellen Güter braucht, um den Armen zu helfen?

Vielleicht wird Jesus uns dann den tieferen Sinn unserer Berufung als Jesuiten offenbaren.

Dreizehnte Meditation:

Die Gemeinschaft des Pilgers

„Gott unser Vater, du hast uns berufen, eins zu sein in deinem Sohn Jesus Christus und in der Einheit des Heiligen Geistes. Wir sind in eine Gemeinschaft von Menschen hineingeboren, die von deinem Sohn erlöst sind. Wir sind Glieder der Katholischen Kirche, der Weltkirche und der Kirche hier am Ort. Du hast uns zum Leben in der Gesellschaft Jesu berufen. Ignatius, dein Pilger hat sie gegründet. Wir bitten dich: Erfülle uns mit dem Heiligen Geist, der die Quelle der trinitarischen Einheit ist, der Geist der Barmherzigkeit und des Friedens, damit wir unsere Gemeinschaft lieben als ein kostbares Geschenk deines Sohnes. Amen."

Es ist immer schwierig, eine Gemeinschaft aufzubauen. Auch Ignatius hat das am eigenen Leib schmerzlich erfahren. Er hatte ein großes Verlangen danach, Freunde zu finden, die sich mit ihm zusammen dafür einsetzten, „den Seelen zu helfen". Aber die ersten Gefährten, die er in Barcelona kennengelernt hatte und die ihm gefolgt waren, haben ihn in Alcalà verlassen. Nicht anders war es bei den nächsten drei Gefährten, alles Spanier, die er in Paris getroffen und die mit ihm zusammen eine kleine Gruppe gebildet hatten.

Noch weitaus schwieriger ist es, eine Gemeinschaft zu versöhnen: zuweilen gleicht die Geschichte der Klöster und religiösen Gemeinschaften einer Geschichte der Spaltungen und Streitigkeiten, die sich über Jahre hingezogen und viel Leid gekostet haben.

Das Leben in einer Gemeinschaft ist wichtig, ist etwas Schönes, erfordert aber dauerndes Bemühen.

Ich schlage zwei Stellen, eine aus dem Alten und eine aus dem Neuen Testament, zur Betrachtung vor. Sie können uns einen Anstoß geben, über die Gemeinschaft nachzusinnen. Die erste stammt aus der Josefserzählung aus Genesis 43, die zweite aus dem zweiten Kapitel des Johannesevangeliums.

1. Ein zweideutiges Mahl (Genesis 43,16–34)

Als die Brüder zum zweitenmal zu Josef kommen, bringen sie viele Geschenke mit; auch Benjamin ist bei ihnen. „Als nun Josef den Benjamin bei ihnen sah, befahl er seinem Hausverwalter: Führe die Männer in mein Haus, lasse ein Stück Vieh schlachten und zubereiten; denn die Männer sollen am Mittag bei mir speisen" (Gen 43,1). Achten wir auf die lange Vorbereitung für dieses Mahl. „Der Mann tat, wie Josef befohlen hatte. Der Mann führte die Männer in das Haus Josefs. Da fürchteten sich die Männer, weil sie in das Haus Josefs geführt wurden, und dachten: Wegen des Geldes, das beim vorigen Mal in unseren Säcken gefunden wurde, führt man uns herein, damit man sich auf uns stürze und über uns herfalle und uns mit unseren Eseln zu Sklaven mache. Deshalb traten sie an den Hausverwalter Josefs heran, redeten ihn am Eingang des Hauses an und sagten: Bitte, Herr! Wir sind schon einmal hierhergekommen, um Getreide zu kaufen. Als wir in die Herberge kamen und unsere Futtersäcke öffneten, da war das Geld eines jeden oben im Sack, unser Geld nach seinem vollen

Gewicht. Dies bringen wir hiermit zurück. Wir haben auch noch anderes Geld mitgebracht, um Getreide zu kaufen. Wir wissen nicht, wer unser Geld in unsre Säcke gelegt hat. Er antwortete: Beruhigt euch! Seid ohne Furcht! Euer Gott und der Gott eures Vaters hat da heimlich euch einen Schatz in eure Säcke gelegt. Euer Geld ist richtig bei mir eingegangen. Dann brachte er Simeon zu ihnen heraus. Hierauf führte er die Männer in das Haus Josefs und reichte ihnen Wasser, damit sie die Füße wuschen, und gab ihren Eseln Futter. Dann legten sie das Geschenk zurecht, bis Josef am Mittag käme. Denn sie hatten gehört, daß sie dort speisen sollten. Als Josef in das Haus kam, überreichten sie ihm das Geschenk, das sie mitgebracht hatten, und verneigten sich vor ihm bis zur Erde. Er erkundigte sich nach ihrem Befinden und sagte: Geht es eurem greisen Vater gut, von dem ihr mir erzählt habt? Ist er noch am Leben? Sie antworteten: Es geht deinem Knecht, unserm Vater, noch gut; er ist noch am Leben. Als er seine Augen erhob und seinen Bruder Benjamin, den Sohn seiner Mutter, sah, sagte er: Das ist wohl euer jüngster Bruder, von dem ihr mir erzählt habt? Und er sprach: Gott schenke dir seine Huld, mein Sohn! Dann aber eilte Josef hinweg, denn tief bewegt war sein Inneres beim Anblick seines Bruders, und er mußte sich ausweinen. Darum ging er in das innere Gemach und weinte sich dort aus. Nachdem er sich das Gesicht gewaschen hatte, ging er wieder hinaus und, sich beherrschend, befahl er: Tragt die Speisen auf! Da trug man auf, ihm und ihnen gesondert, ebenso den Ägyptern, die mit ihm speisten, gesondert. Denn die Ägypter dürfen nicht mit den Hebräern zusammen speisen, weil dies den Ägyptern als Greuel gilt. Sie saßen vor ihm vom Ältesten bis zum Jüngsten nach ihrem Alter. Darob sahen sich die

Männer erstaunt an. Er ließ ihnen von den Gerichten, die vor ihm standen, vorsetzen. Der Teil, den man Benjamin vorsetzte, war fünfmal so groß als der aller andern. Sie tranken mit ihm und waren fröhlich" (Gen 43,17–34).

Jede Einzelheit an diesem Festmahl ist zweideutig: Josef sitzt für sich an einem erhöhten Tisch, die Ägypter sitzen gesondert, und ebenso die Brüder; Benjamin wird ein sehr üppiges Mahl serviert.

Die Trennung nach Tischen läßt an die Trennung in arme und reiche Völker und zwischen mächtigen und niedrigen Menschen denken. Wir können uns vorstellen, wie die Brüder versuchen, Komplimente über das vortreffliche Essen zu machen, aber nicht wissen, wie sie sich verhalten sollen. Die gemeinsame Tafel, die eigentlich ein Zeichen der Zusammengehörigkeit ist, wird bei diesem Mahl zu einem Zeichen für die Trennung.

Eine weitere Zweideutigkeit ergibt sich aus der Tatsache, daß die zwölf Brüder zum erstenmal nach zwanzig Jahren wieder zusammen sind, ohne daß sie jedoch wissen, daß es sich um eine Familienzusammenkunft handelt. Der einzige, der darum weiß, ist Josef. Wahrscheinlich grübeln die elf darüber nach, wer dieser Vizekönig des Pharao in Wirklichkeit sei und was sie für ihn bedeuten. Warum hatte er bei ihrer ersten Begegnung sich ihnen gegenüber feindselig, ja fast neidisch gezeigt und änderte jetzt sein Benehmen derart?

Auch die Sitzordnung ist eigenartig: Wie kann Josef wissen, wer der älteste und wer der jüngste von diesen Brüdern ist, die da aus Kanaan kamen? Und was hat die fünffache Portion für Benjamin zu bedeuten?

Viele Fragen stehen im Raum, doch keiner wagt es, sie laut auszusprechen, und so spielt sich das Mahl in vollständigem Schweigen ab.

Es kommt mir vor wie gewisse Treffen einer Gemeinschaft, bei denen keiner die wirklichen Fragen stellt und alle sich unwohl und verlegen fühlen und niemand weiß, warum man eigentlich zusammenkommt. Ich erinnere mich, vor vielen Jahren eine Einladung erhalten zu haben, in der man mich nachdrücklich bat, an einer Tagung der Gesellschaft für Biblische Literatur teilzunehmen, die in New York stattfinden sollte. Ich nahm die Einladung also an und sagte mit Mühe andere Verpflichtungen ab. Als ich eingetroffen war, begann man über Fragen der Textkritik zu diskutieren. Nach einiger Zeit schien es mir angebracht, doch einmal nach dem Grund zu fragen, warum sie mich hatten kommen lassen, worauf ich tatsächlich die Antwort erhielt: Die Jesuiten stellen immer so schwierige Fragen!

Die *Aussage* des biblischen Textes ist einfach: das Mahl ist Ausdruck der Gemeinschaft, des Zusammenseins und Zusammenlebens, aber die Zeichen dieses Zusammenseins haben nicht für alle die gleiche Bedeutung, und keiner traut sich zu sagen, was er denkt, den Weg miteinander zu teilen, auf dem man sich befindet, die Schwierigkeiten, denen man dabei begegnet, und die tiefsten Sehnsüchte des Herzens mitzuteilen. Diese Erfahrung wird häufig gemacht – nicht nur in den religiösen Gemeinschaften, sondern auch im familiären Bereich.

2. *Ein freudiges Mahl (Johannesevangelium 2,1–11)*

Betrachten wir nun die Perikope von der Hochzeit zu Kana: „Am dritten Tage fand eine Hochzeit statt zu Kana in Galiläa, und die Mutter Jesu war auch dort.

Auch Jesus und seine Jünger waren zur Hochzeit eingeladen. Als nun der Wein ausging, sagte die Mutter Jesu zu ihm: Sie haben keinen Wein mehr. Jesus sagt zu ihr: Was willst du von mir, Frau? Meine Stunde ist noch nicht gekommen. Da sagte seine Mutter zu den Dienern: Alles, was er euch sagt, das tut. Es waren aber dort sechs steinerne Wasserkrüge aufgestellt für die bei den Juden übliche Reinigung; sie faßten je zwei bis drei Maß. Jesus sagt zu ihnen: Füllet die Krüge mit Wasser. Und sie füllten sie bis zum Rand. Da sagt er zu ihnen: Schöpfet jetzt und bringet es dem Speisemeister. Und sie brachten es ihm. Als aber der Speisemeister von dem zu Wein gewordenen Wasser gekostet hatte und nicht wußte, woher es kam – die Diener aber, die das Wasser geschöpft hatten, wußten es –, da rief der Speisemeister den Bräutigam herbei und sagte zu ihm: Jedermann setzt zuerst den guten Wein vor und, wenn sie trunken sind, den geringeren. Du hast den guten Wein bis jetzt aufgehoben. Diesen Anfang der Zeichen machte Jesu zu Kana in Galiläa und offenbarte seine Herrlichkeit, und seine Jünger glaubten an ihn" (Joh 2,1–11).

Auch bei diesem Mahl gibt es also einen schwierigen Moment, aber dadurch, daß Maria und Jesus da sind, wird er überwunden, und die Freude ist groß. Auch auf dem Weg, den unsere Gemeinschaften gehen, gibt es Unzufriedenheit, Probleme und Verständnislosigkeit, wie bei dem Mahl in Ägypten und in Kana. Schauen wir aber auf Jesus und Maria, werden wir verstehen, wie ein Leben in Gemeinschaft aussehen kann. Dabei wird es uns gelingen, auch die verworrensten Situationen zu entwirren.

3. *Träume und Wünsche einer Gemeinschaft*

1. Viele Menschen *träumen* von der vollkommenen Gemeinschaft und jammmern über die konkrete, in der sie leben. Diese Art von Spannung existiert fast überall: manchmal, in besonderen Momenten, scheint sie zu schlummern, aber es bedarf keiner großen Mühe, sie aufzuwecken.

Wie kann das geschehen? Meines Erachtens sind diese Träume ein Zeugnis dafür, daß wir alle unser Bedürfnis nach Gemeinschaft spüren, denn dazu sind wir als Menschen berufen.

Wir sind zur Gemeinschaft berufen, weil Gott der Dreieine ist. Keiner kann der Liebe Gottes ganz entsprechen und wirklich lieben, wenn er nicht dieses trinitarische Leben nachahmt – auch wenn er sich dessen nicht bewußt ist.

Alles, was auf der Welt getan wird, um eine Gemeinschaft aufzubauen, sei sie klein oder groß, geschieht in dem Willen, die Lebensweise Gottes nachzuahmen, einig und dreieinig zu sein. Die vollkommene Gemeinschaft existiert jedoch nicht, sie muß erst noch kommen und ist eine Gabe von oben.

2. Darum ist es unbedingt notwendig, daß wir unsere Träume in große und *starke Wünsche* umwandeln, damit die Gemeinschaft wachsen kann. Die Träume bewirken, daß wir uns in uns selbst zurückziehen oder nur noch Kritik üben; die Wünsche dagegen öffnen unser Herz, wecken neue Ideen in uns, regen uns zu Initiativen an, machen uns kreativ und drängen uns dazu zu helfen und mitzuarbeiten.

Damit dies geschieht, damit unsere Träume zu Wünschen werden, müssen wir zusammen mit Maria viel darum beten, daß Jesus uns seinen Geist geben möge.

Denn der Geist ist es, der in uns den Wunsch danach erweckt, in Gemeinschaft zu leben und Tag um Tag an der Gemeinschaft zu bauen. Leider zerstören wir allzu oft diese Wünsche, die der Geist uns eingibt, und finden uns damit ab, daß die Gemeinschaft nicht funktioniert, nicht funktionieren kann, und geben uns zufrieden mit oberflächlichen Beziehungen, mit ein bißchen Harmonie und versuchen, keinen Ärger zu machen und nicht geärgert zu werden; wir schaffen uns unsere eigene Welt und finden sogar einen Ausgleich außerhalb der Gemeinschaft. Zu dieser Art Waffenstillstand darf es nicht kommen; wir müssen im Gegenteil versuchen, das Verlangen, das vom Herrn kommt, zu unterstützen, denn es ist voller Barmherzigkeit und Vergebung, voller Hoffnung und Geduld, voller Demut, Güte und Heiterkeit. „Dein Reich komme, Herr; das Reich, das Gemeinschaft ist"; und das Reich Gottes kommt durch jedes ernsthafte Verlangen und durch jede noch so kleine Tat der Liebe zur Gemeinschaft.

3. Für gewöhnlich engen wir die Bedeutung des Wortes „Gemeinschaft" auf eine Gruppe von Personen ein, mit denen wir jeden Tag in Konflikt kommen (die religiöse Gemeinschaft etwa oder das pastorale Umfeld). Es erscheint mir jedoch sehr wichtig, daß wir *den Horizont* unserer Wünsche *erweitern*.

* Auch wenn wir wahrscheinlich noch nicht so weit sind, eine wirkliche Communio-Theologie ausarbeiten zu können, so glaube ich sagen zu können, daß die Grundgemeinschaft, zu der wir alle gehören, der *Leib Christi* ist, die große Familie Jesu, die alle umfaßt: Abraham, Isaak, Jakob, die Propheten des Alten Bundes, Maria, die Apostel, die Heiligen im Himmel und die Christen auf der Erde. Das ist die wahre Gemeinschaft, die immerfort wächst, der das Reich Gottes

verheißen ist, unser Zuhause. Die anderen kleinen Gemeinschaften mögen vergehen, aber die große Gemeinschaft des Leibes Christi wird für immer bestehen.

Darum ist es wichtig, daß wir lernen, mit den Gliedern dieser Gemeinschaft in einen Dialog zu treten, mit den Heiligen und mit allen, die wir gekannt und die wir hier auf Erden geliebt haben, daß wir ihren Rat und ihre Hilfe erbitten für unseren Weg und in allen Schwierigkeiten.

* Die nächstbedeutendere Gemeinschaft ist *unsere Ortskirche*, die von den Ordensleuten oft übersehen wird. Ich selber habe das in seiner ganzen Bedeutung erst erfaßt, seit ich Bischof bin. Die Gemeinschaft der Diözese ist es, die hier und heute für uns die Kirche repräsentiert. Wir müssen die Ortskirche kennenlernen und ihre Probleme und ihre Erwartungen spüren und teilen, mit den Diözesanpriestern zusammenarbeiten und uns auf ihrem pastoralen Weg in Dienst nehmen lassen.

Über die Ortskirche werden wir uns der Bedeutung und des Wertes bewußt, den die vielen, über die ganze Welt zerstreuten Kirchen haben. Sie alle sind untereinander und mit der Kirche von Rom und dem Papst verbunden, der der Diener der Einheit und der obersten Nächstenliebe ist.

* Auf diesem Hintergrund ist für uns Jesuiten die *Gesellschaft Jesu* als ganze die größte Gemeinschaft.

* Darauf folgen die Provinz, in der wir tätig sind, die konkrete Kommunität, mit der wir unser Leben teilen, sowie die Gemeinde derer, die uns anvertraut sind.

Ein derart weiter Horizont ist uns eine Hilfe zum Beten und für die Entwicklung von großen Wünschen für die Gemeinschaft auf allen Ebenen.

„Herr Jesus, gib du uns den Wein der Gemeinschaft, den guten Wein von Kana und die Freude, die dieser Wein birgt. Du gibst dich selber für uns in der Eucharistie, und durch sie erbaust du uns als deinen geschichtlichen Leib in der Zeit auf.

Gewähre uns, daß wir dir begegnen im Geheimnis der Eucharistie und der Gemeinschaft. Laß unsere Träume, in denen zuweilen Bitterkeit mitspielt, zu dem brennenden Verlangen nach dem Reich werden, welches dein Leib ist, die Kirche und die Gemeinschaft. Gib uns Geduld und Hoffnung und laß uns ausharren, damit wir die Fülle des Ruhmes erwarten und dereinst teilhaben an der vollkommenen Gemeinschaft im Himmel."

Die Eucharistie – Quelle und Höhepunkt der Gemeinschaft

Homilie am Gedenktag der heiligen Klara

Wer schon einmal in Assisi gewesen ist und das Kloster der heiligen Klara besuchen konnte, hat in seinem Herzen sicherlich die Erinnerung an diesen einfachen Ort bewahrt, der soviel Heiterkeit und Freude ausstrahlt.

Die Lesung vom neunzehnten Sonntag im Jahreskreis stammt aus dem Epheserbrief. Wozu in ihm aufgefordert wird, ist in der Gemeinschaft der heiligen Klara Wirklichkeit geworden: „Seid gegeneinander gütig und barmherzig, einer verzeihe dem andern, wie auch Gott euch in Christus verziehen hat. Werdet also Nachahmer Gottes als geliebte Kinder, und wandelt in der Liebe, wie auch Christus euch geliebt und sich für uns dahingegeben hat als Gabe und Opfer, Gott zum lieblichen Wohlgeruch" (Eph 4,32–5,2).

Ich freue mich sehr, dieses Fest in einem Haus feiern zu dürfen, das der heiligen Klara geweiht ist und in dem derselbe Geist des Gebetes und der Liebe lebendig ist, wie er in der Gemeinschaft dieser Heiligen erfahren werden konnte.

1. Mutlosigkeit

Die erste Lesung (1. Kön 19,4–8) spricht nicht nur von der Mutlosigkeit des Propheten Elija, sie ist auch ein Bild für die Mutlosigkeit im Leben einer Gemeinschaft: „Elija aber ging einen Tagesmarsch weit in die Wüste hinein. Als er so weit gekommen war, ließ er sich unter einem Ginsterstrauch nieder und wünschte sich den Tod, indem er sprach: Nun ist es genug, Jahwe! Nimm meine Seele hin; ich bin ja nicht besser als meine Väter!"

Vielleicht bin ich zum Verantwortlichen für meine Gemeinschaft gemacht worden, ich habe davon geträumt, aus ihr ein Modell zu machen, ein Beispiel für alle anderen, und nach einer gewissen Zeit merke ich, daß es mir nicht gelingt: Herr, ich bin nicht besser als die Verantwortlichen vor mir, ich mache die gleichen Fehler, die ich bei ihnen kritisiert habe! Es gibt diese Momente der eigenen Mutlosigkeit angesichts der Gemeinschaft, und es gibt auch die gemeinsame Mutlosigkeit (wir können es nicht besser).

Und was sagt der Text über Elija? „Dann legte er sich hin und schlief ein. Da, auf einmal rührte ihn ein Engel an und sprach zu ihm: Steh auf, iß! Als er hinblickte, siehe, da waren zu seinen Häupten ein gerösteter Fladen und ein Krug Wasser. Und er aß und trank und legte sich wieder schlafen."

Demnach sollen wir uns vor allem entspannen, uns hinlegen, schlafen und neue Kräfte sammeln. Als ich einer Gemeinschaft vorstand, ist mir bei einem Treffen etwas ähnliches passiert: einige haben mir Vorwürfe gemacht und sich über mein Verhalten beklagt, das sie nicht verstanden. Ich hatte den Eindruck, daß alle hier einer Meinung waren. In diesem Moment habe ich praktisch erfahren, was es heißt, sich gegen den Vater aufzulehnen und ihn zu töten, worüber wir in einer früheren Meditation gesprochen haben: die Gemeinschaft wollte wissen, ob der Superior sie liebt oder nicht. Ein sehr weiser Pater, der merkte, was in mir vorging, kam zu mir und sagte: Setz dich hin, entspanne dich und antworte nicht auf ihre Anschuldigungen. Ich habe seinen Rat befolgt und der Gemeinschaft für die Aufrichtigkeit ihrer Äußerungen gedankt und hinzugefügt, daß ich über das Gesagte nachgedacht hätte. Die Angelegenheit wurde nicht verschleppt, und schon bald hatte sich die Frage geklärt und zum Guten gelöst.

Darum halte ich es für so wichtig auszuruhen und zu schlafen, zu essen und wieder zu schlafen: oft ist es sogar für das gute Weiterkommen einer Gemeinschaft nötig, um zu einer objektiveren Sicht der Lage zu gelangen.

2. *Das Brot vom Himmel*

Das Evangelium erteilt uns eine weitere Lehre: „Da murrten die Juden über Jesus, weil er gesagt hatte: Ich bin das Brot, das vom Himmel herabgekommen ist, und sie sprachen: Ist der da nicht Jesus, der Sohn des Josef, dessen Vater und Mutter wir kennen? Wie kann er jetzt behaupten: Ich bin vom Himmel herabgekommen? Jesus antwortete und sprach zu ihnen: Murret nicht untereinander. Niemand kann zu mir kommen, wenn ihn nicht der Vater, der mich gesandt hat, zieht, und ich werde ihn auferwecken am Jüngsten Tage. Bei den Propheten steht geschrieben: ‚Und sie werden alle von Gott unterwiesen sein'. Jeder, der vom Vater gehört und gelernt hat, kommt zu mir. Nicht als ob jemand den Vater gesehen hätte; nur der von Gott her ist, der hat den Vater gesehen. Wahrlich, wahrlich, ich sage euch: Wer glaubt, hat ewiges Leben. Ich bin das Brot des Lebens. Eure Väter haben in der Wüste das Manna gegessen und sind gestorben. Dies ist das Brot, das vom Himmel herabkommt, damit man davon esse und nicht sterbe. Ich bin das lebendige Brot, das vom Himmel herabgekommen ist. Wer von diesem Brot ißt, wird in Ewigkeit leben. Das Brot aber, das ich geben werde, ist mein Fleisch für das Leben der Welt" (Joh 6,41–51).

Außer in Johannes 1,45 wird Josef, der Mann Mariens, im Johannesevangelium nur an dieser Stelle erwähnt. Dieser Josef hat sich Jesu angenommen, wie der Sohn Jakobs sich seines Volkes angenommen hatte.

Auffallend ist die Parallelität zwischen Josef, der in Ägypten den Hunger seines Volkes gestillt hatte, und Jesu, der von sich sagt, er sei das wahre Brot, das den Hunger der Menschen stillt. „Brot" bedeutet „Mahl" und „Tischgemeinschaft" und „Gemeinschaft".

So drängt es mich jetzt zu sagen, daß eine Gemeinschaft auch durch Augenblicke der Stille, des Ausruhens und der Entspannung dazu kommen muß zu sagen: „Ich bin das lebendige Brot, das vom Himmel herabgekommen ist"; die Gemeinschaft stammt vom Himmel, und „niemand kann zu mir kommen" und die Gemeinschaft aufbauen, „wenn ihn nicht der Vater zieht".

Der Vater hat uns berufen, von ihm sind wir gezogen, um eine Gemeinschaft zu bilden. Die Juden, an die Jesus sich wendet, nehmen für sich in Anspruch, sich ihr eigenes Leben und ihre eigene Gemeinschaft zu schaffen, aber Jesus macht ihnen klar, daß sie es nicht schaffen würden, wenn sie nicht von dem Brot vom Himmel äßen.

Jegliche theologische Rede von der Kirche und der Gemeinschaft hat ihren Ursprung in der Eucharistie. Sie ist es, die die Gemeinschaft formt, ihr Nahrung gibt und sie wachsen läßt, damit ihre Wunden heilen und ihre Spaltungen wieder zusammengefügt werden.

Wenn wir uns vor Augen halten, daß das Verständnis der Gegenwart Christi in der Eucharistie die dritte der fünf Gnadengaben war, die Ignatius zuteil wurden, und daß die erste dieser Gnadengaben in der Schau der Dreieinigkeit bestand und die zweite darin, daß er erkannte, wie Gott die Welt erschaffen hatte, können wir sagen, die Eucharistie sei eine Verbindung der Dreieinigkeit mit der Welt, die Stelle, an der sich Himmel und Erde berührten.

Bitten wir die heilige Klara, die traditionell mit einem kleinen Tabernakel in der rechten Hand dargestellt wird, der das allerheiligste Sakrament enthält, um die Gabe der Erleuchtung, daß wir in der Eucharistie die vollkommene Gemeinschaft erkennen.

Vierzehnte Meditation:

Jerusalem und Rom

„Herr, unser Gott, wir loben und preisen dich für Jerusalem, denn diese Stadt ist für uns zum Zeichen deiner göttlichen und unserer menschlichen Geschichte geworden, zum Zeichen deiner Liebe zu uns und deiner Vergebung für unsere Sünden; sie ist das Symbol unseres irdischen Pilgerweges hin zu dir, der von so vielen Prüfungen und Konflikten begleitet ist.

Herr, wir danken dir, daß du uns dazu berufen hast, Christus zu dienen, der auch in diesen Tagen sein Kreuz trägt in der Kirche, die ihr Zentrum in Rom hat. Du hast uns berufen, eins zu sein mit deinem Sohn, und uns gelehrt, dieser Einheit einen Namen zu geben, wie auch Ignatius es getan hat: ‚die wahre Braut Christi, unseres Herrn, die da ist unsere heilige Mutter Kirche'. * Wir danken dir für die Kirche und für die Stadt Rom, die das Bild für die Einheit und für den Pilgerweg auf diese Einheit hin ist, wie auch für die Prüfungen, die wir durchstehen müssen, um zu dieser Einheit zu gelangen. Wir bitten dich, erhalte uns in der Treue zu Jerusalem und zu Rom, in der Treue zu deinem Sohn und zur Kirche, die wir zusammen mit allen Menschen auf dem Weg sind hin zur Mitte der Dreieinigkeit, zum Schauen deines Antlitzes im Vater, Sohn und Heiligen Geist. Amen."

* Vgl. EB 353.

Den Teil seines Lebensberichtes, in dem Ignatius versucht hat, die fünf Gnadengaben zu beschreiben und seinen Gefühlen im Hinblick auf den Tod Ausdruck zu verleihen, beschließt er: „Allmählich kam der Zeitpunkt näher, den er sich für die Abreise nach Jerusalem vorgenommen hatte" (BP 34). Diese Reise bedeutete ihm sehr viel, denn sie gab ihm die Möglichkeit, Jesus nachzufolgen in der Stadt seines Todes und seiner Auferstehung. Und wenn ihn auch sein Pilgerweg schließlich zu einem Leben in Rom führen sollte, so wird er sich doch in seinem Herzen sein Leben lang nach Jerusalem sehnen.

Ein Vers aus dem Lukasevangelium fällt mir plötzlich dazu ein: „Es begab sich aber, als die Tage, da er hinweggenommen werden sollte, sich erfüllten, da nahm er entschlossen seinen Weg nach Jerusalem" (Lk 9,51). Der ganze zweite Teil des Lukasevangeliums spricht von dem Weg Jesu nach Jerusalem, und der zweite Teil des Pilgerberichtes erzählt von der Pilgerreise des Ignatius nach Jerusalem (der dritte Teil des lukanischen Doppelwerkes, die Apostelgeschichte, beschreibt die Ausbreitung der Kirche von Jerusalem nach Rom, und der dritte Teil des Pilgerberichtes schildert, wie Ignatius von Jerusalem nach Rom gelangt).

Ignatius ist davon angetrieben, die Geschichte der frühen Kirche nachzuerleben. Ich möchte im folgenden den Abschnitt des Pilgerberichtes noch einmal durchgehen, der in den Nummern 35 bis 98 von der Zeit zwischen Jerusalem und Rom handelt, und Jerusalem und Rom als zwei Symbole betrachten, die für den letzten Abschnitt eines jeden Pilgerweges und gleichsam für den letzten Lebensabschnitt stehen.

Christus hat sein Leben auf dieser Erde in Jerusalem beschlossen; dort ist er für uns gestorben und auferstanden. Auch die Kirche ist unterwegs nach Jerusalem, um den Weg Jesu zu gehen und mit ihm zu sterben und aufzuerstehen.

Rom ist dabei das Sinnbild für die Institution Kirche. So zeigt sie sich auch dem Ignatius, nachdem er aus Jerusalem dorthin kommt.

In unserer Meditation wollen wir uns zunächst auf den Pilgerweg nach Jerusalem konzentrieren, dann auf den Weg von Jerusalem nach Rom, um zum Schluß die Haltung des Ignatius zu bedenken.

1. Jerusalem: Die Gesetze der Pilgerschaft

1. Ich überlasse jedem einzelnen, die Abschnitte 35–53 im *Bericht des Pilgers* nachzulesen und beschränke mich auf die letzten, die zugleich die schönsten sind. Ignatius möchte gern in Jerusalem bleiben, aber der Guardian der Franziskaner teilt ihm mit, daß er das für nicht möglich hält, weil das Haus der Franziskaner sich in einem finanziellen Engpaß befindet. Als der Pilger jedoch bekräftigt, daß er von den Brüdern nichts wolle, ändert der Guardian seine Meinung und übergibt die Entscheidung dem Provinzial, der zu der Zeit nicht anwesend war. Der Provinzial kehrte zurück und „sprach zu ihm mit wohlmeinenden Worten: er habe seine lobenswerte Absicht erfahren, in der Nähe jener heiligen Stätten zurückzubleiben; er habe reiflich über die ganze Angelegenheit nachgedacht; auf Grund der Erfahrungen, die er früher schon machen mußte, sei er aber der Meinung, daß sein Plan nicht angehe. Denn viele andere hätten schon den gleichen Wunsch gehabt; teils seien sie aber als Sklaven gefangengenommen worden, teils gestorben. Und dann hätte der Orden die Verpflichtung, die Ge-

fangenen loszukaufen. Deshalb solle er sich bereithalten, mit den andern Pilgern am nächsten Tag zurückzureisen. Darauf antwortete er: er habe einmal diesen ganz festen Entschluß und er sei der Meinung, er dürfe um nichts auf der Welt davon ablassen, ihn auch durchzuführen. Dann gab er unter Wahrung des Taktes zu verstehen, er werde seinen Plan unter keinerlei Umständen aufgeben, auch wenn er dem Provinzial nicht gut erscheine, falls dieser ihn nicht unter Sünde dazu verpflichte. Darauf sagte ihm der Provinzial, sie hätten vom Apostolischen Stuhl die Vollmacht, nach ihrem Gutdünken zu bestimmen, wer fortgehen müsse und wer dableiben könne; sie könnten den exkommunizieren, der nicht gehorchen wolle, und in seinem Fall seien sie der Meinung, daß er nicht dableiben dürfe, und anderes dergleichen. Wie er ihm noch die päpstlichen Bullen zeigen wollte, auf Grund deren sie die Exkommunikation verhängen könnten, sagte er, es sei nicht nötig, sie zu sehen, denn er schenke Seiner Hochwürden vollen Glauben. *Er werde ihnen gehorchen*, da sie nun einmal auf Grund ihrer Autorität so befunden hätten, die ihnen verliehen war."

Das starke Verlangen danach, Christus gleichzuwerden, läßt ihn diesen Akt des Gehorsams den Franziskanern gegenüber vollbringen. „Am Ende dieser Unterredung ging er zu dem Platz zurück, wo er sich zuvor aufgehalten hatte. Da überkam ihn ein großes Verlangen, noch einmal vor seiner Abreise den Ölberg zu besuchen, da es nun einmal nicht der Wille unseres Herrn sei, daß er bei jenen heiligen Stätten auf Dauer bliebe. Auf dem Ölberg gibt es einen Felsen, von dem aus unser Herr gen Himmel auffuhr, und man sieht heute noch die eingedrückten Fußspuren. Das war es, was er noch einmal sehen wollte. So trennte er sich von den übrigen, ohne etwas verlauten zu lassen und ohne einen Führer zu nehmen – dabei läuft jeder große Gefahr, wer ohne einen Türken als Führer unterwegs ist –, und ging ganz allein auf den Ölberg. Die Wache wollte ihn nicht hineinlassen. Er gab ihnen ein Federmesser aus dem Schreibzeug, das er bei sich hatte. Wie er nun dort sein Gebet mit großem inneren Trost verrichtet hatte, kam ihm der Wunsch nach Bethphage zu gehen. Als er dort war, fiel ihm wieder ein, daß er auf dem Ölberg nicht genau hingeschaut habe, an welcher Stelle der rechte Fußabdruck und wo der linke war. So kehrte er dorthin zurück und gab, soviel ich weiß, seine Schere den Wächtern, damit sie ihn noch einmal eintreten ließen. Wie es nun im Kloster bekannt wurde, daß er so ohne Führer fortgegangen war, trafen die Mönche verschiedene Anstalten, ihn zu suchen. Als er vom Ölberg herunterkam, traf er mit einem sogenannten Gürtelchristen zusammen, der im Kloster beschäftigt war. Dieser drohte unter allen Zeichen einer großen Wut, mit einem dicken Stock auf ihn einzuschlagen. Wie er zu ihm kam, packte er ihn heftig am Arm, er aber ließ sich ohne Widerstreben fortführen. Trotzdem ließ ihn der gute Mann keinen Augenblick mehr los." Aus Liebe zu Jesus gehorcht er, und aus Liebe und in dem Verlangen, ihm ähnlich zu werden, läßt er sich ohne Widerstand fortführen. „Auf diesem Weg empfing er, ein Gefangener des Gürtelchristen, von unserem Herrn große Tröstungen, und es war ihm, als sehe er ständig Christus über sich. Dies dauerte in überreichem Maße an, bis sie zum Kloster kamen" (BP 47–48).

Ignatius war fest entschlossen, in Jerusalem zu bleiben, aber als er gehorchte, wurde er wie Christus; der Pilgerweg, sowohl des Menschen wie auch des Christen, hat zum Ziel, auf den Tod und die Auferstehung Jesu zuzugehen und ihm gleichgestaltet zu werden.

2. Die Apostelgeschichte gibt uns in Kapitel 20 eine klare Beschreibung des Pilgerweges, den Paulus nach Jerusalem nimmt. Aus ihr können wir auch die Gesetze der Pilgerschaft erkennen. Paulus befindet sich in Milet und schickt von dort aus nach den Ältesten der Gemeinde in Ephesus. In seiner langen Rede an diese Gemeinde sagt er an einer Stelle: „Und nun seht, vom Geiste gebunden reise ich nach Jerusalem. Was mir dort begegnen wird, weiß ich nicht; nur das versichert mir der Heilige Geist von Stadt zu Stadt, daß Fesseln und Drangsale meiner warten. Aber ich halte das Leben keines Wortes wert für mich, wenn ich nur meinen Lauf vollende und meine Aufgabe erfülle, die ich vom Herrn Jesus erhalten habe: die frohe Botschaft von der Gnade Gottes zu bezeugen" (Apg 20,22–24).

* Das *erste Gesetz* der Pilgerschaft lautet: Man unternimmt sie nicht aus einer privaten Entscheidung heraus, sondern weil man „vom Geiste gebunden" ist. Wir haben uns unsere Berufung zu Pilgern nicht ausgesucht als eine Lebensform, in der wir unsere Talente besser und effektiver einsetzen könnten. Sie kommt her vom Geist des Herrn, der uns dazu berufen hat.

* Das *zweite Gesetz* besteht darin, daß wir nicht wissen, was uns während dieser Pilgerschaft begegnen wird. Darum müssen wir unser Vertrauen ganz auf den Herrn setzen. Wir versuchen, den Weg zu finden und uns über die Strecke zu informieren und ihre einzelnen Etappen auszumachen, aber letztendlich liegt unser Leben in Gottes Hand.

* Das *dritte Gesetz* liegt in den Fesseln und Drangsalen, in den Prüfungen, die uns erwarten. Jesus hat

das ganz offen ausgesprochen: „Seht, ich sende euch wie Schafe mitten unter die Wölfe“ (Mt 10,16), und die Wölfe werden uns zerreißen. Wir dürfen uns nicht wundern, wenn das geschieht, wir müssen es im Gegenteil erwarten, wie auch Paulus es erwartet hat.

* Das *vierte Gesetz* gibt uns Mut: Wir sind wie Jesus, wie das Lamm aus der Apokalypse: „Siehe, der Löwe aus dem Stamme Juda, der Sproß Davids hat gesiegt, so daß er die Buchrolle und ihre sieben Siegel zu öffnen vermag. Und ich sah inmitten des Thrones und der vier Wesen und inmitten der Ältesten ein Lamm stehen, wie geschlachtet; es hatte sieben Hörner und sieben Augen; das sind die sieben Geister Gottes, ausgesandt auf die ganze Erde. Und es trat hinzu und hat das Buch aus der Rechten dessen genommen, der auf dem Throne sitzt. Und als es die Buchrolle nahm, da fielen die vier Wesen und die vierundzwanzig Ältesten vor dem Lamme nieder. Ein jeder hatte eine Harfe und goldene Schalen voll Weihrauch; das sind die Gebete der Heiligen. Und sie singen ein neues Lied und sprechen: Würdig bist du, die Buchrolle zu nehmen und ihre Siegel zu öffnen, denn du bist geschlachtet worden und hast für Gott mit seinem Blute erkauft Menschen aus jedem Stamm und jeder Sprache, aus jedem Volk und jeder Nation, und du hast sie für unseren Gott zu einem Königreich und zu Priestern gemacht, und sie werden als Könige herrschen auf Erden“ (Apk 5,5–10).

Was uns auf unserer Pilgerschaft verheißen ist, ist, daß wir sein werden wie Jesus, daß wir an seinem Verständnis der Geschichte teilhaben und daran, wie er die Bestimmung der Menschen begreift.

Ignatius wußte sehr wohl darum, daß nach Jerusalem zu gehen heißt, Jesus gleichzuwerden und jene vollkommenste Form der Demut zu leben, die in dem

Verlangen danach und der Wahl besteht, „Christus unserem Herrn je mehr nachzufolgen und ihm je mehr in der Tat ähnlich zu werden, eher mit dem armen Christus Armut" zu wollen und zu erwählen „als Reichtum, mit dem schmacherfüllten Christus Schmach als Ehren" (EB 167). Und Paulus selbst hält sein Leben keines Wortes wert, wenn er nun seinen Lauf vollendet und seine Aufgabe erfüllt, die er vom Herrn Jesus erhalten hat: die frohe Botschaft von der Gnade Gottes zu bezeugen und im Vertrauen und der Gewißheit zu verbleiben, für immer mit Christus dem Opferlamm vereint zu sein.

2. Rom: der Pilger und die Kirche

Wir sind Pilger auf dem Weg nach Jerusalem, sind aber nicht allein. Wir sind mit der Kirche und in der Kirche auf dem Weg. Betrachten wir daher, wie die Beziehung des Ignatius zur Institution Kirche, zur ‚hierarchischen Kirche', wie er sie nannte, aussah.

1. Im Exerzitienbuch gibt Ignatius uns einige Regeln, „um das rechte Gespür zu erlangen, das wir in der dienenden Kirche haben sollten"; Regeln, die sich nicht nur auf das Handeln, sondern auch auf unser Denken beziehen.

„Jegliches Urteil zurücksetzend, müssen wir den Geist bereit und willig halten, um in allem der wahren Braut Christi unseres Herrn zu gehorchen, die da ist unsere heilige Mutter, die hierarchische Kirche" (EB 353). Und im folgenden ermahnt er dazu, den Aufbau und die Strukturen sowie die Vorschriften der Kirche zu loben (vgl. EB 354–361): „Wir müssen jeweils mehr bereit sein, sowohl die Anordnungen und Weisungen wie auch die Gewohnheiten unserer Vorgesetzten zu billigen und zu loben; denn wenn auch einige nicht lobenswert sind oder waren, so würde doch, spräche man dagegen, sei es in öffentlichen Predigten oder in Äußerungen vor dem gewöhnlichen Volk, dies eher Murren und Ärgernis als Nutzen bewirken. Und so würde das Volk nur gegen seine Vorgesetzten, weltliche oder geistliche, unwillig werden" (EB 362).

Interessant ist die feine Nuancierung, die die beiden Regeln unterscheidet: der hierarchischen Kirche gegenüber mahnt er zur Bereitschaft, zu gehorchen; den Vorgesetzten gegenüber dazu, ihre Weisungen und ihre Gewohnheiten zu billigen. „Wir müssen, um in allem sicherzugehen, immer festhalten: was meinen Augen weiß erscheint, halte ich für schwarz, wenn die hierarchische Kirche so bestimmt, weil wir glauben, daß in Christus unserem Herrn, dem Bräutigam, und in der Kirche, Seiner Braut, derselbe Geist wohnt, der uns zum Heil unserer Seele leitet und lenkt; denn durch den gleichen Geist und Unseren Herrn, der die zehn Gebote gab, wird auch unsere heilige Mutter die Kirche gelenkt und geleitet" (EB 365).

Ignatius nennt die Kirche Braut und Mutter und gebraucht damit zärtliche und liebevolle Worte, und ich glaube, er hat jenes tiefe Verständnis dessen erreicht, was es heißt, durch alle Prüfungen und Konflikte hindurch eins mit Christus und *mit der Kirche* zu sein.

Sein Weg von Jerusalem nach Rom ist eine einzige Folge von Prozessen und großen Leiden, die die Kirche ihm zufügt; er hat sie nicht verschwiegen, gerade um seinen Söhnen zu zeigen, wie er kämpfen und gehorchen mußte, um das Geheimnis der Kirche als Braut, der heiligen Kirche zu begreifen.

2. Lesen wir die entsprechenden Abschnitte aus dem *Bericht des Pilgers*, in denen er seine harten Erfahrun-

gen und seine Auseinandersetzungen mit der Institution Kirche beschreibt und sein Ringen darum, sein Verlangen, dem Willen Gottes, so wie er ihn erfahren hat, zu entsprechen, in Einklang zu bringen mit dem Gehorsam der Autorität gegenüber.

a) Das erste Verhör (BP 58–59): Es gab „in der ganzen Gegend dort ein großes Gerede wegen der Dinge, die sich in Alcalá abspielten" (Ignatius hatte Exerzitien gegeben und Katechismusunterricht erteilt und dabei große Erfolge erzielt). „Und der eine redete so und der andere wieder anders. Die Angelegenheit drang bis zu den Inquisitoren in Toledo. Diese reisten nun nach Alcalá. Von dem Manne, der sie in seinem Hause aufgenommen hatte, wurde der Pilger davon verständigt, und er sagte ihm auch, man nenne ihn und seine Gefährten Grauröcke und meines Wissens auch Alumbrados, und man wolle sie auf die Folter spannen. Sofort begannen die Inquisitoren mit Nachforschungen und der Untersuchung ihres Lebenswandels. Schließlich kehrten sie nach Toledo zurück, ohne sie vor sich gerufen zu haben, obgleich sie gerade aus diesem einen Grund gekommen waren. Vielmehr überließen sie die Fortführung des Prozesses dem Generalvikar Figueroa (...). Dieser nun ließ sie einige Tage danach rufen und erklärte ihnen, daß von seiten der Inquisitoren Nachforschungen und eine Untersuchung ihres Lebenswandels stattgefunden hätten, daß man dabei jedoch keinerlei Irrtum in ihrer Lehre und nichts Falsches in ihrer Lebensweise entdeckt habe und daß sie daher ohne irgendwelche Behinderung ruhig wie bisher sich verhalten könnten. Da sie jedoch keine Ordensleute seien, halte er es nicht für geraten, daß sie alle im gleichen Habit herumgingen. Vielmehr sei es besser – und dies gab er ihnen als förmlichen Befehl –, daß zwei von ihnen – und dabei wies er auf den Pilger und auf Artiaga – ihre Kleider schwarz, zwei andere, nämlich Calisto und Cáceres, sie rotbraun umfärben sollten, während Juanico, ein junger Franzose, bleiben könne, wie er sei. Der Pilger erklärte, sie würden ausführen, was man ihnen befohlen hatte. ‚Aber ich begreife nicht', fügte er bei, ‚was für einen Nutzen derartige Untersuchungen bringen. So wollte ein Priester gestern irgendeinem Manne das heiligste Sakrament nicht reichen, weil er alle acht Tage bei uns zur Kommunion gehe. Und auch mir selbst macht man Schwierigkeiten. Wir möchten nun gern klar wissen, ob man bei uns irgendeine Irrlehre entdeckt hat.' ‚Nein', antwortete Figueroa, ‚denn wenn man eine fände, würde man euch verbrennen.' – ‚Auch euch selbst würde man verbrennen' erwiderte der Pilger, ‚wenn man eine Häresie bei euch entdeckte.' Sie ließen ihre Kleider umfärben, wie ihnen befohlen war. Fünfzehn oder zwanzig Tage später befahl dann Figueroa dem Pilger, er solle nicht mehr barfuß gehen, sondern Schuhe anziehen. Ohne weiteres, wie bei allen andern derartigen Befehlen, führte er auch diesen aus. (...) Nach vier Monaten griff derselbe Figueroa die Untersuchung über sie von neuem auf. Außer den üblichen bisherigen Gründen war dafür meines Wissens noch ein besonderer Fall der Anlaß: eine verheiratete Frau von Stand war nämlich dem Pilger besonders zugetan; um nicht gesehen zu werden, ging sie verschleiert, wie es in Alcalá de Henares Sitte ist, in der Dämmerung zum Spital. Beim Eintritt nahm sie den Schleier ab und ging dann zur Kammer des Pilgers. Aber auch dieses Mal unternahm man nichts gegen sie; nach Abschluß der Untersuchung wurden sie auch nicht vorgeladen, und keinerlei Beanstandung wurde ihnen mitgeteilt."

Ignatius gehorcht also, obwohl er den Grund für die Anweisung nicht versteht, und die Untersuchungen nehmen ein gutes Ende.

b) Für das zweite Verhör hingegen bringt man ihn ins *Gefängnis* (vgl. BP 60–63). „Siebzehn Tage nun blieb er im Gefängnis, ohne daß man ihn verhörte und ohne daß er einen Grund für die Inhaftierung erfuhr" (BP 61). Erst jetzt läßt Figueroa sich im Gefängnis blikken und erklärt, daß den Anlaß für die Inhaftierung zwei Frauen, Mutter und Tochter und beides Witwen, gaben, die vom Pilger geistlich begleitet worden waren und sich nun zu Fuß und bettelnd auf eine Wallfahrt zur heiligen Veronika von Jaén gemacht hatten.

Obwohl Ignatius erklärt, er habe die Frauen von ihrem Vorhaben abzubringen versucht, wird er im Gefängnis festgehalten mit der Begründung, man müsse erst die Rückkehr der beiden Frauen abwarten, „um dann nachprüfen zu können, ob sie seine Aussage bestätigten" (BP 62).

Schließlich wird er freigelassen, doch mit der Auflage, er und seine Gefährten sollten „vier Jahre lang nicht über Glaubensfragen reden, bis sie mehr studiert hätten; denn bis jetzt wüßten sie in der Wissenschaft noch keinen Bescheid. In der Tat: der Pilger wußte von ihnen noch am meisten, aber selbst dies war nur sehr oberflächlich. Und dies betonte er auch immer zuallererst, wenn man ihn verhörte" (BP 62).

Aufschlußreich ist Nr. 63: „Nach diesem Urteilsspruch war er ein wenig im unklaren, was er nun tun sollte. Denn es schien ihm, man habe ihm damit das Tor verschlossen, um weiterhin den Menschen helfen zu können, ohne ihm jedoch eine nähere Begründung dafür zu geben als bloß, daß er nicht genügend studiert habe." Er aber fühlte sich nicht imstande, seine Tätigkeit, den Seelen zu helfen, aufzugeben.

„Schließlich entschloß er sich dazu, zum Erzbischof von Toledo, Fonseca, zu gehen und den Fall in seine Hand zu legen. Er verließ Alcalá und traf den Erzbischof in Valladolid. Alles, was geschehen war, erzählte er ihm ganz genau und erklärte ihm: auch wenn er nicht mehr unter seiner Jurisdiktion stände und nicht verpflichtet sei, sich hier nach seinem Urteilsspruch zu richten, so werde er doch diesbezüglich alles tun, was er anordnen sollte. Dabei sprach er den Erzbischof mit ‚Ihr' an wie alle andern Leute. Der Erzbischof empfing ihn sehr freundlich, und wie er erfuhr, daß er nach Salamanca zu gehen vorhabe, sagte er, er habe auch in Salamanca Freunde und ein eigenes Kolleg und er stelle ihm alles zur Verfügung." Mit anderen Worten: der Erzbischof ist sehr damit einverstanden, daß Ignatius daran denkt, seine Diözese zu verlassen, wo er ihm nur Ärger bereitet hat, und er stellt ihm gern Freunde und ein Haus zur Verfügung, wenn er nur gehe.

c) *Der Prozeß von Salamanca.* Sobald Ignatius in Salamanca anfing, Exerzitien zu geben und zu predigen und dabei viele Leute anzog, wiederholen sich auch hier die Ereignisse von Alcalá. Die Eifersucht seitens der Kirche regt sich, und es beginnt eine neue Untersuchung (vgl. BP 68–71). „‚Nun denn, was ist denn eigentlich der Inhalt eurer Predigten?' ‚Wir predigen gar nicht', gab der Pilger zur Antwort, ‚sondern wir sprechen bloß mit dem oder jenem in engem Kreis über religiöse Dinge, so zum Beispiel nach Tisch mit Leuten, die uns einladen.' ‚Über was für religiöse Dinge redet ihr dann?' (...) ‚Wir sprechen einmal über diese Tugend', antwortete der Pilger, ‚dann wieder über eine andere, und zwar mit lobenden Worten; dann einmal über dieses und ein andermal über jenes Laster, wobei wir es verurteilen.' ‚Ihr seid nicht wissenschaftlich gebildet', meinte der Mönch, ,und da redet ihr über Tugend und Laster? Aber darüber vermag man nur unter einer der folgenden zwei Voraussetzungen zu sprechen: entweder ist man gebildet oder vom Heiligen Geist geführt. Nun seid ihr aber nicht vorgebildet; also sprecht ihr in der Kraft des Heiligen Geistes.' Da wurde der Pilger etwas stutzig, da ihm eine solche Art der Beweisführung nicht recht erschien. Und nach einem Augenblick des Schweigens sagte er, es sei unnötig, noch mehr über derartige Fragen zu sprechen. Aber der Mönch drängte weiter: ,Und gerade in der heutigen Zeit, wo es so viele Irrlehren eines Erasmus und soundsoviel andere gibt, die die Welt verführt haben, wollt ihr keine näheren Erläuterungen über eure Reden geben?'" (BP 65). Nach drei Tagen kam ein Notar, der den Pilger und seinen Gefährten ins Gefängnis bringen ließ. Schließlich „wurde er vor vier Richter geladen (...). Sie stellten nun an ihn vielerlei Fragen, nicht bloß über die Geistlichen Übungen, sondern auch aus der Theologie, zum Beispiel über die Trinitäts- und Sakramentenlehre und wie er diese Lehrstücke verstehe. Zunächst gab er seine übliche Vorerklärung ab. Aber er mußte auf Befehl der Richter ausführlicher antworten, und er tat dies so, daß sie keinen Anlaß zur Beanstandung fanden. (...) Zuvor noch verbohrten sich die Richter, als man über die Geistlichen Übungen sprach, auf einen einzigen Punkt, der dort ganz zu Beginn steht: nämlich wann ein Gedanke nur läßliche Sünde und wann er eine Todsünde sei. Der Grund dafür war, weil er, ohne theologisch vorgebildet zu sein, darüber eine bestimmte Entscheidung traf. (...) Zum guten Schluß gingen sie auseinander, ohne irgend etwas als falsch zu verurteilen" (BP 68).

„Nach zweiundzwanzig Tagen, die sie so inhaftiert

waren, lud man sie vor, um das Urteil zu hören. Dies lautete dahingehend, daß sich keinerlei Irrtum in ihrer Lebensweise oder in ihrer Lehre finde, daß sie also wie bisher weiterarbeiten, das heißt Christenlehre erteilen und über religiöse Dinge sprechen könnten, mit der einen Einschränkung jedoch, daß sie erst nach Ablauf von vier Jahren, in denen sie weiterstudiert hätten, entscheiden dürften: dies oder jenes ist eine Todsünde oder eine läßliche Sünde. Nach Verlesung des Urteils zeigten die Richter eine auffallende Freundlichkeit, wie wenn sie damit eine Annahme erreichen wollten."

Wie reagiert Ignatius? Obwohl er praktisch freigesprochen worden war, empfand er den Befehl, nicht darüber entscheiden zu dürfen, ob eine Sünde Todsünde oder läßliche Sünde sei, als eine schwere Beeinträchtigung seiner Tätigkeit, den Leuten zu helfen. Deshalb erklärte er, er werde alles ausführen, was das Urteil ihm befehle, aber er werde es nicht annehmen. Denn ohne daß auch nur die geringste Kleinigkeit wirklich verurteilt worden sei, verschließe man ihm den Mund, damit er nicht mehr seinen Mitmenschen zu Hilfe komme, soweit er dies vermöge. Sosehr nun auch Doktor Frias, der sich ihm wohlgesinnt erwies, in ihn drang, sagte der Pilger nur das eine: daß er die ihm gegebenen Vorschriften ausführen werde, so lange er sich noch im Gerichtsbezirk von Salamanca aufhalte. Dann wurden sie sofort aus dem Gefängnis freigelassen. (...) Daher beschloß er, zum Weiterstudium nach Paris zu gehen" (BP 70–71) in der Hoffnung, dort ein paar Freunde zu finden, die sein Verlangen, „den Seelen zu helfen", teilten.

Ich selbst habe nie verstanden, warum Ignatius es für so wesentlich hielt, entscheiden zu dürfen, wie schwer eine Sünde nun sei. Wichtig für uns sind jedenfalls die Prüfungen und Leiden, die ihn stets begleitet haben.

d) In Paris beginnt ein neues Kapitel seiner Lebensgeschichte. Im Februar 1527 oder 1528 kommt er „allein und zu Fuß" dort an (vgl. BP 73). Drei Spanier schließen sich ihm an (und werden ihn wieder verlassen, wie wir wissen). Diese bereiten Ignatius einigen Ärger, denn sie verursachten viel Gerede über den Pilger. Ignatius, der erfahren hatte, daß der Inquisitor ihn suchte, ging sofort zu ihm hin und sagte, „er sei zu allem bereit, was man von ihm verlange. (...) Er ersuchte ihn, die Angelegenheit rasch zu erledigen. Denn er habe die Absicht, am folgenden Remigiustag den philosophischen Kurs zu beginnen, und er wünsche, daß diese Affäre zuvor erledigt werde, um sich dann ungestörter seinen Studien widmen zu können. Doch ließ ihn der Inquisitor nicht mehr vorladen" (BP 81).

Als er im November 1536 Paris wieder verlassen wollte, „erfuhr er, daß man gegen ihn beim Inquisitionsgericht Anklage erhoben habe und daß ein Prozeß angestrengt sei. Da er nun davon wußte und andererseits nicht vorgeladen wurde, stellte er sich von selbst dem Inquisitor, berichtete ihm, was er gehört hatte, und bemerkte dazu, er sei im Begriff, nach Spanien zurückzureisen (...), deswegen bitte er ihn, einen Urteilsspruch zu fällen. Der Inquisitor gab zur Antwort, daß das Gerede, soweit es die Anklage betreffe, der Wahrheit entspreche, aber daß er ihr keinerlei Bedeutung zumesse. Bloß wünsche er, die Niederschrift der Geistlichen Übungen einzusehen. Nach kurzer Durchsicht lobte er sie sehr und bat den Pilger, ihm eine Abschrift davon zu überlassen, was dann auch geschah. Trotzdem ging er noch einmal hin und bestand darauf, er solle den Prozeß bis zum Schlußurteil weiterführen. Da der Inquisitor dieses Ansuchen wiederum ablehnte, ging er mit einem öffentlichen Notar und mit Zeugen zu seiner Wohnung und ließ über den ganzen Vorgang ein Protokoll aufnehmen" (BP 86). Ignatius ist erneut bereit, den Autoritäten zu gehorchen, aber um der Gerechtigkeit und der Klarheit willen verlangt er ein schriftliches Urteil.

e) Die letzte Station seines Pilgerweges ist *Rom*; in dieser Stadt wird er viel Anerkennung finden, wenngleich sich auch hier die Streitigkeiten und Prüfungen fortsetzen. „Als sie dann nach Rom kamen, sagte er zu den Gefährten, er sehe die Fenster verschlossen; damit wollte er sagen, daß sie auch hier viel Widerspruch erfahren sollten" (BP 97).

Tatsächlich beginnen wenige Monate nach seiner Ankunft einige Leute eine Hetzkampagne gegen ihn. Nach Belästigungen durch einen gewissen Miguel „begannen die Verfolgungen durch Mudarra und Barreda. Diese behaupteten, der Pilger und seine Gefährten hätten aus Spanien, Paris und Venedig fliehen müssen. Schließlich gestanden alle beide vor dem Governatore und dem damaligen Legaten von Rom, daß sie nichts Nachträgliches gegen sie zu sagen hätten, weder über ihren Lebenswandel noch über ihre Lehre. Der Legat ordnete an, jene Angelegenheit damit als erledigt anzusehen. Der Pilger war damit jedoch nicht einverstanden, sondern sagte, er fordere ein gerichtliches Urteil. Der Legat und auch der Governatore waren dagegen, ebenso die Freunde, die den Pilger zuvor unterstützt hatten. Nach einigen Monaten endlich kam der Papst nach Rom zurück. Der Pilger ging nach Frascati, um mit ihm zu sprechen, und er legte ihm mehrere Gründe vor. Der Papst ließ sich beeindrukken und befahl, daß ein Gerichtsurteil gefällt werde, das dann zu seinen Gunsten ausfiel, und anderes mehr" (BP 98).

3. *Die Haltung des Ignatius und Gottes Haltung*

Warum hat Ignatius gegen Ende seines Lebens diese Untersuchungen und Prozesse so detailliert geschildert? Ich glaube, er wollte uns damit sagen, daß er der Kirche immer gehorcht habe, auch wenn er aus eigener Erfahrung wußte, daß sie fehlbar ist, und daß er sie liebte, weil er in ihr dem Geheimnis Christi auf die Spur kam.

Finden wir heraus, wie sich seine Haltung gegenüber der Hierarchie äußert.

1. Zunächst im *Gehorsam*, wo immer er möglich ist: wenn es sein muß, geht er in eine andere Stadt, aber solange er hierbleibt, gehorcht er.

2. In der *Freiheit des Herzens*. In seinem Verlangen danach, mit Jesus geduldig und mit ihm demütig zu sein, geht selbst im Gefängnis ein innerer Friede von ihm aus, und er bleibt dort, auch wenn er fliehen könnte.

3. In einem *großen Vertrauen auf Gott*. Er läßt sich von keinem Anwalt verteidigen; denn er ist sich sicher, daß Gott ihn retten werde, wenn es sein Wille ist.

4. Er wendet sich an die *nächsthöhere Instanz* und gibt sich nicht mit einer stillschweigenden Übereinkunft zufrieden.

5. Das macht er, um *Klarheit und eine endgültige Entscheidung* zu erhalten.

Es ist durchaus nicht einfach, Gehorsam, Freiheit, Gottvertrauen, Klarheit und Entscheidung zusammenzubringen. Wir pendeln erfahrungsgemäß immer zwischen der einen und der anderen Haltung. Darum müssen wir um ein besseres Verständnis dessen beten, was es heißt, die Kirche zu lieben, und wie wir uns zu ihr verhalten sollen. Lassen wir uns dabei von den Regeln leiten, die uns Ignatius in den Abschnitten 353 bis 370 des Exerzitienbüchleins an die Hand gibt, und achten wir dabei nicht so sehr auf die einzelnen Anregungen, die von der Kultur und der Zeit des Ignatius geprägt sind, sondern auf ihren tieferen Sinn.

Ich möchte diese Meditation beschließen, indem ich unseren Blick auf die Haltung und das *Handeln Gottes* im Leben des Pilgers zu richten versuche.

Über den Weg des Gehorsams dem Franziskanerprovinzial gegenüber läßt er ihn aus Jerusalem nach Barcelona zurückkehren, wo eine neue Art, der Kirche zu dienen, ihren Anfang nimmt. Danach, immer durch Prüfungen und Gehorsam geleitet, führt er ihn von Barcelona nach Alcalá, Salamanca und Paris, wo er schließlich die „sieben treuen Freunde" trifft, mit denen er seine Erfahrungen teilen kann. Aber Gott will ihn in Rom, damit er das gründe, was die *Gesellschaft Jesu* genannt werden sollte. Im November 1537, „als er einige Meilen vor der Ankunft in Rom" (an der Via Cassia) „in einer Kirche weilte und dort betete, hat er eine solche Umwandlung in seiner Seele verspürt und so deutlich eine Schau gehabt, wie Gott der Vater *ihn Christus Seinem Sohn zugesellte*, daß er daran überhaupt nicht mehr zu zweifeln wagen konnte, Gott der Vater habe ihn Seinem Sohne zugesellt" (BP 96). Diese besondere Gnade bestätigte auch den Namen, den Ignatius und die anderen einige Monate zuvor in Vicenza gewählt hatten, als sie darüber nachgedacht hatten, daß sie sich ausgerechnet „Gefährten Jesu" nennen wollten.

Gott hat sich menschlicher Werkzeuge und eigenartiger und schmerzlicher Ereignisse bedient, und der Pilger hat bis zum äußersten an sein liebendes Handeln geglaubt. Aber Gott handelt in der gleichen Weise auch an uns, die wir heute auf dem Pilgerweg nach Jerusalem gehen, *in* und *mit* der Kirche und zusammen mit Jesus.

Durch das Zeugnis seiner Zeitgenossen wissen wir, daß das Antlitz des Ignatius auch in den schlimmsten Zeiten von einem großen und klaren Frieden geprägt war, der durch nichts erschüttert werden konnte. Bitten wir den Herrn, daß er auch von uns dieses sein Licht wenigstens ein bißchen ausstrahlen läßt, vor allem das Licht und die Herrlichkeit des Gekreuzigten und Auferstandenen.

Gott ist immer bei uns

Homilie

1. Eine Liebe, die sich jeden Tag erneuert

Ein letztes Mal möchte ich Verse aus der Josefsgeschichte zitieren, auf die ich bereits hingewiesen habe, als ich über Josefs Weisheit sprach.

Jakob hat sich zusammen mit allen Israeliten in Ägypten niedergelassen. Als er merkt, daß sein Tod näherkommt, spricht er zu Josef von seinem Wunsch, im Lande Kanaan begraben zu werden. Nachdem er seinen Geist ausgehaucht hat, bringen sie seinen Leichnam in eine Höhle des Grundstücks Machpela, östlich von Mamre. Danach kehrt Josef mit seinen Brüdern nach Ägypten zurück. Seit dem Tag, an dem er sich ihnen zu erkennen gegeben hatte, waren viele Jahre vergangen; Josef hatte seinen Brüdern seine ganze Zuneigung gezeigt, und so waren alle scheinbar versöhnt. „Die Brüder Josefs aber fürchteten sich, als ihr Vater gestorben war, und sagten: Wie nun, wenn Josef sich gegen uns feindselig verhält und alles Böse, das wir ihm angetan haben, vergelten will? Darum sandten sie zu Josef und ließen ihm sagen: Dein Vater hat vor seinem Tod dieses geboten: So sollt ihr zu Josef reden: Ach, vergib doch deinen Brüdern ihre Missetat und ihre Sünde, das Böse, das sie dir angetan haben. Doch nun vergib den Knechten des Gottes deines Vaters ihre Missetat! Josef aber weinte, als sie ihm das sagen ließen. Dann gingen seine Brüder selbst zu ihm, fielen vor ihm nieder und sagten: Siehe, wir sind deine Sklaven! Doch Josef sprach zu ihnen: Fürchtet euch nicht! Bin ich denn an Gottes Stelle? Ihr dachtet Böses gegen mich, Gott aber dachte es zum Guten, um zu vollführen, wie es heute ist: ein großes Volk am Leben zu erhalten" (Gen 50,15–20).

Wie kommt es, daß es am Ende des langen Versöhnungshandelns scheint, als sei nichts dabei herausgekommen? Die Versöhnung findet nie ein Ende, und den Menschen befällt immer von neuem die Angst, nicht geliebt und nicht angenommen zu werden.

Und Josef bekräftigt das *Prinzip und Fundament* seines und unseres Lebens: wir brauchen uns nicht zu fürchten, denn Gott ist mit uns; in allem, was geschieht, ist er stets gegenwärtig.

Das Buch Deuteronomium, dem die erste Lesung des heutigen Tages entnommen ist, spricht von der gleichen Wahrheit: Gott liebt euch, er hat euch auserwählt, er hat für euch große Taten vollbracht, und ihr dürft keine Angst haben, sondern ihr sollt ihn lieben mit ganzem Herzen und mit ganzer Seele (vgl. Dtn 10,12–22). So hat auch die „Betrachtung zur Erlangung der Liebe" keine andere Aufgabe als uns die Liebe Gottes in unserem Leben noch einmal vor Augen zu halten und uns daran zu erinnern, wie sehr Gott uns jeden Tag von neuem liebhat.

2. *Die Institution im Dienste der Sendung*

Das Evangelium können wir indessen im Lichte dessen lesen, was wir über Jerusalem und Rom gesagt haben, als wir versuchten, die pilgernde Kirche, die mit und in Jesus auf dem Weg nach Jerusalem ist, mit der hierarchischen Institution Kirche zusammenzusehen: „Während sie aber miteinander in Galiläa umherwanderten, sprach Jesus zu ihnen: Der Menschensohn wird in die Hände der Menschen überliefert werden, und sie werden ihn töten, und am dritten Tage wird er auferweckt werden. Da wurden sie sehr traurig. Als sie aber nach Kapharnaum gekommen waren, traten die Einnehmer der Doppeldrachme an Petrus heran und fragten: Zahlt euer Meister die Doppeldrachme nicht? Der sagte: Doch. Und als er in das Haus trat, kam ihm Jesus mit der Frage zuvor, was meinst du, Simon? Von wem nehmen die Könige der Erde Zoll oder Steuer? Von ihren Söhnen oder von den Fremden? Da er antwortete: Von den Fremden, sprach Jesus zu ihm: Also sind die Söhne doch frei. Doch damit wir ihnen keinen Anstoß geben, geh an die See, wirf die Angel aus und nimm den ersten Fisch, der herauskommt. Und wenn du sein Maul öffnest, wirst du einen Stater finden. Den nimm und gib ihnen für mich und dich" (Mt 17,2–27).

Der erste Teil des Evangeliums spricht davon, daß Jesus nach Jerusalem hinaufgeht, wo er für uns sterben wird; unser Weg ist es, dem Herrn zu dienen, indem wir mit ihm gehen. Im zweiten Teil erkennen wir die Verbindung zur institutionellen Kirche, die im Dienste des Pilgerweges und des Geheimnisses Jesu steht. Darum müssen wir die Kirche als Institution achten und ehren. Die Freiheit der Kinder Gottes entpflichtet uns nicht von den Regeln, Anordnungen und Vorschriften, sie hilft uns vielmehr dabei, sie mit Liebe zu erfüllen.

Erbitten wir also von Gott die Gnade, das Geheimnis Jerusalems zu betrachten, den Weg, den der Menschensohn für uns geht, hin zu dem Ort, an dem er sterben und auferstehen wird, und auch Rom, das Symbol für die Institution, die seit den ersten Christen, die sich um den Leib und das Blut Jesu versammelten, durch viele Jahrhunderte hindurch bis zu uns reicht. Der Heilige Geist schenke uns diese weite Sicht, die uns bereit macht, den dreieinen Gott in allen und in allem zu lieben und ihm zu dienen.

Fünfzehnte Meditation:

Betrachtung zur Erlangung der Liebe und der Dienst am Glauben und an der Gerechtigkeit

„Leite uns, Herr, durch deinen Geist auf den Wegen, die du für uns bereitet hast. Wir danken dir, daß wir bei dir sein dürfen, bei dir und all deinen Engeln und Heiligen, die für uns eintreten. Schenke uns, wonach wir verlangen: daß wir den Segen, mit dem du unser Leben erfüllst, immer deutlicher in uns spüren; erfülle uns mit Dankbarkeit für all das, was du uns bereits gegeben hast, und gewähre uns, daß wir deine göttliche Majestät lieben und ihr dienen können, daß wir auch unsere Nächsten lieben und ihnen dienen und daß wir uns in den Dienst am Glauben und an der Gerechtigkeit stellen. Darum bitten wir durch Jesus Christus, deinen Sohn, unseren Herrn, in der Einheit des Heiligen Geistes. Amen."

In dieser letzten Meditation will ich einige Gedanken zur „Betrachtung zur Erlangung der Liebe" und zum Dienst am Glauben und an der Gerechtigkeit vortragen. Es sind einfache Gedanken, denn ich möchte, wie in den ganzen Exerzitien, nur einige Impulse geben, die Ihnen bei der eigenen Reflexion helfen sollen. Es ist auch nie einfach, bei solchen Besinnungstagen einen geeigneten Schlußpunkt zu setzen. Der passende Ton, die passende Melodie für solch einen Schluß ist sicherlich die der Dankbarkeit, des Lobes und der Anbetung Gottes.

Jemand aus diesem Kreis hat mir geschrieben und gefragt, was denn das Anliegen und Ziel der „Betrachtung zur Erlangung der Liebe" im Sinne des Ignatius sei, die er ja in der Vierten Woche der Exerzitien empfiehlt. Und ich muß gestehen, daß ich nicht in der Lage war, darauf eine Antwort zu geben, obwohl ich mir bewußt bin, daß es in dieser wunderschönen Betrachtung vieles zu entdecken gibt.

Der spanische Originaltext spricht von der *contemplacion para alcanzar amor*, von der Betrachtung zum Erreichen der Liebe also, davon, sie von Gott zu empfangen, wenn man sein Herz öffnet und ihm liebevoll entgegenschaut. Es geht nicht darum zu *meditieren*, indem man sein Gedächtnis, seinen Verstand und seinen Willen einsetzt, sondern die Gegenwart Gottes in allen Menschen, in allen Ereignissen und Lebensumständen zu *erschauen*.

Und so wie ich sie verstehe, will diese Betrachtung nicht eigentlich den Schluß der Exerzitien bilden, sondern eine Praxis, von der Ignatius empfiehlt, daß sie uns immerfort begleite. Wahrscheinlich hat er sie seit der Zeit in Loyola praktiziert, in der er seine Tage mit Schreiben und Beten zubrachte: „Den größten Trost empfing er, wenn er den Himmel und die Sterne betrachtete, was er sehr häufig und jeweils lange Zeit hindurch tat. Denn dabei fühlte er in sich eine ganz große Begeisterung, unserem Herrn zu dienen" (BP 11). Auch in der *Ersten Woche* der Exerzitien, in der die allgemeine Gewissensforschung dargelegt wird, findet sich eine interessante Bemerkung, die einen Hinweis auf die „Betrachtung zur Erlangung der Liebe" enthält: „Daher ist es mehr den Vollkommenen erlaubt, beim Geschöpf zu schwören, als den Unvollkommenen. Die Vollkommenen erwägen, betrachten und beschauen nämlich infolge beständiger

Beschauung und Erleuchtung des Verstandes vielmehr, wie Gott unser Herr nach seiner eigenen Wesenheit, Gegenwart und Macht in jedem Geschöpf ist, deshalb sind sie, wenn sie beim Geschöpf schwören, mehr geeignet und vorbereitet, ihrem Schöpfer und Herrn Ehrerbietung und Ehrfurcht zu erweisen als die Unvollkommenen" (EB 39).

Ausführlicher teilt er seine Erfahrung, die Gott ihm früher schenkte, in der *Vierten Woche der Exerzitien* mit, weil sie leichter zu erfassen ist, wenn man einen gewissen Grad an Gotteserkenntnis erreicht hat.

1. Die Betrachtung zur Erlangung der Liebe

„Zunächst ist auf zwei Dinge zu achten. Das erste ist, daß die Liebe mehr in die Werke als in die Worte gelegt werden muß. Das zweite: Die Liebe besteht in der Mitteilung von beiden Seiten: das heißt, daß der Liebende dem Geliebten gibt und mitteilt, was er hat, oder von dem, was er hat oder kann, und als Erwiderung ebenso der Geliebte dem Liebenden" (EB 230–231).

Es folgen die zwei Vorübungen: „Schauen, wie ich stehe vor Gott unserem Herrn, vor den Engeln, vor den Heiligen, die für mich Fürbitte einlegen" und „bitten um das, was ich begehre; das ist hier: bitten um eine tiefe Erkenntnis so großer empfangener Wohltaten, damit ich sie ganz und gar anerkenne und so *in allem Seine Göttliche Majestät lieben und Ihr dienen kann*" (EB 232–233). Das ist das Ziel: Gott in allem zu lieben und ihm zu dienen.

Dann die vier Punkte: *„Der erste Punkt*: Ins Gedächtnis rufen die empfangenen Wohltaten der Schöpfung, der Erlösung und der besonderen Gaben, indem ich mit großer Hingebung abwäge, wieviel Gott unser Herr für mich getan hat und wieviel Er mir von dem gegeben hat, was Er besitzt, und folgerichtig, wie sehr derselbe Herr danach verlangt, Sich selbst mir zu schenken, soweit er es nur vermag gemäß seiner göttlichen Anordnung. Und dann mich zurückbesinnen auf mich selbst, indem ich mit vielen Gründen der Vernunft und der Gerechtigkeit erwäge, was ich von meiner Seite Seiner Göttlichen Majestät anbieten und geben muß, nämlich alles, was ich habe, und mich selber damit, wie einer, der sich mit großer Hingabe darbringt:

Nimm hin, Herr, und empfange
meine ganze Freiheit,
mein Gedächtnis, meinen Verstand
und meinen ganzen Willen,
meine ganze Habe und meinen Besitz.
Du hast es mir gegeben,
Dir, Herr, gebe ich es zurück;
alles ist Dein, verfüge nach Deinem Willen;
gib mir Deine Liebe und Gnade, das ist mir genug.

Der zweite: betrachten, wie Gott in den Geschöpfen wohnt, in den Elementen, indem er ihnen Dasein gibt, in den Pflanzen, indem er ihnen das Leben schenkt, in den Tieren, indem er ihnen sinnenhafte Wahrnehmung gibt, in den Menschen, indem er ihnen geistige Einsicht verleiht; und so auch in mir: wie Er mir Dasein gibt, mich belebt, mir Sinne erweckt und geistige Einsicht verleiht, wie Er gleichfalls einen Tempel aus mir macht, da ich zum Gleichnis und Bild Seiner Göttlichen Majestät geschaffen bin. (...)

Der dritte: erwägen, wie Gott um meinetwillen in allen geschaffenen Dingen auf dem Angesicht der Erde arbeitet und sich müht, das heißt, Er verhält sich wie einer, der mühsame Arbeit verrichtet. So zum Beispiel an den Himmelskörpern, Elementen, Pflanzen, Früchten, Tieren usw., indem Er Dasein gibt und erhält, Wachstum und Sinnesleben usw. (...)

Der vierte: schauen, wie alles Gute und alle Gabe von oben herabsteigt, so wie auch die mir zugemessene Kraft von der höchsten und unendlichen von oben herab; und so auch Gerechtigkeit, Güte, Pietät, Barmherzigkeit usw., gleichwie von der Sonne absteigen die Strahlen, von der Quelle die Wasser usw." (EB 234–237).

Wie schon gesagt, ist diese Betrachtung nicht auf den Schluß der Exerzitien beschränkt; sie soll nicht als etwas angesehen werden, das nur für „besondere Zeiten" in unserem Leben gilt. Wir können sie im Alltag oft wiederholen: es ist zum Beispiel von Nutzen, sie bei der Gewissensforschung durchzugehen und nach der Messe oder bei der eucharistischen Anbetung das „Nimm hin, Herr, und empfange" zu beten. Dieses Gebet kann zu einer Haltung führen, die für uns selbstverständlich wird und unser Leben im Alltag durchzieht.

Ich glaube, wenn wir auf diese Weise leben, machen wir unser Herz und unseren Geist bereit, die fünf Gnadengaben zu empfangen, die Ignatius als die Frucht seiner Zeit in Manresa verstanden hat, auf daß Gott uns schenken möge, ihn in allem zu lieben und ihm zu dienen.

2. Die fünf Gnadengaben für den Dienst am Glauben und an der Gerechtigkeit

Die Mitte der Exerzitien ist die Wahl eines Amtes oder Dienstes, von denen der siebte Teil der *Satzun-*

gen handelt. Sicherlich gibt Ignatius uns, wenn er die Voraussetzungen für eine gute Wahl darlegt, auch Hilfen an die Hand, um zu verstehen, was es an Voraussetzungen für eine gute Wahl des Dienstes bedarf. Meines Erachtens aber sind diese am besten in den fünf Gnadengaben von Manresa zusammengefaßt.

1. Die innere Schau der *Dreieinigkeit* ist von grundlegender Bedeutung für den christlichen *Glauben*: zu glauben, daß der Vater uns liebt und uns erlöst durch Tod und Auferweckung des Sohnes, der am Kreuz den Heiligen Geist über uns ausgießt. Jeglicher Dienst im Glauben erwächst aus der Erfahrung, mit Jesus im Vater verbunden zu sein, aus der Erfahrung des dreieinen Gottes, der sich uns schenkt und in uns und in der ganzen Welt gegenwärtig ist und für uns alles zum Guten bewirkt.

2. Das Bewußtsein, daß *die Schöpfung gut ist*. Alles Geschaffene kommt von Gott und ist darum gut. Ignatius schien es, „wie wenn er etwas Hellglänzendes sähe, aus dem einige Strahlen ausgingen und woraus Gott das Licht erschuf" (BP 29). Er schaute die Dreieinigkeit, wie sie die Welt erschuf; darum gehören die Schöpfung und alle Güter dieser Welt allen Menschen. Aus dem Bewußtsein, daß alles ein Geschenk Gottes ist, erwächst der Dienst an der *Gerechtigkeit*, damit eine gerechte Verteilung der Güter der Erde, wie auch der Bildung, der Freundschaft, der Freiheit und des Friedens Wirklichkeit werde.

Jede Frau und jeder Mann auf der Welt hat das Recht, sich an den Früchten der Schöpfung und der Erlösung zu freuen: „Alles Gute und alle Gaben steigen von oben herab (...) und so auch Gerechtigkeit, Güte, Pietät, Barmherzigkeit usw., gleichwie von der Sonne absteigen die Strahlen" (EB 237).

3. Die dritte Gnadengabe besteht darin, die *Euchari-*

stie als den Ort zu erfahren, in dem die sündige Welt mit dem dreieinen Gott versöhnt wird. So muß der Bischof zu Beginn des Gabengebetes sprechen: „Der Friede sei mit euch." In der Eucharistie schauen wir das unaussprechliche Geheimnis des Leibes und Blutes Christi, die zu unserem Heil und unserer Versöhnung dargebracht werden. Jeglicher *Dienst am Frieden* erwächst aus dem inneren Frieden, den wir in der Kommunion der eucharistischen Gaben empfangen.

4. *Die Menschheit Christi.* Die persönliche Beziehung zu Jesus als dem Sohn Gottes begleitet den ganzen Pilgerweg des Ignatius. Wenn die Eucharistie den Brennpunkt der Begegnung mit dem dreieinen Gott darstellt, dann ist Christus der Weg hin zu dieser Begegnung. Er ist der Pilger, der auf den Straßen diesen Weg geht als Mittler zwischen Gott und den Menschen. Er ist ganz der Sohn, und zur gleichen Zeit versteht er unsere Begrenztheit und Gebrechlichkeit, unsere Sünde, die uns von der göttlichen Liebe trennt, und gibt sich für sie hin. Ignatius wünschte sich nichts anderes als *in die Fußstapfen Jesu zu treten*, indem er ihn leidenschaftlich liebte und ihn immer tiefer kennenlernen wollte, um ihn besser lieben und ihm besser nachfolgen zu können, um ihm gleichzuwerden und so zu handeln, wie er gehandelt hat – um wie er und bei ihm zu sein in Demütigungen, in der Armut, im Leiden und in seiner Hingabe für uns am Kreuz, um dann auch bei ihm zu sein in der Auferweckung.

Die zweite bis vierte Woche der Exerzitien stellen uns die Menschennatur Jesu und alle Geheimnisse seines Lebens vor, damit wir das Leben des Pilgers lernen.

Die rechte Art und Weise, dem Glauben und der Gerechtigkeit zu dienen, besteht darin, Jesus gleichzusein und die gleiche Haltung einzunehmen, wie er sie den Armen, den Kranken und den Randgruppen gegenüber zeigte.

5. Die fünfte Gnadengabe ist die sogenannte *Vision am Cardoner*. Im Unterschied zu den vorhergehenden betrifft diese den Verstand, während die anderen auf das Hören und Schauen zielten. Ignatius wurden „das Verständnis und die Erkenntnis vieler Dinge über das geistliche Leben sowohl wie auch über die Wahrheiten des Glaubens und über das menschliche Wissen geschenkt. Dies war von einer so großen Erleuchtung begleitet, daß ihm alles im neuen Licht erschien" (BP 30).

Mir scheint, daß der Akzent nicht so sehr auf den „vielen Dingen" der natürlichen und der übernatürlichen Ordnung liegt, sondern auf der *neuen Sicht* dieser Dinge. Ignatius erfaßt die ganze Wirklichkeit Gottes in ihrer Tiefe und Wahrheit. In dieser außergewöhnlichen Erfahrung können wir den *Zusammenhang aller theologischen und menschlichen Erkenntnisse mit unserem Dienst am Glauben und an der Gerechtigkeit* erblicken; Studium, Bildung, Theologie und alle menschlichen Kräfte sollen wir dem Wohl der Seelen weihen, damit wir so die Liebe und den Dienst für Gott Wirklichkeit werden lassen.

3. „Dein Liebeslied"

Wir danken dem Herrn für all das, was er uns in diesen Tagen hat erleben und erkennen lassen, dafür, daß wir miteinander auf dem Weg sein durften und daraus Kraft empfangen haben. Danken wir ihm, indem wir das wunderschöne Lied aufnehmen, das Sie mir vorgesungen haben: „Dein Liebeslied". Es faßt unsere Gedanken gleichsam zusammen, denn es spricht von

Christus und von mir und jedem von uns, davon, was er für uns und durch uns tut:

„Von neuem heile mich Deine Gnade,
Von neuem lassen Deine Augen mich sehen,
Von neuem lassen Deine Worte mich hören;
Von neuem berühren Deine Hände den Armen,
Von neuem spenden Deine Arme dem Leidenden
Trost,
Von neuem erfülle Dein Lächeln jedes Herz, durch
das, was ich bin.

Von neuem mache Deine Geburt mich lebendig,
Von neuem mache Dein Tod mich frei,
Von neuem lasse Dein Leben mich singen.

Von neuem gehen Deine Füße durchs Leben,
Von neuem erwecke Deine Stimme die Toten zum
Leben,
Von neuem stille Dein Wille die Stürme des
Lebens, durch das, was ich bin.

Von neuem mögen meine Tränen Deine Füße
benetzen,
Von neuem trockne mein Kleid Dein Antlitz,
Von neuem biete mein Haus Dir Ruhe, in all
denen, die ich sehe.
Von neuem will ich Dir zu essen geben,
Von neuem will ich mich auf Deinen Weg machen,
Von neuem will ich Deinem Ruf folgen,
in dem, was ich bin.“

Und der Refrain:

„Deine Liebe mit meinem Herzen, in meinem
Herzen, oh, Herr,

halte mich, bewahre mich,
führe mich zu mir selbst,
zeige mir den Weg zu Dir,
so wie der Morgenstern am Himmel
mir den Weg nach Hause weist."

Wir sehnen uns zutiefst und zuinnerst danach, für Jesus zu leben, in der Gewißheit, daß er für mich und in mir da ist und durch mich seinen Weg fortführt. Diese Sicherheit läßt uns in seiner Liebe bleiben und zulassen, daß diese Liebe Gottes uns zu jeder Zeit einholt.

Das „Sichverlieben in Jesus", von dem ich während eines Gottesdienstes sprach, ist erst der Anfang und entspricht noch nicht dem „Bleiben in der Liebe". Verliebtsein ist ein Gefühl, das vergeht; es ergreift einen plötzlich mit Macht, kann aber auch schnell wieder verfliegen.

„Sich in Jesus verlieben", bedeutet jedoch, Gott zu bitten, er möge von unserem Herzen und unserem ganzen Leben Besitz ergreifen, bis wir ihm nachgeben; es bedeutet, seine Liebe mit einer solchen Kraft zu spüren, daß wir uns nicht mehr von ihm trennen können.

Wir haben dem Herrn unsere Freiheit, unser Gedächtnis, unseren Verstand und unseren Willen angeboten und ihn dafür um seine Liebe und Gnade gebeten. Beenden wir diese Tage der Stille, in denen wir seinen Willen gesucht haben, mit dem Gebet, das Ignatius so geliebt hat:

„Seele Christi, heilige mich.
Leib Christi, rette mich.
Blut Christi, berausche mich.
Wasser der Seite Christi, wasche mich.
Leiden Christi, stärke mich.

Gütiger Jesus, erhöre mich!
In deinen Wunden berge mich.
Von dir laß nimmer scheiden mich.
Vor dem bösen Feind verteidige mich.
In meiner Todesstunde rufe mich.
Und heiße zu dir kommen mich.
Mit Deinen Heiligen zu loben Dich.
In Ewigkeiten ewiglich.
Amen."